文化产业园形象与特色的研究

李苏云 著

吉林美术出版社 | 全国百佳图书出版单位

图书在版编目（CIP）数据

文化产业园形象与特色的研究 / 李苏云著 . -- 长春：吉林美术出版社，2017.9
 ISBN 978-7-5575-3166-9

Ⅰ . ①文… Ⅱ . ①李… Ⅲ . ①文化产业-研究-中国 Ⅳ . ① G124

中国版本图书馆 CIP 数据核字（2017）第 231208 号

文化产业园形象与特色的研究
Wenhua Chanyeyuan Xingxiang Yu Tese De Yanjiu

作　　者	李苏云
责任编辑	于丽梅
装帧设计	精准互动
开　　本	710×1000　1/16
字　　数	247 千字
印　　张	14.5
版　　次	2017 年 9 月第 1 版
印　　次	2021 年 7 月第 2 次印刷
出版发行	吉林美术出版社
地　　址	长春市人民大街 4646 号
网　　址	www.jlmspress.com
印　　刷	北京朗翔印刷有限公司

ISBN 978-7-5575-3166-9　　　定价：56.00 元

前言

随着高新技术的发展及产业结构的调整和优化，文化产业已成为现代经济中最具有活力和潜能的产业，逐渐成为世界经济中的新兴支柱产业之一。目前，我国文化产业占国内经济的比重日益增大，在沿海经济发达地区，特别是在大城市发展的尤为迅猛，已成为某些地区经济和地区发展新的增长点。江西是一个文化资源大省，拥有丰富的历史传承文化与民俗风情，文化特色产业是江西十大战略性新兴产业之一，近几年，江西文化特色产业取得了长足发展，但和发达地区相比，无论是产值规模、行业竞争力，还是产业聚集区，都存在明显差距。但由于经营理念落后、管理运行机制陈旧、投资渠道单一、人才缺失等原因，陕西的文化产业发展在国内还相对落后，文化产业的潜力尚未发掘。鉴于此，江西省高度重视文化产业发展，提出建设文化强省的目标。在此契机下，近年来，江西省以"文化立区、旅游兴区"为理念，着手整合区域文化资源，注重大文化项目带动作用，使文化旅游产业、城市人文生态建设和公共文化设施建设同步发展，形成了"文化＋旅游＋人居＋商业"的文化产业运营模式，被国家文化部授予首批国家级文化产业示范区。目前，虽然江西模式取得了一定成效，但由于其发展行业的特殊性和创新性，有很多核心问题亟待研究和进一步解决。首先，江西的运营模式有待个性化。江西省发展的是文化产业，而文化产业本身具有特殊性。我国目前发展各种类型的产业园区，其中主要包括高新技术开发园区、经济开发区、生态文化产业园区、农业科技园区、物流园区、大学科技园区、文化产业园区等，都利用自身不同的资源优势，基于不同的战略定位，实现城市规划的不同功能。由此各个园区的管理制度、运营模式不尽相同。《文化产业园形象与特色的研究》分为五个部分，从导论出发，分别从文化产业园形象与特色的概述、当代文化与文化产业园的发展、文化产业园形象与特色的设计范畴、塑造具有个性魅力的文化产业园形象四个方面做了阐述。

本书是李苏云2014艺术科学规划项目课题结题论著

课题编号：YG2014047；

课题名称："低碳、环保"赣文化休闲产业园创新性研究

目录

第一章 导论 ·· 1
    第一节 课题研究的背景与意义 ·· 1
    第二节 国内外相关研究动态综述 ·· 3

第二章 文化产业园形象与特色的概述 ·· 13
    第一节 文化产业园形象与特色的概念 ···································· 13
    第二节 文化产业园形象与特色的构成 ···································· 30
    第三节 营造文化产业园特色的关系 ······································ 50

第三章 当代文化与文化产业园的发展 ·· 62
    第一节 文化产业园形态功能的概述 ······································ 62
    第二节 "全球化"与"新经济"对文化产业园的影响与对策 ········ 67
    第三节 个性化、地方性与共性、全球性的关系 ························ 94
    第四节 信息时代与文化产业园的关系 ·································· 132
    第五节 文化产业园区发展的形态模式 ·································· 149

第四章 文化产业园形象与特色的设计范畴 ································ 154
    第一节 文化产业园内规划设计 ·· 154
    第二节 文化产业园内建筑设计 ·· 158
    第三节 文化产业园内道路设计 ·· 170

第四节　文化产业园内绿化设计 …………………………………… 174
　　第五节　文化产业园内导向设计 …………………………………… 178
　　第六节　文化产业园内特色的营造 ………………………………… 184

第五章　塑造具有个性魅力的文化产业园形象 …………………… **195**
　　第一节　文化产业园艺术精神的风貌 ……………………………… 195
　　第二节　赣文化特色的产业园的营造 ……………………………… 204
　　第三节　高科技、低碳、环保理念下的文化产业园的营造 ……… 216
　　第四节　未来文化产业园的发展趋势 ……………………………… 219

参考文献 …………………………………………………………………… **222**

第一章 导论

第一节 课题研究的背景与意义

一、研究课题背景

随着高新技术的发展及产业结构的调整和优化,文化产业已成为现代经济中最具有活力和潜能的产业,逐渐成为世界经济中的新兴支柱产业之一。目前,我国文化产业占国内经济的比重日益增大,在沿海经济发达地区,特别是在大城市发展的尤为迅猛,已成为某些地区经济和地区发展新的增长点。江西是一个文化资源大省,拥有丰富的历史传承文化与民俗风情,文化特色产业是江西十大战略性新兴产业之一,近几年,江西文化特色产业取得了长足发展,但和发达地区相比,无论是产值规模、行业竞争力,还是产业聚集区,都存在明显差距。但由于经营理念落后、管理运行机制陈旧、投资渠道单一、人才缺失等原因,陕西的文化产业发展在国内还相对落后,文化产业的潜力尚未发掘。鉴于此,江西省高度重视文化产业发展,提出建设文化强省的目标。

在此契机下,近年来,江西省以"文化立区、旅游兴区"为理念,着手整合区域文化资源,注重大文化项目带动作用,使文化旅游产业、城市人文生态建设和公共文化设施建设同步发展,形成了"文化+旅游+人居+商业"的文化产业运营模式,被国家文化部授予首批国家级文化产业示范区。目前,虽然江西模式取得了一定成效,但由于其发展行业的特殊性和创新性,有很多核心问题亟待研究和进一步解决。首先,江西的运营模式有待个性化。江西省发展的是文化产业,而文化产业本身具有特殊性。我国目前发展各种类型的产业园区,其中主要包括高新技术开发园区、经济开发区、生态文化产业园区、农业科技园区、物流园区、大学科技园区、文化产业园区等,都利用自身不同的资源优势,基于不同的战略定位,实现城市规划的不同功能。由此各个园区的管理制度、运营模式不尽相同。

江西省文化产业园区，主要是对文化遗产资源保护开发利用并将其产业化，从而实现它的历史文化价值、社会价值、经济价值。而文化遗产资源本身所具有的不可再生性、市场价值不可估量性等特征，要求管理组织在城市规划中对其实现的功能定位予以长远的战略考虑，并且能够在整个园区设计过程中提出有针对性的发展方向。其次，江西文化产业园区的内部组织属性不明晰。江西模式是在不断创新不断探索中发展的，政府在园区的发展中扮演了重要的引导角色，江西管委会作为政府特派管理机构，其角色定位比较模糊，是奉行政府主导，坚定的按照既定的规划方针发展，还是由市场主导，以园区现有的发展规律指导本区发展；城市经营中产业链形成、完善、联动问题以及品牌形成推广问题；江西模式未来发展趋势问题，涉及到跨区域管理模式改善问题，不同文化遗产资源价值定位问题，产业发展产业联动等问题；江西文化产业园区的模式在推广应用中还需要不断完善。

二、本课题研究的意义

为贯彻落实习近平同志大力推进生态文明建设的重要论述，造福人民，同时面对资源约束趋紧、环境污染严重、生态系统退化的严峻形势，我们必须树立尊重自然、顺应自然、保护自然的生态文明理念，把生态文明建设放在突出地位，融入经济建设、政治建设、文化建设、社会建设各方面和全过程，努力建设美丽中国，实现中华民族永续发展。我省文化产业引来千载难逢的发展机遇期，经过两年的努力文化艺术产业园发生了显著的变化，但发展仍然存在种种问题。

本课题通过对上海、北京、南昌艺术园区的调查，挖掘他们的精髓。并重点针对江西791和699园区的文化、建筑、等进行系统的研究梳理，汲取其深层次的文化内涵，以弘扬江西民族艺术精髓和拯救江西赣文化遗产时代使命为主线，多层面地拓展"抢救、保护和创新"赣文化产业园区的建设，并从生态角度出发，基于此本课题运用科学的方法对低碳城市—江西文化艺术产业园建筑、产业园的生态功能、人文内涵、赣文化特色及艺术性进行了系统地规划和创新研究。并针对当前其他产业存在的问题提出相应的解决对策，不仅为江西省各地方艺术产业园内的建筑与生态的可持续发展提供科学的理论依据，还对其他低碳艺术产业园的城市绿化建设具有一定的借鉴意义。

民族的就是世界的。在江西艺术产业园的设计上采用传统的装饰材料，利用现代科技施工的手法，并结合绿色、环保的理念，在这喧嚣的大城市中打造一块静谧的、和谐的、时尚的、民族地方的艺术文化产业伊甸园。本课题对振奋民族精神，增强民族文化凝聚力，具有重要的理论价值。同时也对如何保护和传承我国其它产业园区的建设具有借鉴意义。

第二节　国内外相关研究动态综述

研究综述共检索各类文献163篇，其中通过ElsevierScienceDirectOaSite、SciFinderScholar、NSTL检索外文文献13篇，通过中国知网、万方数据化期刊、维普中文科技期刊数据库、中国优秀博硕士学位论文数据库检索中文文献150篇，包括56篇博硕士论文，90篇期刊学术文章，通过报告集搜集4篇文章，主要内容均是针对国内外关于文化产业和园区运营的研究现状及分析。

一、国外相关研究动态综述

1. 关于文化产业研究

国外学者对于文化产业的研究，侧重于对文化产业政策以及文化产业运营模式的研究。首先关于文化产业政策的研究，联合国教科文组织在公开发表的文件《文化的发展》中明确指出其功能包括促使文化群体化、现代化，提高本土民族文化生产力等。美国费里斯（Frith）关于文化产业政策进行了分类研究，将其分为产业型、旅游型、装饰性文化政策。除此之外，他还提倡所有公民享受文化的平等性和民主性。同时，Kong教授将20世纪90年代的英国文化产业政策分为四类：一是支持性政策，即加强对文化生产所需基础设施及技术的投资和建设；二是项目性政策，即大力开发显现文化内涵的项目，并举办文化节日以鼓励文化旅游业的发展；三是投资性政策，即鼓励城市公共文化设施的建设；四是合作性政策，即加强商业与公共部门的合作的政策。

CathyBrickwood的研究说明文化政策与许多社会政策密切相关，文化产业的发展也是社会发展的重要方面。其次，关于文化产业运营模式的研究，JasonPotts和StuartCunningham认为文化产业的模式可以分为四种，即福利型模式，竞争型模式，增长型模式，创新型模式，并且分别对应对每一种模式具有不同的政策导向，即补偿性政策，标准产业政策，投资增长政策，鼓励创新政策。由此又将文化产业发展模式概括为四种：竞争—保护模式、产业综合模式、集约化经营模式、特色推动模式。具体来说，国外的发展模式有：博物馆模式、公共游憩空间模式、园区模式。

2. 关于园区运营模式的研究

国外主要的园区类型有高新科技产业园区、一般制造文化产业园区、生态文化产业园区、物流园区以及城市特色产业园区。学者们对于园区运营模式的研究主要集中在园区管理主体、管理体制、政府职能这几方面。

（1）从管理主体的角度，国外园区管理模式大致可分为三个类型：政府直接管理型，是指以政府为主体统一规划、集中管理、直接参与；综合管理型，即由政府、大学、企业、银行等其他机构组成基金会共同承担管理职能；产学研共生管理型，是指科学技术和生产发展密切结合的管理模式，即由大学和企业合作，在园区设置服务性管理机构，该机构主要为园区发展提供各种知识条件和技术支持。另外一种分类是将国外园区管理主体分为单一化和多元化，单一管理是指由单一主体（政府或大学）进行管理，多元管理是指公司和基金会共同管理。

（2）从管理层级的角度，国外园区管理机构层次上基本都包含最高决策机构、管理执行机构和服务机构三个层次。最高决策机构一般是由中央或地方政府的一些职能部门组成的指导委员会或者是基金会、协会等；管理执行机构是指设立的专门行政机构或职能部门；服务机构一般是指公司或者事业单位。在管理职能上，有的只侧重于一些开发性事物，有的统管园区一切行政事务。

（3）从政府职能的角度，不论哪种模式的园区，都强调政府的作用，政府一般通过政策手段引导促进园区发展，主要表现在两个方面：一是政府对园区的基础设施、生态、文化环境建设具有参与权；二是政府通过税收、金融、土地、规划、人才等方面政策，对园区建设发展给予引导支持。

二、国内相关研究动态综述

近年来，文化产业在我国经济发展方面的战略地位大大提升。2009年9月，国务院出台了《文化产业振兴规划》。十八大以来，以习近平同志为总书记的党中央对完善公共文化服务体系的部署紧锣密鼓——十八大提出要加快推进文化惠民工程，推动公共文化服务设施向社会免费开放；十八届三中全会提出"建立健全现代公共文化服务体系"；十八届四中全会提出，要制定公共文化服务保障法；2015年初，中办、国办印发《关于加快构建现代公共文化服务体系的意见》，对现代公共文化服务体系建设进行了顶层设计。从2003年至今，短短几年，有关文化产业的"蓝皮书"、"年度报告"、理论专著、研究丛书以及相关期刊论文等纷纷涌现。

1. 史学角度

从史学的角度对文化产业的研究不多，李向民教授作为中国最早研究文化产业的学者之一，在2006年出版了《中国文化产业史》，这本书被列为北京大学文化产业的前沿教材，可以说是研究中国文化产业史的一本拓荒性著作。该书完整地描述了我国三千年的文化产业发展史，从洪荒时代的文艺起源写起，按照朝代顺序，历经宋代文化产业的兴起与繁荣，到民国时期唱片业、文化传播业以及游乐业、舞厅业等新兴文化产业的发展，最后写到建国以来的文化产业，并把改革开放以来我国文化产业的发展分为复苏期、助跑期和加速期。

2. 一般原理研究

目前，文化产业作为一门学科在学术研究和学科地位上已成为一门"显学"，许多高校相继开办了文化产业本科专业，有的还开设了硕士生和博士生招生方向。许多学者就从编写高校教材的角度对文化产业进行了研究。从该角度进行的研究主要关注文化产业的一般原理，欧阳友权的《文化产业通论》和胡惠林、单世联的《文化产业学概论》以及孙安民的《文化产业理论与实践》、王国华的《文化产业发展散论》等等，为我们构架了文化产业完整而系统的理论框架，分析了文化产业的提出背景、发展历程、概念、特征、类别以及规律与作用等。其中，《文化产业学概论》还论述了文化产业与现代社会运动、意识形态及国家安全的关系，并详细分析了文化产业的结构、产业组织、运行机制、战略与布局和文化产业政策等。《文化产业通论》还分析了文化产业的新经济业态、经营与管理、文化产业特色与竞争力以及文化产业项目评估等，同时还对文化产业分纸质传媒业、广播电视业、网络文化业、广告业、体育等产业门类逐一论述。《文化产业理论与实践》在实践部分则从经济学、行为学、市场学和管理学等角度对文化产业加以剖析合审视，并列举大量文化产业实践成果。而刘吉发的《文化产业学》则以文化发展的内在规律为主线，将文化置于国际经济大背景中，研究其发展的逻辑轨迹，填补了我国文化产业理论的一些空白。这些研究成果使我们对文化产业的一般原理有了立体、多角度的了解和把握。

3. 经济学角度

随着经济全球化和数字化技术的发展，国际文化产业出现了蓬勃发展的强劲势头。在经济与文化日益融合的今天，文化产业发展与经济环境密切相关。齐勇锋在《非公有资本进入文化产业的投资机遇》一文中指出，加快我国文化产业发展，需要非公有经济的参与，文化体制改革的逐步深化，也为非公有经济进入文化产业创造了必要的条件。也有作者从产业结构调角度来分析文化产业发展，张宏在《文化艺术产业的二元构造与国家经济产业结构调整》一文中认为，利用产业转型期的契机，把中国文化和艺术融入到国际产业链的分工合作中，借此提升中国产品的国际竞争力和附加价值，保障中国经济的健康和可持续发展。而《金融危机背景下的文化体制改革》一文则从大的经济环境进行分析，认为金融危机带给中国文化产业的不仅仅是经济形势的一时困难，更重要的是提供了一次放下旧有包袱大力推进改革的重要机遇。

4. 经营管理角度

产业发展离不开市场，离不开经营管理，只有良好的经营管理才能使文化产业又好又快发展。邵培仁的《文化产业经营通论》，是研究文化产业经营与运作的基础性著作，按文化产业的分类进行了论述。邱莞华等编写的《现代文化产业项目管理：如何成功运作大型活动》一书是中国第一部文化产业与项目管理相结合的著作，全面、系统的论述了如何实施项目管理，使当代文化活动节支、高效地运作成功，展示了项目管理与文化产业新的发展方向。朱希祥的《文化产业发展与文化市场管理》主要从文化市场和文化管理以及营销的角度展开，理论阐述与实际案例相结合。《城市传媒集团在文化产业发展中的定位与经营管理创新》一文则从建立和完善集团的法人治理结构的角度研究了城市传媒集团如何健康发展，为创新城市传媒集团的经营模式提供了参考。

5. 文化竞争力角度

文化产业的发展是一国文化竞争力的重要组成部分，发展文化产业是提高一国文化竞争力的重要手段。祁述裕的《中国文化产业国际竞争力报告》、曹世潮的《第一竞争力——成就世界一流的文化战略》、中共中央党校第十九期中青班文化问题课题组编写的《全球化背景下中国文化竞争力研究》等，就从我国文化产业竞争力与世界上有代表性的国家文化产业竞争力状况比较入手，对我国文化产业发展状况和文化产业竞争力状况进行了较为客观、准确的评价，并在此基础上，对发展我国文化产业、提高我国文化产业竞争力提出了一些有益的意见和建议。

6. 文化产业案例研究

运用典型案例促进某个行业的发展，是国内外一种行之有效的指导工作的方法，这类研究主要是把具体的文化产业项目或文化活动的具体运作（包括演出类、文化娱乐类、音像出版类、影视类以及文化旅游类、图书报刊类和设施管理类等）作为研究对象，进行个案分析。文化部文化产业司组织编写的《中国文化产业典型案例选编》和李颖生的《中国文化产业经典案例分析》两书中收录的案例是在实地调查的基础上编写的，从不同侧面、不同角度直观地反映了我国文化产业的现状和问题，以及各个产业门类改革创新、项目策划、经营管理、市场营销等方面的经验，能够引导我国文化产业快速健康发展。

三、本课题研究的思路与方法

1. 本课题研究的内容：

（1）调查并详细记录江西省各艺术产业园区内现在的建筑、视觉导向系统的设计、地方文化和规划化。产业园建筑分析包括风格、建筑结构、建筑数量、建筑的文化、环保建筑以及产业园内空间上各功能的分区；产业园区规划包括生态多样性以及植物与软硬质的和谐性、植物与生境的和谐性、与建筑的协调性、建筑与文化的交互性、建筑与环保问题等的调查研究和分析。

（2）根据调查记录的资料，从造型、空间、功能、生态、文化、美学、社会学、经济学等角度分析江西艺术产业园内建筑、视觉导向系统设计和的特征。

（3）分别应用比较分析法和案例分析法构建艺术产业园区空间建筑的综合评价模式对省内外主要产业园进行科学评价，得出被调查的江西省艺术产业园内建筑的优劣，明确江西艺术产业园赣文化特色不明确，空间规划乱，建筑装饰没有特色、人文很不合理等现状。

（4）比较本研究中几种评价方法结果，在综合评价的基础上，采用模拟空间设计法从低碳建筑环境设计理念出发，从整体和案例两个角度对江西省艺术产业园设计提出改进措施与创新，制定出有针对性的艺术产业园赣文化特色的建筑和生态的人文规划进行方案模拟设计创新阶段。

2. 基本观点：

挖掘赣文化特色，模拟现场空间分别从低碳、环保理念出发，探讨人如何对现有建筑和环境进行改进和创新，探讨如何系统地进行产业特色园区的规划与设计，探讨建筑中如何体现智能、高效、低碳、环保、赣文化特色及人文生态空间艺术产业园区的特色。

（1）艺术产业园设计定位不准确。该课题本着立足于江西，主要以城市艺术街区为切入点，通过对江西省内的南昌699、791等艺术街区产业园的发展及现状，分析了江西艺术产业园市场现在的萧条场景，没有吸引参展客户和参观人群甚至处于半营业状态，其实质是园区的设计定位只是针对高端消费人群，而脱离了大众艺术，失去了市场。在课题的设计中借鉴上海八号桥和北京七九八成功案例，把江西艺术产业园打造成地标艺术园区，使他不但是该城市老百姓爱去的地方，也将是外地游客慕名前来的艺术园区。

（2）艺术产业园区整体功能规划及地方文化特色的调整。目前江西省艺术产业园区规模小，规划不合理且没有文化特色，难以带动城市艺术产业园的发展，以致处于休眠状态。本课题分别通过对园区空间进行合理性规划，并把地方文化的融入园区的内外空间设计中，打造舒适宜人的、赣文化特色的艺术产业园。努力推动我省文化艺术街区的建设实践工作，推进、完善中国特色社会主义地方文化艺术体系的建设，深化、拓展赣文化街区产业园建设，挖掘江西地方文化特色，把赣文化融入到园区空间设计中，并处理好理论与实践、新与旧、中与西、闹与静、内与外、建筑与、传统与现代、对比与统一、改革与创新的处理手法展现一个时尚的具赣文化韵味的艺术街区，通过对城市艺术园的改造，丰富居民的业余生活，从而带动了该地方的经济市场和精神文化生活进一步的发展。

（3）艺术产业园区低碳、节能、环保及智能化的创新。

"中国能源问题，已经到了牵一发而动全身，不改革没有出路，很难委曲求全的时候了。"提出基于低碳艺术产业园区建筑和设计理念的能源循环利用，以及园区艺术空间人性化改进的对策，即在宏观上提出对全省产业园建筑总体规划设计建议和微观上制定出江西省艺术产业园建筑、环境导向系统的设计及园区内设计特色方案。在设计中利用太阳能转化成电能、收集雨水循环利用、设计绿化生态墙及安装电脑智能系统管理和监控市场降低劳动成本等方面集中体现出绿色、环保、低碳、智能特色及园区中的生态功能、人文内涵及艺术园区特色的打造。这是本课题的重要观点也是难点问题。

3. 研究思路：

目前江西的文化产业园规模小、没有形成独特艺术效果，园区空间的利用差和特色还处于传统方式，更谈不上能源的循环利用和园区发展。我省正在努力建设低碳生态示范城市，并且非常重视文化产业园的建设和发展工作，在经济和政策上给予大力扶持艺术产业园的建设，致使有了今天的791、699艺术产业园面貌，使其得以维持并有了很大发展改观，但由于规划不合理元素，致使其发展不前。

为了明确艺术产业园区现状和找出影响产业园区内建筑设计存在的重要因素，调整艺术产业园区内功能的划分以及为绿色、环保、智能、低碳生态示范城市的建设提供理论依据。

（1）通过文献检索和实地考察收集信息，完成艺术产业园区的起源、发展、种类的基础资料的初步调查工作。

（2）以江西699艺术产业园区为理论研究和实践基地，基于艺术特色文化领域，分别对现当代上海、北京和南昌园区负责人进行交流探讨，依托园区建立初步的学术平台。调整艺术产业园设计的定位，再分别对园区建筑、导向和等进行分类研究。

（3）对江西赣文化、民俗特征等进行系统考证，从中提炼赣文化元素，为后期工作做好准备。

（4）对699艺术产业园空间进行模拟改造设计，把赣文化与智能、低碳、环保进行结合，利用新途径和新方法打造赣文化产业园设计，为其传承与发展提供市场基础。

本课题在实地调查收集基础数据资料后采用目前广泛应用的比较分析法和模拟空间设计法分析法进行园区建筑、及导线系统设计的创新性研究，使获得的结果更全面、更可靠并具有一定的社会实用价值。

4．研究方法：

（1）实地调查法

艺术产业园区调查。本研究选取了上海八号桥、北京798、南昌791及699有代表性的艺术产业园，由课题组成员进行实地调查，记录园区内风格、建筑特色、空间分区、视觉导向系统设计、园区内的设计、绿地面积、能源的开发、环保理念的等运用方面的资料。对于北京和上海艺术产业园有特色的部分采用抽样法，对其内风格另类的建筑、园区小品、视觉导线系统作为调查样段，而对于南昌市的园区内建筑、绿化和空间功能的分区采用全测方法，以使调查更具代表性和准确性。

赣文化素材的收集和整理。采用市场调查方法，进行民间调查采访收集赣文化素材，深入了解江西省周边市县的民间文化结构形式，从而提炼赣文化元素。并把赣文化特色素材用到文化艺术特色园区的建筑空间的艺术设计创作中，强调理论与实践相结合的重要性，把专业设计的理论知识、赣文化及现代科技用到文化艺术园区的实践设计创作中。并在中文核心期刊上发表论文《赣文化在建筑设计中的传承与发展》。

（2）分类法

根据对象本身的某种属性或关系进行分类的逻辑方法。本研究中应用此方法根据受众不同，对艺术产业园的种类进行科学分类，依据种类的特点分别进行题材研究、功能上的研究、艺术及文化上的研究。

（3）案例比较法与经验总结法

案例比较法是根据前期产业园的调查资料进行对比分析产业园合理性设计部分，吸取精华部分，去除糟粕。并针对江西省文化艺术产业园区目前存在的不合理性因数进行分析、讨论和评价。最后调整艺术产业园区的设计定位，确定产业园设计的对象是广大群众。

经验总结法四是根据前面作出的评价作出总结，并在此基础上思考，提出改进的对策，构思产业园区合理性的方案。

（4）模拟实验法

组织团队模拟并完成园区草图方案设计，在艺术特色园的设计中对各功能园区进行合理的人性化的规划创新研究。

画出园区平面设计规划图，把低碳、环保、生态理念融入到园区建筑立面空间的设计中，在材料的选择运用上、能源的利用、旧物的改造等方面进行创新设计，完成园区规划效果图的设计工作，并在中文核心期刊上发表论文《探讨低碳环保赣文化艺术园的创新》。

5. 研究工作方案：

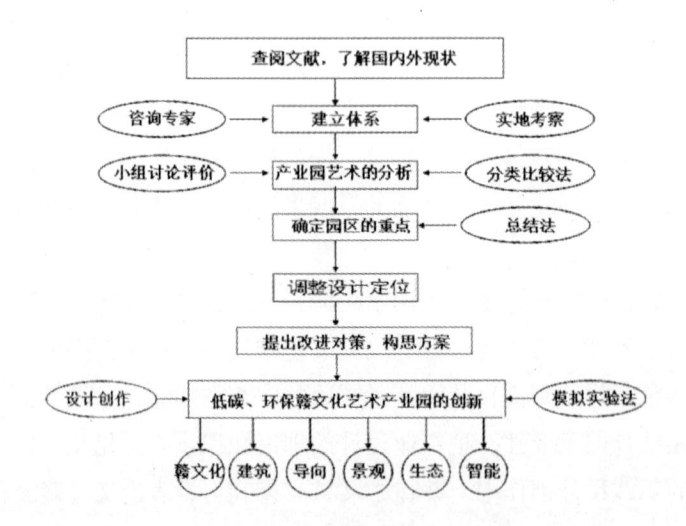

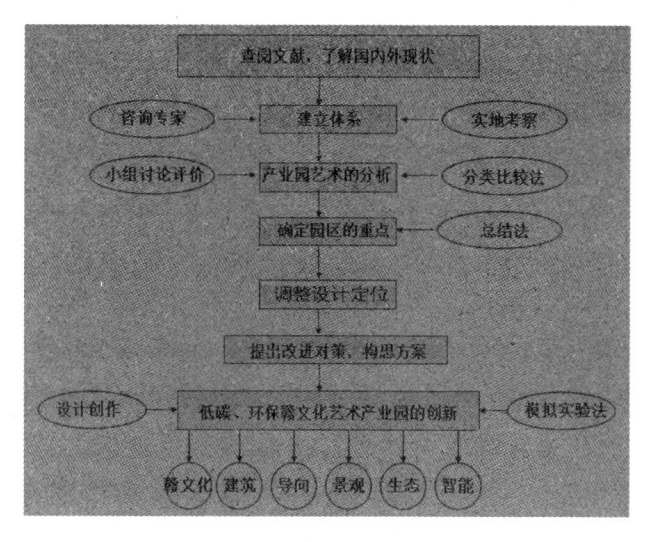

图 1-1

6. 创新之处

在我的课题设计中强调智能、绿色、低碳和环保的理念，同时打造一个具有地方赣文化特色的综合型的文化艺术产业特色园，我的创新主要包括以下几个方面：

（1）低碳环保理念的创新

以人为本，低碳、生态化建筑特色，打造节能、环保、低碳空间。城市的快速发展，有些旧的工厂、小区和学校建筑已经被遗弃，强调节能、废物利用，在原建筑基础上进行艺术改造。在创业园的建筑及周边环境的设计中我们收集雨水、并把日常的废水进行循环利用到室内的一般清洁用水。利用自然资源如太阳能、风能把其转化为电能用于室内的供电设施，并加大建筑顶部绿化植被的面积，降低室内温度。在材料的运用上选择绿色环保的装饰用材，节约资源、旧物改造，强调废物再利用，打造一个舒适的、低碳的和人性化的艺术商业特色园。

（2）赣文化的融入创新

以地方文化的艺术为元素的特色，打造赣文化艺术街区。在特色园的设计上强调独特的艺术外形和地方本土文化，把赣文化融入到空间艺术的创作中，依托地方特色传统工艺基础而建立的。该园区的独特之处拥有"高效艺术创作工作室"和"特色的产品具有独特的地方文化气息"。在材料的选择上使用传统的素材用现代的装饰手法进行加工处理，使现代与传统形成一种对比。

（3）理念化、智能化的创新

融入博物馆艺术展示空间的特色理念。园区内设有民间艺术手工艺博物馆，运用现代高科技，结合数字化信息，及智能技术进行园区内外空间展示设计。该艺术产业园区位于具有悠久历史的红色江西南昌城市市区，目的是利用艺术园区进行精神文化教育，向全人类弘扬中华革命前辈英勇光荣事迹和顽强的战斗精神。其本身的密度能造成系统性效应，吸引全国乃至全世界的旅游观光者。

在设计上强调时尚、现代都市型艺术的特色，把科技、智能、时尚、功能与艺术完美结合。主要是以信息技术、表演艺术、儿童游玩、图书馆、娱乐、休闲产业和电子商务为基础而建立，展现出新现代都市人类文化艺术生活新貌。

（4）生态的创新

在园区空间设计上以人为本，设计出人性化的生态景区。基于此分别从植物的配置、水体创新、空间功能的分割和道路改造利用等进行研究创新设计。

（5）视觉识别系统的创新

基于江西文化特色利用赣文化元素进行导线视觉系统的创新设计，导线设计简洁清晰而有带有地方文化特色。

通过本课题的研究可以加强人们对当代建筑环境中环保意识理念的了解和运用，艺术文化园的创建可以提高地方精神文明的建设，带动本地区文化的发展，推动地方经济的增长，实现地方民族特色全球化，打造新世纪的以人为本的文化艺术产业园--------低碳、生态、环保、智能化的赣文化艺术产业园，把赣文化特色的产业园推向世界民族舞台。

第二章 文化产业园形象与特色的概述

文化特色产业园区作为文化特色产业发展重要载体和依托，对文化特色产业的发展具有重大意义。国内各城市纷纷根据自身优势和特点发展文化特色产业园区，园区的发展模式可分为政策导向型、艺术家主导型、开发商主导型、资源依赖型、成本导向型及环境导向型六种。国内文化特色产业园区呈现出速度快、数量多，投资主体多元化及中小型民营企业为园区主体的发展特点。

第一节 文化产业园形象与特色的概念

文化产业园区在经济领域中与其他产业种类的园区具有一定的演进和第承关系，是文化产业经济时代的历史必然产物，是城市文明进程中出现的地域性抑或概念性空间的特殊表现形式，它将生产、生活、生态三者在工业化时代两两对立的人类重要社会活动，转化为后工业时代高度融入的三者合一。而对文化产业园区定义的重新梳理，有助于解释文化产业园区建设和发展中出现的许多新现象和新问题，对园区种类的细致划分，是文化产业园区实践中理论层面的及时跟进与合理解释。

一、文化产业园形象设计及理论基础
1. 园区的演进形态

在西方文献里，对于"园区"有许多个不同的对照词，例如 park, district, communite, quarter, cluster 等等，所有这些词汇和称谓分别来自不同的研究理论和领域，但其研究的内容大都相似，翻译到中文里，我们统称为"园区"，或更为贴切一点应该称为"园（区）"。从这里不难看出，所谓园区首先是指一定的

空间区域。而"产业园区"（工业园、文化产业园、体育产业园、高新科技园）是执行城市产业职能的重要空间形态，园区在改善区域投资环境、引进外资、促进产业结构调整和发展经济等方面发挥了积极的辐射、示范和带动作用，成为城市经济腾飞的助推器。在产业园区发展历程中，最先出现的是文化产业园区。

工业园是19世纪末工业化国家作为一种规划、管理、促进工业开发的手段而出现的。作为工业发展的一种有效手段，文化产业园区能降低基础设施成本，刺激地区经济发展，向社区提供各种效益。但是同时，文化产业园区给人类的生存环境也带来了巨大的威胁，它是一种非生态的产业园区，实行工作与居住分离的模式，生产形式是非创新的。高科技园是一种弱生态的产业园区，生产与办公室混合的模式，对生态环境影响较小，生产形式是以密集型的高科技创新为基础。但随着全球保护环境、实现可持续发展的呼声日益高涨，人们认识到，文化产业园区的建设必须改变过去单一的经济目标，创造一种新的科学的生态理念，将生产与环保、生态与消费有机结合起来，这就是生态工业园。

生态工业园（Eco—industrialpark）是21世纪新兴的工业组织模式，它与传统工业区有着重要的区别。生态文化产业园区的主要理论依据是循环经济理论，"它在文化产业园区的基础上建立起来的，依据循环经济理论和工业生态学原理而设计的一种新型工业组织形态，是对工程建筑、园区规划、企业管理、生态学、经济发展、信息系统设计以及其它一些领域的整合。区域内的企业形成一个相互依存，类似自然生态系统过程的工业生态系统，建立起工业横生和代谢关系，使自然资源在整个生产过程中进行闭路循环，有效地治理了工业污染。通过物质、能量、信息等交流形成各成员相互受益的网络，使园区对外界的废物排放趋于零，最终实现经济、社会和环境的协调共进。"目前，世界各地都掀起了建设生态工业园的热潮，但是生态工业园在我国还是一个新生事物，我国也进行了积极大胆的探索。后工业园（PostIndustrialPark），一种新生态的产业园区，它是一个生产、办公、生活、休闲、交流的混合社区，充分利用生态技术进行生态反哺，生产形式是高度创新。文化产业园区在工业时代经历了企业园、科技园等阶段，发展到了后工业社会的今天，工业园的内涵已经发生了一系列重要变化，21世纪的工业园应适应后工业（信息）社会的发展，探索新的发展模式，成为以高附加值的智慧型上游产业为主体，结合生产、研发、办公、生活等多种功能和谐共融，以正生态理念为标准进行建设的混合产业社区。文化产业园区将是后文化产业园区的重要表现形式，其不仅综合了后文化产业园区的所有特点，而且还将文化艺术融入其中,将生产、生活、生态三者在工业时代两两对立的人类重要社会活动,转变为后工业时代的三者合一,这是后工业园建立的基础,并成为人才吸引的高地。

2. 文化产业园区的相关概念界定

(1)文化产业

文化产业作为一个新兴产业,它的概念至今没有得到严格统一的界定。英国曼彻斯特大学大众文化研究所主任贾斯廷·奥康纳(JustinO'connor)认为:文化产业是指以经营符号性商品为基础的相关活动。英国著名媒体理论家尼古拉斯·力Ⅱ纳姆(NicholasGamham)将文化产业定义为使用相似生产组织运营模式,生产和传播文化产品和文化服务的行业。

联合国教科文组织将文化产业定义为:结合创造、生产与商品化等方式,运用本质是无形的文化内容。我国学者对文化产业概念的认识基本与国外学者类同。文化部《关于支持和促进文化产业发展的若干意见》界定文化产业,是指那些提供文化产品和文化服务的经营性行业。国家统计局将文化产业的概念定义为:为社会公众提供文化产品和服务的活动,以及与这些活动有关联的各项活动的集合。

根据上述界定,可以认为文化产业的内涵包括三个方面:一是存在某种组织形式,其不仅具有一般的组织特点,还具有开放性、特色性,以及高整合的融合性质,在某种程度来说可以跨越和整合多个行业;二是提供的产品都是文化产品或者文化服务,这其中包括提供图书、音像制品等有形文化产品,也包括广播电视、文艺表演、休闲娱乐等文化服务;三是以满足人民精神文化生活为目标,也就是说文化产业是具有很强的精神属性,这是区别于它和其他物质生产产业的根本特征。鉴于此,文化产业的特性包括三个方面:第一,文化产业和意识形态相统一,即不论任何一种文化产品或服务都具有一定的意义,或是政治导向意义,或是娱乐消费意义等,最终达到文化内涵或意义和经济相结合,即是文化产业。第二,文化产业具有市场导向性,由于文化产业是具有精神属性的,所以对它的评价和选择常常是根据消费市场的主观来判断,所以能否追随消费市场的主观意愿是文化产业能否发展的另一个特性。第三,文化产业具有高风险性,由于其反应意识形态,由主观意愿选择判断,因此文化产业没有固定的发展模式,具有很大的不确定性和风险性阴。这里所研究的是文化产业园区运营模式,它的发展客体就是文化产业,而由于文化产业的这些特性,它的运营模式也必然随之而不同于一般传统物质部门生产模式。

同时，在对园区文化产业来进行研究时，由于其发展是以产业集群为核心，在研究产业的优势分布和产业链上下层关联方面都要求对文化产业的分类进行了解。除此之外，还将文化产业分为核心层、外围层和相关文化产业层。其中，文化产业核心层包括广播、电视、新闻出版等；文化产业外围层包括相关文化服务；相关文化产业层包括文化设备及文化辅助用品的生产和销售。对于园区文化产业的，文化产业的分类研究是针对与产业集群的模式特征的，在集群中主导产业的发展、各类产业的上下层关系以及联动，都是运营模式要考虑的因素，都会影响到园区经济运行的效果。

（2）园区及文化产业园区

①园区

园区的概念在学术界一直并没有一个准确的界定，有时也可称为"开发区"。一些学者针对几种主要的园区类型解释其含义：第一，高新技术产业开发区是在一定区域内优化环境，以科技实力和工业发展为基础，在知识智力的支持下，促进高新技术产品化、产业化；第二，经济开发区是通过政策引导和倾向，开拓多元投融资渠道，依靠对外经济提升价值生产力；第三，生态文化产业园区是以工业发展为基础，以生态环境和经济共同发展为理念，通过运用现代技术，构建新型工业体系，实现资源的充分利用及循环利用，完成经济发展低耗能、高增长的目标。由此，可以认为园区是指由政府或其他开发主体划出一定的地理范围和区域，在这个区域范围内通过建设基础设施，改善生态环境，制定相关政策和法规，改善产业发展的硬、软环境，形成适合于产业发展的各种条件，进而以现代经营理念及科学技术手段为基础，发展产业聚集区，最终实现城市经营、区域协调发展、经济社会生态共同进步的目标。

从组织的角度，可以看出园区是一个区别于一般行政组织的特殊组织，主要具有以下两个特性：第一，园区是具有竞争力的，开放的组织系统。一般的行政组织在政府管辖的区域范围内，依照法定程序，按照统一标准、统一流程集中统一管理各项事务，是无须参与社会竞争的组织。行政职能和公共权力具有天然的排他性和合法强制性，使得行政组织不需要参与到社会竞争中去。而园区强调经济效益、社会竞争力地提升，它的组织形式是政府特派机构——管理委员会以及产业管理的混合结构，这种兼有公共性和私利性双重性质的结构形式，要求园区形成灵活开放的内部组织机构和制度体系。第二，园区不仅追求公共利益，也要追求经济利益目标。园区不像一般的行政组织，只是依法提供公共管理和公共服务，其最大的追求目标就是在法定权利的支配下实现公共目标，行政组织不涉及要通过自身的运行来创造经济利益的问题。而园区则不同，它既要代替政府在这个区域内实现公共产品和公共服务的提供，又要实现自身经济利益的最大化。这种特殊的二元目标构成要求园区不仅要充当区域管理者的角色，还要以"企业家"的经营理念来进行运营管理。

②文化产业园区

目前，文化产业园区这个概念还没有很严格的界定，国内外许多学者对此给出了自己的定义。德瑞克·韦恩提出文化产业园区是将文化与娱乐设施集中在一定地理区域内，它是文化生产与消费功能的结合[38]。NolapotPumhiran认为文化产业园区就是在一个空间有限的地理区域内，由一些文化企业和特色个体组成，呈现出文化生产和消费的集中。我国学者祁述裕、向勇等学者认为大量文化企业、金融机构以及相关支持体系在空间上集聚，就组成文化产业园区，在这个区域内形成文化产业竞争合作的发展态势。据此可以认为文化产业园区就是在特定地理区域内，文化企业以及相关支持体系集聚，形成生产、消费各种文化产品和服务的文化产业链的多功能园区。对于文化产业园区的分类，一般按照不同的分类方法可以划分为不同类别，可以按照其依托不同资源将文化产业园区分为以下几类：第一，依托文化遗址资源，形成特色园区。又可根据遗址的不同分为依托旧工业建筑遗址、历史文化遗址、自然风光遗址这三类。第二，依托特色成果，形成以艺术和科技相结合的文化园区，主要涉及艺术时尚、数字传媒、网络设计等领域，形成以高艺术和高科技相融合的发展态势。第三，依托高技术人才，发展动漫科技产业园区。这类园区依靠现代科技服务资源，迅速形成动漫产业的集聚，形成以现代科技为基础，融合丰富文化内涵的高端文化产业基地。这里研究的曲江文化产业园区属于第一类根植于文化遗址资源发展的园区。这类文化产业园区多具备遗址保护和文化旅游发展的双重功效，是将遗址文化内涵显性化的良好典范。因此在研究曲江文化产业园区运营模式的过程中，一方面从园区基础设施建设的线索进行，另一方面从对遗址区域文化项目运营实施、文化产业集群发展的线索进行。同时，对于其模式的推广应用研究，可以也是基于同类园区的特殊指向上，即针对不同类型文化产业园区并不能一概而论。

3. 组织运营

组织是一个社会实体，是和外界相联系的，具有确定目标和结构的系统。组织运营是一切社会组织将它的输入转化为输出的过程，是一个投入一定的资源，经过运作系统的转换，使其价值增值，最后以某种形式的产出提供给社会的过程。投入就是指包括人力、资本、技术等各种资源；产出是指获得有形的产品和无形的服务。对于非营利组织，产出是指所实现的社会价值。组织运营管理主要包括运营战略定位、运营系统设计及运行、运营控制与完善这三个环节。

  对于园区这个组织来说，要追求公共利益以及经济利益的最大化，就要求其在管理的过程中具有经营的理念，并讲求管理的效率和效能。一般来说行政化的管理缺乏竞争性和灵活性，不能达到园区发展的目标。因此，园区运营就是以企业化的经营理念，强调效率和效果，整合投入资源，设计园区运营系统，并对园区的运行情况进行控制管理。其中，园区的运营战略定位是指为了实现园区发展目标，制定出包括园区定位、资源优化配置、园区建设和产业发展的运营战略。园区运营系统设计及运行主要包括这几方面：一是对资源整合优化配置的环节，即在园区中投入并充分利用显性、隐性资源的过程；二是对管理机构以及管理制度的设计，主要解决管理活动中最关键的两个问题，即主导者的组成结构、职能以及管理活动进行中要遵循的行为模式和程序规则；三是对于园区建设和产业发展过程中的各种运营策略的制定和实施，也就是实现运营战略的行为设计。园区运营控制与完善主要是对园区运行情况进行评价，这是要根据园区的战略目标和实际情况进行；最终达到对园区运营系统更新和完善。

4. 模式

  模式一词，源于拉丁文，《辞海》中对模式的解释是：一般指可以作为范本，模本的式样。最初，模式的概念总是与"模型"相提并论，一般人们总是把模型与自然物体的客观实体相联系，后来人们的认识从实物客体模型进化而成理论模型或理想模型；进而模型不再单纯是客体或观念反映出来的本来的面貌，而是根据实践以及科学原理设计创造的新观念、新事物和新行为。这也就是说人类社会中的各种管理制度和社会结构的存在形式都可以称之为模型或者模式。美国学者比尔和哈德格雷夫认为模式的本质是现实的抽象概括，是基于理论比较简化的形式[删。综上，模式可以看作是系统内部或系统之间各相关要素之间的组合方式以及运作流程的范式。模式主要包含三个要素t目标、功能及机制。目标是引导一个系统发展及内部各要素作用的方向，对于园区来说是将组织的长期战略目标分解为产业发展运营的运营战略；功能是通过各要素的相互联系作用，引起系统内部或者外界环境中某些事物的变化；机制就是各要素的相互作用和联系，在园区中即为运营系统的设计。一般意义上来说，组织运营模式就是某一组织针对特定对象进行的具有某种特色的运营方式和运营特点的概括性描述。园区运营模式的构成主要包括园区的战略目标定位；园区的运营系统以及运行制度；园区运营模式控制手段。

3. 文化产业园区的类型

尽管从不同的角度，文化产业园区有不同的划分方法，但 Hans. Mommaas 在分析荷兰 5 个文化产业园区时提出，文化产业园区类型的区分有 7 个核心尺度可以参考：园区内活动的横向组合及其协作和一体化水平；园区内文化功能的垂直组合———设计、生产、交换和消费活动具体的混合，以及与此相关的园区内融合水平；涉及到园区管理的不同参与者的园区组织框架；金融制度和相关的公私部门的参与种类；空间和文化节目开放或封闭的程度；园区具体的发展途径；园区的位置。

（1）国外文化产业园区类型的划分

文化产业园区是一系列与文化关联的、产业规模集聚的特定地理区域，是一具有鲜明文化形象并对外界产生一定吸引力的集生产、交易、休闲、居住为一体的多功能园区。园区内形成了一个包括生产——发行——消费产供销一体的文化产业链。

①活动

文化园区基本的前提是文化生产与消费活动的呈现，文化产业的核心内容是特色，而特色灵感的获得往往来自于与其他同行相互接触的刺激，在众多的活动中特别是多样化文化聚会地点的出现，通常能充分提供人们之间的相互交流以获取灵感。因此，集聚地点的设置通常被考虑到文化产业园区的发展策略中。

②建筑形式

John.Montgomery 认为最适合一个文化园区活动空间的城市环境应倾向于有一个半径为 400 米，建筑平均 5-8 层，在 10 米范围有非常少的街道（包括人行道）。

文化园区应该有非常多功能的公共领地。它提供人们聚会交流的空间，也为园区内的交易提供场所，这样一个区域将具有渗透性。

成功的文化园区倾向于有几个具有活跃、渗透性强、临街地带的街道，或至少有一些活动的结点，便于人们在其间很容易走动。

③意义

文化园区要像物质一样能存在于人们头脑之中，也就是说人们参观之后能形成和保留园区的印象，而这些印象的形成取决于文化园区的活动、风格、形象。

成功的文化园区应是革新和特色的地方，在设计和欣赏方面经常是超时代的，并且这些超时代理念被带入园区的建筑设计、内部装饰、甚至重要街道和空间的照明等方面。

文化园区应刺激新的理念，成为新产品和新机会能得以开拓、努力尝试的地方。因此，文化园区意义方面的特征体现在具有历史和发展意义、园区身份和形象及知识性、环境意识等方面。

（2）我国文化产业园区类型的划分

由于文化产业园区在我国的发展还处于胚胎期，因而对其的分类很少。结合我国实际情况，主要从区位依附、园区性质等方面对文化产业园区的类型进行划分。

①按区位依附划分为4种类型：

a. 以旧厂房和仓库为区位依附

城市中被废弃的旧厂房和仓库，因其宽敞明亮的空间及廉价的租金，或面临闲置空间再改造的境遇，往往成为文化产业园区的又一滋生之地。国外许多成功的文化园区就是以旧厂房和仓库为区位依附的。我国较早出现的大山子艺术区依托于北京朝阳区酒仙桥路798工厂的老厂房。上海近些年成长起来的特色产业园区绝大部分也是由旧厂房和仓库改造而成。泰康路210弄的"田子坊"特色产业园区，位于上海20世纪30年代最典型的弄堂工厂群；建国中路10号的"八号桥"特色产业园区，位于上海汽车制动器公司的老厂房。这些特色产业集聚区，利用现有建筑创造了特色产业发展的平台，又保护了历史文化财产，是文化产业与工业历史建筑保护、文化旅游相结合，建筑价值、历史价值、艺术价值和经济价值相结合的良好典范。

b. 以大学为区位依托

大学作为技术的发生器，可以不断开发新的科技；同时它又是各类人才的聚集地，不但培养人才也吸引着各领域最优秀的人才；大学也是一个开放的社区，是一个提供多元文化的场所，大学往往成为特色的中心。因此，依托大学发展文化产业园区也就成为一种重要的途径。如上海的杨浦区赤峰路建筑设计一条街依托的就是中国著名高等学府－同济大学，上海长宁区天山路时尚产业园依托的是东华大学和上海市服装研究所，正在建设中的中国人民大学文化产业园及TCL（广州）文化产业基地都是以大学为区位依托的。

c. 以开发区为区位依附

这类文化产业园区主要是以高新技术产业园区为区位依附。因为高新技术产业园区内高新技术产业发达，高校、科研机构、高科技企业聚集，科技与文化相结合的智力型人才众多，最适宜发展文化与科技结合的文化产业。高新技术产业区都有着大量的信息产业，这些产业跟文化产业能够实现很好的融合。属于此类型的有位于中关村高科技园区内的中关村特色产业先导基地；位于大连市高新技术产业园区的国家动画产业基地；位于上海浦东张江高科技园区内的张江文化科技特色产业基地等等。

d. 以传统特色文化社区、艺术家村为区位依附

属于这种类型的主要有两种情况：一种是依托一些传统的文化区域，在这些区域文化底蕴深厚，文化氛围浓郁，利于开发特色文化产业产业园区。如四川德阳三星堆文化产业园、北京高碑店传统民俗文化产业园区等等。第二种是依托位于城乡结合部的一些艺术家村，有些是属于创作型的园区，如北京的几个画家村；有的则已形成产业化运作，如位于深圳特区郊边龙岗区布吉镇的大芬油画村等。

②按园区性质划分为5种类型：

a. 产业型

一是独立型的。园区内，产业集群发展相对比较成熟，有很强的原创能力，产业链相对完整，形成了规模效应。如深圳大芬村，以绘画艺术为主，也已经形成一定的产业链条，及规模效应，但原创能力不强，而且这是我国此类文化产业园区普遍存在的问题；二是依托型的。依托高校发展，也形成了一定的产业链条。如上海虹漕南路特色产业园，同济大学周边的现代设计产业园区等等。

b. 混合型

这种类型的文化产业园区往往依托科技园区，并结合园区内的优势产业同步发展文化产业，但园区内并未形成文化产业链条。如张江文化科技特色产业基地、香港数码港等。

c. 艺术型

这种类型的园区也是创作型园区，原创能力强，但艺术产业化程度还较弱。目前国内最有名的艺术园区有北京大山子艺术园区、青岛达尼画家村等。

d. 休闲娱乐性

这类文化园区主要满足当地居民及外来游客的文化消费需求。最有代表性的是上海的新天地、北京长安街文化演艺集聚区等。

e. 地方特色

如北京高碑店传统民俗文化产业园区、潘家园古玩艺术品交易区等。

此外，按照影响范围来分又有国际型、国内型和地区型；还可按园区最初的形成分为自发形成和政府运作形成的文化产业园区。由于文化产业园区在我国还是一新生事物，发展变化快，园区类型之间的界限并不是很明晰，在这进行的类型划分仅是根据当前的一些情况进行的划分，今后随着城市文化产业园区发展逐渐成熟，园区类型的划分将会进一步完善。

二、文化产业园的特色

文化产业园区与其它类型产业园区相比具有共性：集聚、创新、规模化、科技引导等，但更多的是差异，有自身独有特征与功能，过多地遵从共性而忽视个性情况建设文化产业园区，会削弱其经济与社会效益，导致产出非合理性。由此，构建文化产业园发展评价体系必须严格依据与体现其自身具备的特征与功能。

1. 特征

（1）特色能力强，科技融合高。

文化产业的第一要义是特色，第一资源是人才，本质是"文化+智慧（特色）+科技"三者深度融合的产业，基于此，英美等国家将之称为文化特色产业。文化产业园区作为文化产品与服务的研、产、销、传播与消费基地，根本任务就应是不断地解放与发展文化产品的生产力与创造力，不断提高吸引智力、特色强的人才、市场组织与社会团体的能力，塑造创新协作、联盟的氛围，发挥"筑巢引凤"的功能。同时，应与资讯、通信及数字等高新科技保持深度融合，一方面降低市场主体之间交流与交易成本，使得消费者、生产者、创作者与协作者间的"距离"更近；另一方面，提高人们利用这些技术从事特色工作的能力，拓展特色来源，加快特色升级。此外，政策与制度革新在很大程度上会加速催化文化产品的不断创新与更替，政策应秉承先行先试、因地制宜的原则，达到与文化产业园区发展同步工程的效果。因此，文化产业园区创新能力主要可归结为：人的思维创新能力、文化资源的价值创新再造能力、科技创新及变革能力、产业创新能力与制度创新能力，或是其组合。

（2）社会配合度高，公众参与广

文化园区是"园"，更是"区"。园本身就是强大资金流、信息流、物流、人才流的集散地，为企业提供便捷、廉价的交易平台与增加相互学习、分工合作的机会。其中文化设施的齐全与文化活动的举办，是提升园区魅力，招揽名企企业、名人、游客的重要指标,由此,构成了"园"的社会支撑力。根据科斯交易成本理论,当单个企业无法将与之生产成本有关的要素"内化"时,便会寻求与其它机构进行谈判、协作等行动,以求成本最小化。[13]此时,"区"的社会支撑与配合显得尤为重要。所提供配合的服务机构既包括区位条件(交通、土地、信息化等),又包括公共服务(如财税、行政等)与市场化服务(金融、产权、风险投资等)。区位条件的优劣会影响产品成本的高低;公共服务体现政府的重视度与帮扶力度,同时保证参与主体的公平与平等;市场服务是价值实现与成果转化的关键环节。此外,园区运营必须得到社会公众的认可,应当留有充裕的创作发挥与休闲娱乐的空间,让其参与进来。一则保障公众文化基本权利的实现,增加公众接触文化产品的机会,刺激购买欲望;二则人才是第一资源,公众本身是多层次特色人才资源宝库,更是特色来源的蓄水池。

(3)集聚效应明显,产业链完整。

集聚是任何园区高效发展最基本的要求。集聚效应一旦形成,就会形成一个自我积累的正反馈过程,使产业集群拥有自我发展的能力,并持续为下一步发展创造条件。一是有利于文化、智力资源共享,产生规模效应,节约运作成本;二是促进生产的规模化和专业化,产生关联效应,带动金融、房地产等行业的发展;三是促进知识和技术的转移扩散,加强隐性知识的传播与扩散;四是易形成区域品牌,集聚内主要产品一般具有较强的竞争力。集聚效应通过就业行业的方向可见一般,通常将就业人群分为三类:直接生产者、文化协助者与创作者。产业链完整包含价值链、供需链与空间链三个维度。价值链看,涵盖了文化商品或服务从最初创作到最终消费品的所有阶段。供需链看,产业发展受到上、下游产业的共同制约。从空间链看,是指组成产业结构的各细分部门与文化产业的前、后向产业关联。文化产业园区应具备完整的产业链,链条上每个环节均可成为一个相对独立的行业,形成专业化与多元化优势并存,从而达到优势互补、互相支撑的产业格局。另外,核心层、外围层与相关层在文化产业园区应成相对协调的比例,具有"核心版权"及高新技术的新兴业态应给予最重要位置。

(4)产业秩序良好。

价值链某些环节的高度集中,容易造成"马太效应",即"赢家通吃"。由此需要良好的产业秩序来保障市场有序竞争与权益公平分配。产业秩序应包含进退机制、竞争程度、享受待遇、版权保护等。从整个过程来看,要保证准备、开局、过程、结果与反馈各阶段的公平与公正,使产业主体平等有序地开展竞争,避免过度恶性竞争与高度垄断等。由此,园区塑造良好的文化产业秩序包含三方面:文化企业秩序、文化产业组织秩序与文化环境秩序。]特别把握好两点:一是不同主体在对待竞争与秩序的关系时,侧重点应该不同。文化产业市场上中小企业是最活跃的主体,由于自身实力有限更需要良好的产业秩序来引导。二是不同发展阶段对待竞争与秩序的关系时,侧重点也不应该相同。园区发展要经历初创期、成长期、成熟期与衰退期的产业周期,各阶段所需的产业政策与环境要求不尽相同。另外,版权保护也是良好产业秩序重要组成部分,一则直接激励文化企业与个体的创作动力;二则体现了保护和促进文化表现的多样性。

2. 功能

(1) 经济功能。

经济学一切有关经济功能理论的核心思想———效率。文化产业园区所发挥的经济功能,必须反映这个原则,否则,就丧失其存在的意义。文化产业园区的经济功能可理解为来自四个方面:直接收入(产业增加值、税收、利润等);间接消费产生(旅游、房地产等);就业影响,替代传统工业,拓展新增就业;可支撑传统产业结构升级,驱动城市发展。美国著名城市建筑家刘易斯·芒福德指出,"城市是文化的容器",它为实现特色活动的商业价值提供完善的外部条件,同时激活了墨守成规的旧产业秩序。这里归纳反映文化产业园区经济功能应包括:产出的规模与增长情况、集聚效应、知识产权质量与转化能力等,其中知识产权的转化能力称为知识效益,被视为最具潜在的经济效益。在产业功能上,园区除具产业集聚功能外,还应有产业融合、产业协同、产业孵化与产业展示等功能,尤其重视与资讯、通信与数字等高新技术的有机融合,让文化、特色元素与其它产业更多地交融,促进各类特色资源在各产业领域快速转化为生产创造力。

(2) 社会功能。

文化产品本质属于意识形态,对消费者价值观和精神气质等方面产生直接影响,国外无一例外地特别关注对青少年身心健康的影响,对文化产品入市实行"检疫"。由此,文化园区需承担更多的社会责任。文化产业园区应保证产品的品味水平与内容健康,饱含丰富的文化内涵、强大的精神力量;所宣扬的价值观能起到良好的教化与凝聚作用,消解各种社会紧张与冲突。把边缘化的艺术或从事者重新激活,得到保护性与市场化共同开发,保持文化的多样性、多元化。另外,传播性是文化产品固有属性,未经广泛传播的东西不能称为"文化"。注重服务理念的培育,不断为公众进入园区创造广阔与包容的空间,保障公民文化创作权利及分配的公平,激发创造性。文化园区资源消耗少、环境污染小、产值效能高,得到公众高度认可与支持。不单如此,与生态产业有机结合,开创出具有"生态+文化"理念或符号性的产业,如生态时尚业、生态理疗业等。此外,为提升城市形象,国际上许多城市或地区都藉由成立文化产业园区,"擦去了脸上灰尘",散发出独特的城市魅力,如鲁尔工业区。〕

（3）文化功能。

文化产品的创造应尊重与保留"源文化"最核心、最关键的元素,反映真实的社会存在,不能只是一味地迎合市场需求,变相糟蹋与扭曲文化内涵,更不能与社会核心价值相对抗。园区发展要时刻警惕文化产业化所带来的巨额经济价值可能会淹没它浮现出来的文化精神,造成其贬值与文化意义的衰减。特别是在文化产品要走出国门、面向世界的时候,必须要考虑到它所体现的文化精神和传播的文化价值观,因为我们需要的不仅是商业贸易上能够被接受产品,而且也需要他们能够在文化内容上认同我们的价值观。在对文化资源题材进行开发时,应特别注重保持文化的"经典意义",不要让文化的指数被物质的指数全部覆盖,必须重申文化产品所具备的文化价值和美学价值。此外,文化传播与"企业家精神"要保持高度融合,从产品决策者层面就具有很高的社会与文化价值。由此,文化产业园区应做到在主流意识形态、商业主义意识形态、精英主义意识形态的三元对立中跨越界限、相互融通,共建文化生存与发展的空间。

（4）空间与土地效益

从空间占用的排他性、空间结构的刚性角度看,本身是一种稀缺资源,且难以通过贸易来克服。文化产品的生产和消费都必然要落实到一定的空间,文化产业园区空间治理,既要促园区空间布局优化调整,又要尽力化解园区内的空间制约。能够做到有效提升毗邻空间的商业价值,自身也能便捷地转换为生活空间、商业空间。注重与社区空间相融合,尽量避免单独为其特立空间,充分合理利用社区空间。因此,园区建设要打造成既是文化特色产品的生产区、消费区,也是文化特色体验区,特色孕育、特色产品、特色企业的孵化区。在文化产业园区土地利用中,目前重扩张轻挖潜、重规模轻效率、重引资轻规划等问题仍未得到有效解决；尤其是近期的'文化圈地'运动纷纷上演,举文化之名,行地产之事也屡见不鲜。园区土地集约利用应依据有关法规、政策、规划等为导向,通过增加对土地的投入、改善经营管理、挖掘土地利用潜力、不断提高园区土地利用强度和经济效益。由此,土地利用效率应注重土地利用状况的改善、用地效益与土地管理绩效的提高。

三、文化产业园形象与特色的关系

特色文化产业是指依托各地独特的文化资源，通过特色转化、科技提升和市场运作，提供具有鲜明区域特点和民族特色的文化产品和服务的产业形态。发展特色文化产业对深入挖掘和阐发中华优秀传统文化的时代价值、培育和弘扬社会主义核心价值观、优化文化产业布局、推动区域经济社会发展、促进社会和谐、加快经济转型升级和新型城镇化建设，发挥文化育民、乐民、富民作用，具有重要意义。近年来，我国特色文化产业发展势头良好，但还存在产业基础薄弱、市场化程度不高、知名品牌较少、高端特色和管理人才不足等问题。为贯彻落实党的十七届六中全会关于发展特色文化产业、国务院关于推进文化特色和设计服务与相关产业融合发展的精神，加快实施《国家"十二五"时期文化改革发展规划纲要》，推动特色文化产业健康快速发展，特制定本意见。

1. 总体要求

（1）基本原则

传承文化，科学发展。坚持古为今用、推陈出新，努力实现中华优秀传统文化的创造性转化、创新性发展。在产业发展尤其是特色街区、特色村镇、园区基地建设中，注重保护乡村原始风貌、文化特色和自然生态，突出传统特点，不搞大拆大建，不拆真建假，不毁坏古迹和历史记忆。

因地制宜，突出特色。立足各地特色文化资源和区域功能定位，发挥比较优势，明确发展重点，把文化资源优势转变为产业优势，构建具有鲜明区域和民族特色的文化产业体系，促进多样化、差异化发展。

特色引领，跨界融合。加强特色设计，打破行业和地区壁垒，促进特色文化资源与现代消费需求有效对接，加快特色文化产业与旅游等相关产业融合发展，提升产品品质，丰富产品形态，延伸产业链条，拓展特色文化产业发展空间。

市场运作，政府扶持。坚持企业主体、市场运作，更好地发挥政府的引导、扶持职能，完善政策措施，健全市场体系，优化发展环境，提升特色文化产业创新能力和发展活力。

（2）主要目标

到2020年，基本建立特色鲜明、重点突出、布局合理、链条完整、效益显著的特色文化产业发展格局，形成若干在全国有重要影响力的特色文化产业带，建设一批典型带动作用明显的特色文化产业示范区和示范乡镇，培育一大批充满活力的各类特色文化市场主体，形成一批具有核心竞争力的特色文化企业、产品和品牌。特色文化资源得到有效保护和合理利用，特色文化产业产值明显增加，吸纳就业能力大幅提高，产品和服务更加丰富，在促进地方经济发展、推动城镇化建设、提高生活品质、复兴优秀传统文化、提升文化软实力等方面作用更加凸显。

2. 主要任务

（1）发展重点领域

鼓励各地发展工艺品、演艺娱乐、文化旅游、特色节庆、特色展览等特色文化产业。工艺品业要在保护多样性和独特性的基础上，坚持继承和创新相结合，促进特色文化元素、传统工艺技艺与特色设计、现代科技、时代元素相结合。演艺娱乐业要鼓励内容和形式创新，创作文化内涵丰富、适应市场需求的地域和民族特色演艺精品，支持发展集演艺、休闲、旅游、餐饮、购物等于一体的综合娱乐设施。文化旅游业要开发具有地域特色和民族风情的旅游产品，促进由单纯观光型向参与式、体验式等新型业态转变。特色节庆业要发掘各地传统节庆文化内涵，提升新兴节庆文化品质，形成一批参与度高、影响力大、社会效益和经济效益好的节庆品牌。特色展览业要依托各地文化资源，突出本地特色，实现市场化、专业化、品牌化发展。引导特色文化产业与建筑、园林、农业、体育、餐饮、服装、生活日用品等领域融合发展，培育新的产品类型和新兴业态。

（2）发展区域性特色文化产业带

加强对地缘相近、文脉相承区域的统筹协调，鼓励发展优势互补、相互促进的特色文化产业带。发挥现有区域合作框架作用，建立和完善特色文化产业区域合作机制，加强整体规划，围绕重点产业和重点项目，推动产业要素有效配置，促进区域特色文化产业协同发展。按照国家建设"丝绸之路经济带"总体部署，依托丝绸之路沿线丰富的文化资源，调动各方力量，推动丝绸之路文化产业带建设。持续推进藏羌彝文化产业走廊建设，合理规划、引导实施一批特色文化产业项目，突出民族文化特色，推进文化与生态、旅游的融合发展，建成国际知名的文化旅游目的地和有示范效应的特色文化产业带。促进南水北调工程与周边生态、文化、旅游资源有机融合，加快建设南水北调工程文化旅游产业带。

（3）建设特色文化产业示范区

加强规划引导、典型示范，鼓励各地结合当地文化特色不断推出优秀文化产品和服务，形成各具特色的文化产业发展格局，建设一批文化特色鲜明、产业优势突出的特色文化产业示范区。对投入力度大、工作取得明显成效的示范区予以重点扶持，充分调动地方政府积极性，引导各地深入研究评估当地可供产业开发的特色文化资源，提出资源利用和转化规划，推动特色文化产业有序集聚，形成一批集聚效应明显、孵化功能突出的特色文化产业基地、园区和集群。通过特色文化产业示范区的示范辐射作用，带动全国范围内特色文化产业创新发展，不断增强区域文化产业发展的核心竞争力，提升区域文化品格，打造地方文化名片。

（4）打造特色文化城镇和乡村

将特色文化产业发展纳入新型城镇化建设规划，延续城市历史文脉，承载文化记忆和乡愁，建设有历史记忆、地域特色、民族特点的特色文化城镇和乡村。明确城市文化定位和文化产业发展重点，把特色文化产业项目与城市风貌、功能布局紧密融合，形成地域特色，避免千城一面。突出传统特点，彰显文化特色，保护历史文化名镇名村和乡村原始风貌、自然生态，鼓励文化资源丰富的村镇因地制宜发展特色文化产业，建设一批文化特点鲜明和主导产业突出的特色文化产业示范乡镇、特色文化街区、特色文化乡村，促进城镇居民、农业转移人口和农民就业增收。

（5）健全各类特色文化市场主体

培育和引进特色文化骨干企业，发挥其在特色研发、品牌培育、渠道建设、市场推广等方面的龙头作用，带动区域特色文化产业发展。打破地区、行业分割，主动开放市场，鼓励外地企业到本地投资发展特色文化产业，鼓励其他行业企业和民间资本通过多种形式进入特色文化产业，把引入外部资源和做强做优本地企业有机结合。鼓励各类合作社、协作体和产业联盟在整合资源、搭建平台等方面发挥积极作用。扶持各类小微特色文化企业和创业个人，支持个体创作者、工作室等特色文化产业主体发展。

（6）培育特色文化品牌

支持各地实施"一地（县、镇、村）一品"战略，形成一批具有较强影响力和市场竞争力的产品品牌。发挥有代表性的民间手工艺人、工艺美术大师和文化名人在培育特色文化品牌中的作用。建立特色文化品牌认证和发布机制，加强宣传推广，完善传统工艺、技艺的认定保护机制，鼓励挖掘、保护、发展中华老字号等民间特色传统技艺和服务理念，鼓励特色文化企业申报原产地标记，加大知识产权的保护利用力度。

（7）促进特色文化产品交易

完善特色文化产品营销体系，创新营销理念，发展电子商务、物流配送、连锁经营等现代流通组织和流通形式，依托社交媒体等网络平台，拓展大众消费市场，探索个性化定制服务。支持特色文化产品参加各类文化产业展会，鼓励有条件的展会设立特色文化产品展示专区，支持西部地区、民族地区特色文化产品和服务参展。鼓励"公司＋农户"经营模式发展，引导一家一户式的传统销售向代理、品牌授权等现代营销转变。借助社会组织、专业机构的营销渠道与营销经验，扩大特色文化产品销售。提升各类交易平台的信息化和网络化水平，促进特色文化产品和服务交易。

3. 保障措施

（1）加大财税金融扶持

加大财政对特色文化产业发展的支持力度，把特色文化产业发展工程纳入中央财政文化产业发展专项资金扶持范围，分步实施、逐年推进。充分发挥财政资金杠杆作用，重点支持具有地域特色和民族风情的民族工艺品特色设计、文化旅游开发、演艺剧目制作、特色文化资源向现代文化产品转化和特色文化品牌推广，支持丝绸之路文化产业带、藏羌彝文化产业走廊建设。认真落实国家扶持文化产业发展的各项税收政策，加强税收政策跟踪问效。利用文化部与相关金融机构部行合作机制、文化产业投融资公共服务平台，加强对特色文化企业的投融资支持与服务。

（2）强化人才支撑

以培养高技能人才和高端文化特色、经营管理人才为重点，加大对特色文化产业人才的培养和扶持。探索与知名培训机构、专业院校、科研院所建立人才共同培养机制，办好西部文化产业经营管理人才培训班、文化产业投融资实务系列研修班。通过资金补助、师资支持等多种形式，支持各地开展特色文化产业人才培训。依托工作室、文化名人、艺术大师，促进人才培养和传统技艺传承。加强对非物质文化遗产传承人和学艺者的培训，着重提高其创新特色能力。积极将特色文化产业人才培养纳入各级政府人才发展规划和工作计划。

（3）建立重点项目库

按照自愿申报、动态管理、重点扶持的原则，依托国家文化产业项目服务平台，面向全国征集具有示范性和带动性的特色文化产业重点项目，加强对重点项目的组织、管理、协调、支持和服务。广泛吸引社会资本参与建设，拓宽特色文化产业重点项目投融资、交易、合作渠道。优先支持符合条件的重点项目享受中央财政文化产业发展专项资金项目补助、保费补贴、贷款贴息、绩效奖励等扶持。

（4）支持拓展境外市场

综合运用多种政策手段，对特色文化产品和服务出口、境外投资、营销渠道建设、市场开拓等方面给予支持。加强对外文化贸易公共信息服务，及时发布国际文化市场动态和国际文化产业政策信息。支持特色文化企业参加境外展会和文化活动，鼓励在境外开展项目推介、产品展销、投资合作，扶持特色文化精品进入国际市场。加强对外文化贸易信息服务，充分发挥驻外使领馆文化处（组）、海外中国文化中心等的作用，协助特色文化企业了解和分析境外文化市场动态，拓展境外营销网络和渠道。

（5）建立完善交流合作机制

鼓励高等学校、科研院所、骨干企业与地方加强合作，促进资源整合和有效配置，发挥各自优势，带动地方特色文化产业发展。鼓励建立产学研合作联盟，加快建设以企业为主体、高等学校和科研院所为依托的特色设计和产品研发中心，引导特色创新要素向企业集聚。支持举办相关交流研讨活动，为拓展特色文化产业交流合作提供平台。

第二节 文化产业园形象与特色的构成

一、文化产业园形象的构成要素

园区化是当前文化产业发展的一个重要特征和趋势。文化产业园是一系列与文化关联的、产业规模集聚的特定地理区域，具有鲜明的文化形象，并对外界产生一定吸引力的集生产、交易、休闲、居住为一体的多功能园区。在文化产业园的建设中，环境、、产业的整体化、人性化设计已成为园区生产、园区观光等综合要素的追求目标。不再只是陪衬、美化环境的功能，而是作为实现和展示工具，在文化产业园的整体建设中具有重要作用。文化产业园与其他高科技产业园相比，一个重要的特征就是要塑造独特的文化产业园区空间环境，使园区经济、文化、生态相互共生，实现可持续发展。

1. 文化产业园区的形态分类

文化产业园目前在我国还处于发展初期，结合我国现状，从区位依附关系来说，可以把文化产业园分为4种类型。

（1）以旧厂房和仓库为区位依附

例如北京的798工厂。20世纪80年代，大山子厂区逐渐衰落。厂方迫于生存压力，开始对外出租闲置的厂房。之后大批艺术家自发聚集于此，形成了蜚声海内外的798艺术区。

（2）以大学为区位依附

例如河北师范大学与国大集团合作的新师大东校区文化特色产业园，主要依托于师大深厚文化底蕴。浓郁的文化氛围，利于开发特色文化产业园区。

（3）以开发区为区位依附

这类文化产业园主要是以高新技术产业园区为区位依附，例如北京中关村高科技园区内的中关村特色产业先导基地等。

（4）以传统特色文化社区、艺术家村为区位依附

例如河北省武强县璐德音乐小镇，还有目前正在建设中的河北省西门豹文化产业园等。

2. 文化产业园区的构成要素

文化产业园大多位于城市中，其空间的设计要素主要包括软质和硬质两个方面。

（1）软质主要指植物和水体。

①产业园区的绿化

包括整个园区的立体绿化系统、道路两边的绿化带以及局部绿化三部分。总体来说，文化产业园的软质相对缺乏。根据气候和地形特点，原有建筑的周边环境可组织多层次的立体绿化系统。还可以整合绿地廊道与道路廊道，在两侧规划一定宽度与不同形态的绿化带。

②水体

在园区内可适当增加一些水景，如自然驳岸或几何规则驳岸的浅水池。又或者是喷泉叠水，再辅以灯光、绿化、雕塑等装饰。既可以创造一个宜人的小气候，还可以使更为丰富、灵动。

（2）硬质

主要指广场、道路、铺装及小品。

①广场按照功能定位的不同，广场有交通枢纽、主题展示、娱乐休闲等区别，在设计时要各有侧重。比如注意车流人流的转换，设置富有文化内涵和艺术感染

力的特色，或用于休闲和交流的公共设施等。

②产业园区的道路

公共空间的参与包括"动"与"静"两种主要行为。"动"要求公共场所中的空间布局能使人方便地到达周围建筑和设施；"静"，比如小坐、聆听、观看和交谈，要求在合适的地方布置一定量的座位区和观看区。

③铺装

铺装的材质、颜色、肌理、图案可用来创造富有魅力的路面。在文化产业园区，铺装图案应该在统一协调的整体风格中追求多样化和艺术化，相对完整的大空间和空间交界处的铺装处理是设计的重点也是亮点。

④产业园的建筑物

时尚、前卫的雕塑设计是文化产业园区的优势所在，同基地环境和艺术风格相协调的雕塑小品具有活跃空间气氛、画龙点睛的作用，往往能成为人们视觉的焦点和区域的标识。现在广为使用的"情景雕塑"，可凝固日常生活中动人的一瞬。既惹人喜爱，又耐人寻味。设施小品在文化产业园区中尤为重要，包括各种户外灯具、指示牌、信报箱、公告栏、电话亭、自行车棚、垃圾桶等，是将艺术设计融入社会生活的重要表达载体。

二、文化产业园形象的设计

文化产业园区的设计必须呼应园区设计整体风格的主题、产业板块、基础设计建设等，硬质要同绿化、文化等软质相协调。所以，在文化产业园区的空间环境设计时应把握以下几个要点。

1. 对原场地元素的利用和改造

文化产业园区在实际的社会经济发展过程中，有很多是在老旧的工业厂房厂区或者其他的功能空间的基础上改建而形成。在设计的过程中不可避免的涉及到对原有场地元素的利用和改造，从而实现对原有空间的重构。所有的构建物或者设备总是为了满足某种特定的工业需求而被设计建造，因此它们从产生之初，就具备了非常明显的工业特征。但随着时代变迁，这些最初因工业需求而出现的构建物会逐渐失去其原有功能，取而代之的是其突出的特定时代的文化印记或符号。由此，它们以自身最本质且最独特的形式代码被人们阅读，进而形成新的形式文脉，产生新的阅读代码。这些新的阅读代码作为一种工业活动的结果，反映着某个特定时代的特质，代表着当时的文化与内涵，唤起了人们对场地的记忆。如利用一些构筑物，诸如钢构架、钢管、混凝土板、断墙、烟囱、铁轨等等。也包括一些工业时代的生产方式和特定行为，进行结构重组，或者利用新建的元素配合这些元素进行物质转化和抽象转化，从而丰富人们对空间的感受。

2. 创新性的引入新元素

文化产业园区空间设计在对原有场地元素利用和改造的基础上，应该创新性的引入新的元素。创新性可以从两个方面获得展现：一方面，区别于城市其他区域及产业园区，打造全新的特色化园区环境，形成不可复制、独一无二的个性；另一方面，通过运用最新科技的技术，如智能技术、生态化技术等，制造超越传统设计的自由度，从而创造崭新的效果。这样既可以全方位展示园区的独特魅力，又可以完美的服务好群众，达到人与自然、社会和谐发展的最佳境地。

3. 提倡人性化考虑以人为本是现代设计的最重要原则

就文化产业园而言，不仅要以园区内员工为本，更要考虑到儿童、老年群体及残障群体等特殊社会群体的生活需求及活动特点。于每一处设计细节，体现对特殊群体的人性化服务及特殊社会关怀，真正做到人与自然的完美融合。四、结语在我国，文化产业园还是一个新生事物，无论是理论界还是实施决策部门对于文化产业在知识经济时代中的地位和作用都缺乏应有的认识。同时，在现存的城市规划编制法规中，也没有与之配套专门的编制要求。文化产业园作为城市文化生态主动脉和城市形象新名片，值得更多学者对其进行关注和研究，其公共空间的设计是体现园区文化氛围和艺术气质的重要阵地。通过对园区内公共空间的设计，来提升整个园区的品味和使用价值。并进一步使之辐射至区域，成为城市公共空间中活力四射的一部分。

三、文化产业园特色的构成要素

1. 自然元素

随着文化产业的兴起，各城市纷纷进行文化产业园的建设，文化产业与一般传统产业存在本质上的不同，有效地利用自然环境，创造良好园区文化氛围，成为文化产业园规划设计的重要环节。目前，我国有很多城市都以文化产业园以自然为本，形成独具特色的"生态、文化、产业、旅游"四位为一体的主题文化公园产业区。

这里说的自然就是指大自然，它与人类社会相区别的物质世界，是客观存在的；而元素是指构成事物的基本物质名称。通常一般存在于自然界中的各种形态，如水、空气、山脉、河流、植物、动物、甚至宇宙地球等等我们都可以称之为自然元素。人类从古至今一直在向我们赖以生存的大自然进行学习和模仿，进而通过智慧以及独特的审美感受将自然世界中的各种形态元素加以提炼融合，创造出具有特定涵义的符号及艺术形象。而现代的标志设计中，对自然元素符号的借鉴和运用更是非常有必要的。

（1）自然元素的内容

随着工业革命的快速发展，社会经济和科学技术也得到了全面的提高，同时也激化了人口、资源和环境之间的矛盾。现代化的城市居民，离大自然越来越远，甚至苦心孤诣地将花草树木调教的背离了本原，人类本身也越来越趋于可笑的工业化，这是一种悲哀，更是一种恐怖，因此继承小区的特色，构筑良好的生态环境，提高市民的生活品质，追寻将自然元素引入居住生活空间，进行人工环境内部的调整，并且在最大程度上向自然回归。

人类从古代就开始对其生存环境作了许多的研究。西方罗马时代的维特鲁威在《建筑十书》中曾对空气中阳光、风向、水流等环境因素作了深入的分析，并着重阐述了建筑选址的要素。我国明代记成所著《园冶》一书也是一本环境学的重要典籍。他在造园、作景、选石和四季种植以及利用自然环境来选景等方面作了深刻的叙述。中国古代的"上林苑""阿房宫"及至后期的"圆明园""颐和园"等都创造了帝王建筑的经典，这是人类利用自然设计创造美好生活空间的真实写照。

环境与自然资源密不可分，自然资源作为一种特殊的生产要素在经济增长中发挥着重要作用，但资源的过度开采和过度使用又会带来资源的枯竭和经济的不可持续增长，同时对环境的破坏和污染给人类带来严重的生存威胁。

人类对山的感情始于几千年前，从猎人巡山，农人开山，到慧人择山而居，僧人临山筑庙，诗人游山玩水，山在人类文明史上的地位举足轻重。所以在现代住宅的娱乐场所中，山中架亭，既能体验爬山的乐趣又能坐亭观景。

水又是人类不可缺少的自然资源，既能够满足人的最基本生存需求，又能以自身特殊的形态给予美的精神享受。千姿百态的自然水环境诱使人类从被动的利用水资源发展到按主观意识用水体造景，在漫长的历史发展过程中营造了各异的人工水景。但处理上从形到神都追求自然的韵味。环境水体设计中水的流体造型正是模拟水的这些自然形态以人工构造的方式限定出来的，来达到希望取得的自然效果。

城市居民已经厌倦了城市的喧哗、拥挤，越来越多的人想投入大自然的怀抱，重新沐浴大自然的阳光、空气、鲜花。越来越多的人去农村寻找自然，寻找绿色，从而出现了乡村别墅。但在现代都市中，自然越来越少，到处都充斥着人工环境，人们体味不到大自然的阳光、空气、鸟语花香和宜人之景，希望在生活中能重新领略大自然的美景。我们可以这样设想，虽然住宅区中不允许更多的自然风光，但人们采用了象征，融入，引入等手段，利用点、线、面的空间布局形式，在有限的空间内引入自然，领略大自然给人们带来的清新愉悦的美感，感受大自然的芬芳，不一样可以收到意想不到的效果吗？在室内外种花植树、盆景点缀、模拟自然、联想自然，创造"小中见大""壶中天地"的自然景色，取得和自然协调的生理、心理的平衡。假如不是真山，花木配置更严格，仍应"深求山林意味"，植物配置以模仿自然为主。土多石少的假山，乔灌木错落配置，品种多些，构成浓荫蔽目的自然山林，石多土少的假山，花木配置宜疏，使人观赏叠石和树姿的美。植物与其他组景不同，它是有生命的，随着时间的推移．它的色彩、形态不断变化发展。因此在实际栽植中，在树种的选择与配置上应以足够数量的一种或几种花木成片栽植形成"气候"，加强艺术感染效果，突出各景区的风景特征，造成景景不同、季季不同的小区景色。其中，果实也可以作为植物配置的主题，尤其是深秋，忍冬的红果象红色玛瑙挂满枝头，形成一幅幅丰收的画面。

尤其是在文化产业园区的设计上，无论现代化程度多高，都不可能是空中楼阁，而必须依托大地，与自然结缘。人们是现实生活的主角，同时也是环境的主体，一切环境都是为人服务的，人们应该有能力、有义务保护环境。

（2）自然元素在设计中的表现

自然界中的自然元素可以用自然符号来表示，它不同于具象和抽象。但从标志设计的实际意义来说，我们创作中更多的利用自然元素符号，就是已经对自然元素有了一个基本的提炼，在标志设计中具体表现为三种：即具象的表现自然元素、抽象的表现自然元素以及象征的手段表现自然元素。

具象的自然元素符号是指对自然物的形象，用写实记录性的手法把符号的语言表现出来，直截了当就能了解它表达了什么，其特征是容易直接引起大众的普遍识别与联想。这种符号表达方式，最能将自然元素的寓意直接的表现在平面图形设计中。具象自然元素符号的表现形式常以摄影图形、写实图形为主要方式。如康师傅品牌就利用了一个具象的卡通人物，直接的表达出品牌的含义。

象征是一种表现手法，利用一方事物来说明另一方事物，双方关系相对稳定，或许约定俗称，或许是法律规定。标志设计中用象征的手法体现自然元素的运用，是我们设计中常用的手段。例如中国农业银行标志以麦穗图形这一自然元素为象征主体，通过直截了当地图形加以抽象，象征的表达出这一专业银行——农业银行的特征。这种象征比喻的手法和具象的自然元素的运用有相似之处，但象征的手法更多了一层寓意和约定俗成。如世界野生动物保护基金会的标志，设计师通过一个可爱的，大家都喜欢的并且面临濒临灭绝的熊猫形象作为标志，利用了自然元素中的动物形象，象征性的表达了世界野生动物保护的大任。

抽象自然元素符号的表现形式：指用点、线和面变化组成有深刻衍生涵义的图形，图案形象概念化、变形化、夸张化。借鉴自然界中的有机线条和富有均衡、对称、韵律等美感的标志设计。如圆形带给我们的饱满、团圆与吉祥之意，是与太阳和月亮有密切关系的；跳跃的海浪与曲折的小路，使我们认识到曲线的活泼、流畅、柔软与女性的温柔。在标志设计中，对自然形态的抽象可以是具象意义上的抽象，也可以是在原有的形态上做大胆的夸张、变异处理。设计师对自然元素的深切领悟、对设计内容的准确把握，才能汲取自然形态中的精髓。

对自然元素提炼色彩的运用。自然色彩是客观存在的，人们的视觉范围接触到的有自然色彩和造型色彩。自然色彩就是客观实实在在在我们眼睛里看到的色彩，而造型色彩是人类对自然色彩由感性认识到理性认识的不断升华提炼，这更趋于情感上的表达。我们在标志设计中可以直接提取自然的颜色运用在标志的色彩当中，人们可以通过眼睛习以为常的色彩和常识辨识出其标志代表了什么品牌。例如奶产品大多数喜欢用绿色，绿色给人的印象就是积极活力的感觉，蒙牛和伊利的标志就是直接利用了自然中的绿色，它代表了他们产品的天然和健康。造型色彩就需要设计者对色彩的理性认识和感性认识的结合，是建立在对大自然的客观体会上，并且源于对生活和视觉经验的积累。例如橙色的暖色太阳，蓝色的冷色大海，优雅的紫色等。这些色彩映象通过设计运用在标志设计中，就达到了传达的目的。

巧用自然元素图形。在标志设计中，自然图形被划分为具象图形和抽象图形。具象图形是对生物、地理面貌、自然的客观性、陈述性的视觉描绘；而抽象图形则是对自然物象的图样及形态进行主观的分解和组合，是人们意识能动性的反应，它可能是一滴墨迹、一片留白，也可能是一种自由无形的构图形式。具象的自然图形更直观地透露出了标志的信息，而抽象的自然图形则含蓄地展现着自然界的生动，给观者有臆想的效果。

现代标志的设计就是在不断地在规律中找寻变化，通过自然元素符号作为标志设计手段之一的运用，了解了其自然元素的内涵，最终为设计者们提供更多的特色源泉，很好的传达标志的意义和品牌的理念就是我们做标志设计的意义所在。

（3）自然元素在文化产业园的应用

以钦州坭兴陶文化产业园为例，该产业园以自然为本，形成独具特色的"生态、文化、产业、旅游"四位为一体的主题文化公园产业区。

①千年泥兴陶之历史

钦州的坭兴陶始于唐代，至今已有1300多年的历史，与宜兴紫砂陶、四川荣昌陶、云南建水陶并称"中国四大名陶"，其生产技艺被列入国家级非物质文化遗产保护名录。

田汉在参观钦州坭兴后题诗：

钦州桥畔紫烟腾

巧匠陶瓶写墨鹰

无尽瓷泥无尽艺

成功何止似宜兴

钦州坭兴陶历史悠久，名闻四海。随着钦州城市的发展，坭兴陶文化产业的崛起，钦州坭兴陶将成为城市底蕴深厚的文化名片。

②依植于山水之规划理念

坭兴陶文化产业园作为钦州市重要的城市风貌，身处山水共荣的地形环境之中，必将最大限度地尊重自然，融入自然，以体现坭兴陶的根本文化精髓，打造钦州市独有的"园中有坭、坭在园中"的坭兴陶主题文化公园产业区。

a. 龙形水系的打造：

基地内现状水体丰富，但略显分散，并未相互连接形成整体水系。通过对低洼地带的局部梳理，使水源整体联通，相互交融，形成"龙"形水系，让园中水面宛如一条蜿蜒滂沱的巨龙，盘踞在茂密山林中。

b. 自然山体的梳理：

北部区域用地以保留原有生态地形为主，突出生态与文化的共生；南部区域对地形加以平整、梳理，以适应产业生产的需求。基地最大限度的保留原生地貌，70%左右的山体均得到了保留。依据对基地现状山水的研究和梳理，建筑依山而建、临水而生，与自然相互掩映，形成古陶园中各具风情的文化景区。

c. 自然山水演绎文化产业园

第一，依山水自然分区。规划将古陶城基地划分为两大片区，北区为"泥兴陶文化片区"，南区为"泥兴陶产业片区"。

泥兴陶文化片区以旅游参观及接待为主，成为封闭性生态园区，易于管理。其国际商务接待园自成一体，具有高端国际商务、会议接待功能，利用自然山体和水体与游客参观区域自然分割开来，接待园内基本保留原有地形特征，建筑依山水而建，形成静谧、私属、高雅、幽美的园林式接待园区。泥兴陶产业片区以生产、参观、销售为主，有着较高的交通及商业需求，需要与城市有着便捷的交通联系，因此，此区为开放性园区，路网规整，与城市连接便利。片区中心水系贯穿于参观销售路线的始终，与北部文化片区联系紧密。再配合用地西南角保留现状的山体和水体，形成"园中有街，街中有园"的生态型商业步行街。

第二，创古陶特色园区。千年古陶城主入口设置在用地北侧正中部位，游客参观的路线由"龙首"入口进入，沿着蜿蜒的"龙身"水系，得到全程的滨水文化体验。古陶城共分为八个主题园区，依次为：国际商务接待园、文化展示园、文化体验园、文化特色园、大师工作室区、博物馆文化园、工艺设计园和生活配套区。

d. 特色山水型文化产业园打造

规划设计力图通过对现状山体和水体的保护和梳理，达到产业园区与环境山水相依、浑然天成的园区效果。节点分布及旅游线路均沿"龙体"展开，形成被"龙脉"串联起的坭兴陶文化景区，让游人在美景中多角度领略底蕴深厚、蓬勃发展的坭兴陶文化。整体旅游线路的设计，以"龙形水系"为依托，形成陆路、水路两条游览主线，游客可通过不同套票种类的选择，在水路两线尽情畅游，在山水间领略千年坭兴陶文化的博大精深。古陶城的系统，以"龙"形水系为主线，各个景区利用自然山体分别串联于"龙体"的不同位置，形成相互呼应、紧密结合的整体体系，对原有生态地形给予了充分的尊重。

千年的文化积淀，滂沱的产业发展，坭兴陶文化产业园将为世界陶艺文化复兴、岭南文化建设，钦州旅游发展，增添上浓墨重彩的一笔。

2. 人文要素分析

步入21世纪，"寻求高品质生存，打造全新设计理念，将人文理念融入自然，谋求人类与自然生态平衡，在磨合与整合中共同长远发展"。将成为设计的重要目标与研究主题。如今越来越多的文化产业园区将"人文"融入进形象设计的重要内容。

（1）人文理念与人文

①人文理念

人文，在西方文中，通常译作人文主义、人本主义和人道主义。"人文主义"，更适合称之为一种立场或足倾向，而不是一种比较确切的理论存在。"人文理念"的出发点就在于对"人"的关怀，尤其重视与人的生活密切相关的城市文化的人文内涵。"人文理念"认为，城市是属于市民的，应该在适合市民需要的基础上发展，设计中真正要考虑的对象是市民的需求。在设计当中，"人文理念"事实上是一种"以人为本"的基本理念的设计观，有别于其他如功能主义、结构主义或空间形态主义的设计方法。功能主义、结构主义或空间形态主义，其根本任务是创造审美的形态，来反映某种思想，追求形式和内容的完美统一，空间形态不同于时间形态，它把握连续过程中某一瞬间，凝聚为静态的艺术形象，在瞬间形象中反映事物的过去和未来，在静止形象中反映事物的运动和过程，然而当这种形态一旦被赋予人文的内涵之后，便具有了纵贯时空的永恒魅力，也就能够使得形成的——"人文"得以永久延续。

②人文

在现代，人文是在满足使用功能的同时，着重体现健康的心理需求，如设计上的心理空间、心理尺度和环境气氛、色彩、格调的心理感受，改善环境质量，进一步提高人们的心理感受价值和提升人的素质。主要通过文物、古迹、诗文、碑刻这些历史；人工筑台、堆山、堆石、人工水景、绿化等这些可以改造的自然以及人工设施的建筑物、构筑物、道路、广场和城市设施等元素来反映。人文的作用是处于环境中而不是孤立存在的，展现在人们面前的人是变幻的，并非是静止的，随着时间推移不但不会消失反之会被更多的人们记住，成为回忆、成为一种归属感、成为一种情感上的心理感受。

（2）人文元素在文化产业园的应用

江西省重点文化产业园区宋城壹号，赣州·宋城壹号文化特色园由赣州七一五文化特色投资有限公司于2015年6月创立，是赣发集团携手上海圣博华康打造的赣州地区第一个文化特色产业园。园区通过对赣州水泵制造有限公司转型升级、资源整合、专业运营和品牌塑造，打造出赣州文化特色产业发展的第一示范、特色与创业孵化的第一平台、市民文化生活的良好体验基地。

在人自身周边的感知和认知特征中表明，人在认知环境时，不仅受到所处的城市背景影响，还受到自身的经验及对环境评价标准的影响。因此，在西岸设计中不仅要考虑到本身作为公共空间的功能性，还考虑到与城市的结合、环境中人们的心理感知需求。特别是在城市滨水区，它不仅是构成城市公共开放空间的重要组成部分，而且是具有自然地景和人工的区域。建成后宋城壹号充分让人们与大自然中的动植物和谐的相处、有机的融合。创造超出一般结构功能的生态美、意境美以及心灵美。不仅让居住在风光带周边的人们在生活上感到带来的美好，也让来的这里休闲的人们感到舒心，为在城市中有着这样一片净土而感到高兴，从而产生归属感。

从心理学角度看，空间的尺度会对环境中人的生理行为产生较大的影响。结构和布局不仅影响生活和工作在其中的人，也影响外来访问的人。例如在"平沙步月"与"左岸香颂"这两个节点，分别以大面积的沙滩和草坪都是在较大的尺度下引起不同的交往和友谊模式。小孩子与大人在这里各自找到属于自己的行为活动，挖沙、沙滩排球又或者只是放松的躺在草坪上休息、聊天等。研究表明通人们交往频率越高，越容易建立友谊，空间内部的安排和布置也影响人们的知觉和行为。颜色可使人产生冷暖的感觉，空间布置安排可使人产生开阔或挤压的感觉。就个人空间来说，例如亲昵距离0～0.5米；个人距离0.5～1.2米；社会距离，1.2～2米；公众距离，4.5～7.5米等等。人们虽然通常并不明确意识到这一点，但在行为上却往往遵循这些不成文的规则。

设计中人文因素主要是通过具体的物质媒介，借助某种地域风格媒介以一定的构成形态方式得以体现。在宋城壹号文化产业园的设计中，将生态自然与文化有机的结合起来实现滨水区人文精神的延续和城市文化内涵的塑造。在邻水边的历史建筑、古遗址等实物形态的历史遗存是古城滨水区发展的见证，是城市人文精神的物质载体，是珍贵的历史文化遗产，在设计中将它们安排成节点。例如将一些建筑物融入到中。而对于非实物形态的具有历史价值、艺术价值、民俗以及工业文明等，可以将它们直接或间接地依附于实物形态，将融入人们的生活中去。基于人文理念下指导的设计有别于自然地理或生态群落，它是以人类行为为主导，自然环境为依托，资源流动为命脉的复合型生态环境系统。使得各类城市公共空间在满足城市功能的同时，其形式要更加符合使用者的心理感受、生理尺度及所在社会文化。营造更加合理，更为成熟和完善的全新人文理念，将设计融入自然与心灵的深处。

宋城壹号特色文化产业园地处赣州市文明大道8号，项目占地面积89亩，建筑面积为4万平方米。园区以"创客文化"为核心，集"宋城文化、工业文化、客家文化"三大要素，以旧厂房改造为项目基础，围绕特色体验、众创孵化、文化展示三大功能，打造集特色办公、文化体验、文化交流、文化娱乐于一体的文化特色全产业链集群。宋城壹号的诞生可谓备受瞩目，自建设以来，得到省、市、区领导的重视，多次视察宋城壹号文化特色园并指导文化特色园工作。目前，宋城壹号正努力朝着打造赣州文化特色产业高端服务平台及全功能配套创业孵化基地，成为全国创新创业示范基地、全国文化特色示范园区、赣州重点文化旅游景点的目标迈进。

3. 文化产业园规划

（1）如何规划好文化产业园

早在2004年，江西省就以红头文件的形式提出："到2010年，把江西建设成为与其经济地位相适应的中西部文化强省。做到文化体制基本理顺、文化机制充满活力、文化事业全面繁荣、文化产业实力较强、文化精品不断涌现、文化设施功能配套、文化人才结构优化、文化市场开放有序、文化生活丰富多彩，文化发展主要指标和文化综合实力居中西部前列。"

尤其对加快发展文博事业提出了具体建议，建设以国有博物馆为主体，民办博物馆为补充，各行业和专题博物馆全面发展的博物馆体系。积极推进历史文化名城保护进程，做好省级名城、名镇和保护区的保护工作。积极改善我省文物事业可持续发展的环境，进一步修缮和保护湖北的重要古建筑、纪念建筑、历史遗址、名人故居等人文资源，重点加大对两大世界文化遗产武当山古建筑群和钟祥明显陵的保护力度等。迄今为止，这个宏伟的战略目标并未完全达成。原因固然很多，最为主要的可能还是全省上下缺乏对整体战略规划的理解与宣传，缺乏相关政策的支持与配套，缺乏一支队伍去落实与执行。当然，还与各地市政府对江西省整体文化产业规划的理解不全面有关。

①概念明确

首先要清楚什么是文化产业，什么是文化产业园区规划，除了与文化产业规划相区别外，也不要和文化产业基地相混淆。

a. 所谓文化产业，按照联合国教科文组织的定义，是指按照工业标准，生产、再生产、储存以及分配文化产品和服务的一系列活动。这里值得注意的就是按照工业标准。文化的产品和文化的服务向来就有，只有按照工业标准进行生产、再生产、储存以及分配才是文化产业。就是要批量的、有规模的、连绵不断地去生产。

b. 所谓文化产业园，按照深圳市的定义，是指经政府相关部门（如深圳市文产办）认定的集聚了一定数量的文化企业、具有一定的产业规模、具备自主创新研发能力、并具有专门的服务管理机构和公共服务平台、能够提供相应基础设施保障和公共服务的文化产业综合集聚区。

c. 所谓文化产业基地，沿用深圳市的解释，是指经市文产办认定的自主创新研发能力强，产业配套服务体系完善，专业领域贡献突出，并在同行业中有较大影响力的具有一定规模的文化企业（机构）或文化产业某一行业的集聚区。

②标准统一

深圳市对文化产业园区的认定就比较科学，共提出了10个认定标准：

a. 社会效益和经济效益显著；

b. 重视知识产权保护工作，守法经营，无违法、违规行为；

c. 具有较强自主创新和市场开拓能力，发展速度较快；

d. 具有合法、完备的立项审批手续；

e. 园区开发单位的实际投资额5000万元人民币以上；

f. 有组织健全的专业管理机构和完善的管理制度，有专门的知识产权保护机构；

g. 有完善的配套服务设施和公共服务体系，公共服务平台不少于2个；

h. 园区的规划建筑面积5万平方米以上，第一期建筑面积不少于1万平方米，连续2年经营收入均在5亿元人民币以上，其中年经营收入大于5000万元人民币的企业不少于2家，入驻文化企业20家以上，占全部入驻企业70%以上，年文化产业收入占总收入的60%以上；

i. 园区开发单位及管理机构具有独立法人资格；

j. 有切实可行的中长期发展目标和规划。

③吃透政策

党的十七大提出"大力发展文化产业，实施重大文化产业项目带动战略，加快文化产业基地和区域性特色文化产业群建设，培育文化产业骨干企业和战略投资者，繁荣文化市场，增强国际竞争力的战略要求。"充分理解国家文化部关于加快文化产业发展的指导思想、基本原则和主要目标，按照《国家"十一五"时期文化发展规划纲要》和《文化产业振兴规划》的要求，进一步解放和发展文化生产力，深化文化体制改革，培育市场主体，转变发展方式，优化产业结构，推进产业创新，扩大文化消费，实现文化产业又好又快发展。

④产业定位

根据自身具有的综合优势和独特优势、所处的经济发展阶段以及文化产业的运行特点，合理地进行产业发展规划和布局，确定主导产业、支柱产业以及基础产业。即让文化展示与独特人文、自然相结合；让文化设施与文化内涵营造相结合；让传统文化底蕴与现代文化气息相结合；让文化产业与相关产业相结合。也就是说，用创造性的视野和眼光来发展文化产业，反对一窝蜂地打造文化产业园，要突出个性而非"山寨"性。比如湖北广济文化产业园的品牌理念是"收藏成就品位，文化引领未来"，将遵循"鉴赏、收藏"的产业定位，以民间博物馆为依托，重点发展文化收藏产业。

具体来说，江西高安文化产业园的战略定位为鉴赏与收藏，经营目标是打造民间艺术品文化殿堂：即整合文化产业的文物与民间艺术品资源，从民间艺术品鉴赏、仿制、经纪、展示、传播、交易及收藏，打造完整的文化产业链；按照产业链招商的要求，一方面聚集国内外著名或知名文化与艺术品收藏家，打造演绎传统文化、鉴赏和收藏艺术品、分享民间文化的艺术殿堂；另一方面建设以民间藏品为特色、古典与新锐相结合的魅力地标。让民间文化成就品位，让收藏促进传统文化产业的发展。高举传统文化旗帜，引领文化收藏潮流，打造收藏魅力策源地，把高安文化产业园建设成为江西省乃至中国的民间文化收藏的魅力地标。总之，文化产业园区的规划与建设，首先要根据现有资源特点，确定文化产业定位和发展目标以及重点发展的项目，搞好园区的产业布局，合理规划产业用地；其次是要明确招商对象分类，力争吸引有实力、符合产业定位、集约发展的公司企业入驻，逐步形成产业聚集效应；再次是要建立资源优势和区位优势相结合的特色经济，完善园区的配套基础设施，创建良好的、有特色的产业发展环境；最后是要结合技术、资本、市场等要素，整合产业链，形成文化产业的规模效应，以推动文化产业的发展。

（2）高安"大城－昌西"文化产业园项目规划实例

在城市旅游同质化严重的时代，为增强城市间的竞争力，在发展旅游一体化的大观光的时代，主导型和特色化的旅游开发是旅游产业发展的必需。西文化产业园就是在这样的大背景下产生的，文化产业既是市场经济条件下繁荣发展社会主义文化的重要载体，又是满足人民群众多样化、多层次、多方面精神文化需求的重要途径，更是推动经济结构调整、转变经济发展方式的重要着力点。大力发展文化产业，已经成为推动一个地方文化大发展大繁荣的重要引擎和经济社会大发展大进步的重大战略。事实上，随着社会发展的不断进步，经济结构的不断调整，生活节奏的不断加快，各级政府、社会团体和企业投资者都在寻求新的发展空间和新投资方向，文化产业正在成为一个投资新热点。文化资源开发与文化产业投资的热潮持续升温，文化产业集群化、集约化发展的趋势十分明显，以政府为主导的多元文化投资与开发的格局正在形成。所有这一切，都为我们大力发展文化产业奠定了一个重要的基础。大城·昌西文化产业园的开发与建设，正是市委、市政府高瞻远瞩、潜心谋划、科学论证、积极作为的一个大手笔。可以预见，作为一个文化产业集聚的实体，随着她的逐渐成熟和不断发展，必将会以其创新、特色、低耗、低碳和附加值高等特点，以其优结构、扩消费、增就业、促跨越、可持续等优势，为发展高安经济、建设高安文明、提升高安形象起到十分重要和积极的作用。那么，如何抓住当前的大好时机，如何合理规划和定位，是文化产业园能够运作成功的重要因素，而正确的前期规划研究思路与方法则是其中的关键之所在。

（1）区位分析

高安历史人文底蕴丰厚，山川景色秀美，全市有6大景区130多处景点。随着高铁时代的到来，高安主动融入全省"推进旅游强省建设"的发展大潮，按照"做产业、创特色、聚人气"的发展理念，不断加大景区开发力度，狠抓基础设施建设，强化旅游宣传推介，重点建设生态观光胜地、休闲度假乐园、农业体验基地等特色旅游品牌，全市旅游产业发展不断升温升级。

（2）项目概述

文化产业的发展需要创造。文化产业园区的建设同样需要我们去创造。创造不是打造。只有拥有创造性的思想和视野，才能成就创造性的文化产业园区。中国电视文艺工作委员会秘书长崔亚南就曾经痛批过文化产业发展过程中存在着的"文化复制"现象。他说，"丽江文化"一出现，在社会上引起了轰动，也取得了可喜的成效，中国很多地方就有了"山寨丽江"。丽江自有丽江的骨血，你怎么仿怎么造，也只能是复制品。我们要有自己的特色，这应该是根本。我们的特色在哪里？在我们这一方水土里。我们的特色是什么？是我们骨血里特有的一些东西。在规划园区建设中，我们应注重规划的合理性。突出的一点，要在大鄱阳湖生态经济圈的大概念中，发挥高安特有的文化核心辐射带动功能，形成高安特色的文化产业形态。而要达到这一点，就应立足高安，放眼天下，依托我们固有的一些文化元素，比如说贾家古村的建筑，华林山寨的奇石，流传百年的采茶戏，等等，以及这些东西所蕴含的深厚的文化底蕴和文化内涵，来设计和规划我们的产业园区。

（3）市场分析

据了解，目前大城·昌西文化产业园分为陶瓷特色园、森林文化园、职业教育基地、体育文化基地、中国画家村和中华养生文化园等6大板块。应该说，这是符合高安实际、适合园区发展的一个大结构。高安有中国建瓷产业基地，设立陶瓷特色园相得益彰；产业园地处丘陵地带，植被保护较好，山塘水库众多，且有省级森林公园落户，设立森林文化园互为融合；高安是教育大县，文化大市，近几年来中等职业教育更是迅猛发展，加上宜春学院高安校区迁移过来，设立中等职业教育基地如虎添翼；中国画家村的进驻，文化体育营地的建设，中华养生文化园的开发，都将为园区添色不少。现在的问题是，六大版块方向已定，如何准确定位其优势，制定与大园区定位和发展战略相协调的产业项目规划与引进，就显得十分重要和必要。高安采茶戏有着浓郁的地方特色，是否可以作为一个项目引进投资加以包装进入体育文化营地，形成剧本创作—舞台演出—光盘销售为一体的产业链？骨伤医院的祖传跌打损伤治疗手艺和膏药，是否可以作为一个项目加以包装进入中华养生文化园，形成一条医疗—药品—养生为一体的产业链？高安历史悠久，又是个农业大市，可否充分利用民风民俗纷繁各异和瓜果蔬菜、水产品等资源，建立一个特色鲜明、配套完善的农村民俗文化产业园？另外，据了解，该市已申请认可的国家级和省级非物质文化遗产达6种之多，目前还有多项在申报之中，这都是颇具文化底蕴和久远历史的"宝贝"，可否考虑把传统文化底蕴与现代文化气息结合起来，开辟"非遗视界"类的游览观光项目，形成一个集设计、加工、制作、展示和销售为一体的展示厅，既有利于形成一个集中保护与传承非遗基地，又增加了园区的历史厚重感，提升了园区的人文色彩。

（4）功能诉求

文化产业要发展，必须要有一个可以承载其发展的平台。这个平台就是我们的"文化产业园"。也可以说，文化产业的项目和内容只有通过这个平台加以孵化，让产业园真正成为"孵化器"，成为积聚区，最终才可能形成一个完整的产业链。那么，作为起着支撑起文化产业园区的文化产业项目，如何才能确保其在推广、展示文化的同时，产生相应的经济效益？这就需要我们去选择，去考量，去平衡。有人说，文化本身就具有公益性，不能太过于强调其经济性，我认为，文化确实具有公益性，如果文化不具有这一特性，国家又何苦拿出那么多的财力来发展文化事业呢？但是，文化一旦成为产业，它就应该列入经济范畴来对待。因为，我们是把文化领域里最具市场潜质、最可能产生效益的那一部分提了出来，然后按照市场经济规律来运作它的，没有纳入进来的才应是文化事业。既然文化产业具备了浓厚的经济特征，那么，组合文化产业的项目就毫无疑问地要注重创造经济效益。这应该作为我们发展产业园区的一个前提和核心。否则，一味强调文化产业的社会效益而忽略文化产业的经济效益，产业园区的创造和发展就会失去方向，园区产业的创造和发展也可能流于形式。相对于这一思考和认识，客观上印证了前面所述"产业项目要重特色"的观点。因为，只有特色产品，才有经济价值。

（5）政策分析

政府作为文化产业园区的主导，在履职过程中同样需要一种创新精神。适应具体形势的变化及时调整相关政策措施，发挥积极的引导作用；把更加开放的体制机制与更加有效的管理方式结合起来，提供积极的政策保障；通过引进资金、引进项目、引进人才，并结合本地实际开拓新的产业形态，维持园区的可持续发展；努力建立起符合市场化需求的更加有效的产业发展和项目经营监督机制，等等，都是政府尤其是园区管委会的职责。我们要在坚持"政府引导、市场运作、社会投资、大众参与"的原则，进一步解放思想，创新理念，整合资源，提供服务，促进产业园区的大发展、大繁荣。在项目引进上，既要放宽准入、简化审批手续吸引社会力量参与到重大文化产业项目建设上来，又要调动社会各方面尤其是企业的积极性，形成富有活力的优势文化产业企业群体。在项目审核上，要尽可能地细化考评指标，对于超前性的项目规划适当放缓或调整投入成本，以降低投资风险；对于符合市场经济环境变动和人们日常生活方式的改变的项目规划与投资，则应当给予更为大胆的政策鼓励和优惠支持。在项目投资上，要确立"谁投资、谁受益"的原则，合作、引资、多条腿走路，扩大宣传吸引产业同行共同开发，拓宽融资渠道，实现产权多元化。在人才使用上，要通过制定鼓励政策吸引专业人才与复合型人才参与到园区管理、策划、运作中来，实现园区人才结构的优化，进而建立起一支合理匹配的特色、管理、运作团队，一支富于创造、善于推介、乐于宣传、精于市场的有丰富经验的公关策划团队和资本运作专业人才队伍，从而实现对市场变化能准确把握，在艺术与产业间找到最佳的平衡点，创造经济效益，提升艺术价值。与此同时，也要加强与外部相关产业的合作，优化资源配备，提高资源利用率，实现园区与外部关联企业的双赢。

（6）交通分析

优越的地理位置，奠定了文化产业园在竞争中的有利地位；四通八达的交通网络，为园区的发展插上了双翼；丰富的自然资源，是园区发展的不竭动力之源……大城昌西文化产业园拥有的区位、交通、配套、资源、产业等几大优势，为这座现代化产业园区的崛起提供了得天独厚的先天条件。

文运兴则城兴。大城·昌西文化产业园的兴起与建设，丰富了城市旅游的内涵，同时又有利于经济发展，可谓一举数得。正确的规划思路和建设手法是大城·昌西文化产业园成功的关键所在。

4. 文化产业园的布局

文化产业园的空间布局需要功能定位的指导，确定功能定位应跳出文化产业园本身，从其在宏观区域的职能和影响力进行分析，并结合自身的文化特色，要适应于产业园现状特色和未来的发展目标。将文化元素融入空间，文化元素与空间的结合是文化产业园设计的亮点所在，直接影响到人对文化产业园的认同感。文化元素与空间的融合可通过形体、材料、色彩、符号等手段进行表达，通过道路、广场、铺地、小品、建筑、绿化等多个空间区域进行展示。榆突出主体建筑代表形象。建筑是文化产业园展示自身形象和魅力的重要途径，每个文化产业园都应该有其代表性建筑，成为产业园文化的代表和标志性符号。主体建筑要突出地方文化特色，识别性强，要营造出园区的独特场所感，增强空间的向心性、整体性和可识别性。

（1）文化产业布局模式概述

文化产业布局模式有两类：平衡发展与不平衡发展模式；梯度推移与反梯度推移发展模式。前者是通过国民经济的各个部门、各地区的相互支持、相互配合来发展文化产业的战略。文化产业从不平衡趋向平衡发展的过程，是资金、劳动力、技术在市场经济条件下自由流动，导致了区域发展逐渐趋向平衡；文化产业在经济扩散的作用下，在不同地区间逐渐趋于平衡；同时，区域开发过程的交替变化，也促进了文化产业内部和地区的平衡发展。后者指不同地区经济发展水平、经济实力导致的文化产业发展差距。一些地区的文化产业受地理环境等影响，会呈现梯度分布的局面文化产业梯度推移的动力源于产业创新，伴随新技术、政策、文化的出现，产业会由高梯度地区向低梯度地区有序推移，该有序性受不同梯度地区接受创新转移能力的差异性决定；反梯度理论则认为，技术革命将会为落后地区带来超越发展的机会。（2）我国文化产业布局模式分析

①企业自发集聚

该模式的形成条件是，如果某一区域的市场、文化、环境等产业要素，在该

企业看来具备统一的行业认同感，可以用于满足企业的利益需求和发展目标，因而利用这些要素在该地区空间上自发形成集聚，由此形成具有一定群体竞争优势、具备规模效益及品牌特征的文化产业园。

②政府规划建设

该模式根据城市区域规划发展的要求，政府利用城市自身独特的文化资源及氛围，以老厂房、老仓库等作为空间资源，汇集高素质文化人才，由政府牵头规划、改造和建设，形成文化产业在该区域内的集聚。该模式的优势在于，园区入驻企业可获得政府的产业扶持和税收、贷款、补贴、人事等多方面优惠政策。这些政策的扶持，对当前国内尚不成熟的文化产业链上各环节企业生存和发展具有重要作用。如上海8号桥、中关村软件园等。

③龙头带动该模式

是当一两家著名文化企业进驻某地区后，由于该企业的影响力吸引了大量消费人群，并使该区域产生适合产业发展的特色环境，从而吸引文化产业链上各环节中小企业向此集聚，产业集聚化的品牌效应和规模效益由此产生，最终经过政府认定形成文化产业园。如以歌华文化集团为龙头建立的中关村科技园区雍和园；上海的"特色仓库"；"苏锡常"地区的动漫产业园等。

（3）影响产业布局的要素

①市场

a. 市场需求

市场需求由消费者偏好、消费者的个人收入、产品价格、互补品的价格、消费者预期、商品的品种、商品的质量、国家政策等因素共同作用构成的。因此，文化产品或服务的生产者，必须随时洞悉消费者需求的改变，并及时改进产品或服务，甚至开发出新的产品或服务，只有灵活快速的创新和升级，才能在竞争中始终保持优势。

b. 市场容量

每个市场容量都有限，文化市场的容量也不例外。当生产达到一定规模时可以节约成本并提高效率，从而促成规模经济的效果。但当生产规模超过该地区市场的容量时，若将产品远销，那么追加的运输费用可能会抵消经济利益，这就变得不"经济实惠"了。所以，大规模生产的企业注定需要选择市场容量大的地区布局。很多企业除了生产主要产品之外，出于经济角度的考虑，可能会生产出很多副产品，那么在布局中，也要考虑到这些副产品的市场容量问题。

②劳动力

广义的劳动力指全部人口，狭义的劳动力则指具有劳动能力的人口，这里指文化产业园建设中需要的人才资源，主要对产业区位造成影响。劳动力影响产业布局的方式主要体现在"劳动力成本"和"劳动力质量"两方面。二者相比，劳动力成本的问题更为重要，原因在于不同的产业中劳动工资占产品成本的比重不同；不同的地区中劳动工资的空间变化幅度也是不同的；劳动力不完全流动时，劳动密集型工业对劳动工资的空间变化也比较敏感。

③交通运输

交通运输对文化产业园选址、空间布局、园区结构的形成等都起着重要的作用。交通运输基础结构对于产业区位而言，不仅与运费有关，也与运输投入的其他非金融方面（如服务质量）有关，这里的交通运输涉及到原材料和产品的运输，人力资源和信息的传送。在这里，交通运输的要素包含了航空、铁路、公路，例如在公路中应包含路况、里程、路网分析、车辆数量等要素。

④资本

资本主要对产业的区位造成影响。资金比劳动力更具流动性，资金可以在寻找投资机会时到处流动，寻找劳动力更为廉价的地区进行投资建设。一个地理区位主要通过相对高的利润率、较低的风险、资本流动的管制程度和资本流动的其他因素等作用来吸引资金的流入。

⑤土地、水、能源及环境这些因素主要对产业区位的选择造成影响。鉴于土地的稀缺性和不可再生性，土地价格对产业区位会产生重要影响，出得起高地价的产业园才可以选择市中心的区位。水的分布比较普遍，对文化产业的影响较小。能源是产业必备的资源，由于近年来交通运输业和能源转化技术的发展，能源的可运性大大增加，产业区位受能源产地的限制也大幅减少。环境污染的防治是区位选择的要素之，鉴于文化产业的独特性，污染的影响则非常小。

⑥政府

政策政府政策主要对产业布局造成影响，方式有两种：直接干预性和间接诱导性。前者由国家政府为刺激特定区域的经济发展，采取的政府直接投资或审批制、许可证制、配额制等强制性政策；后者为贸易与关税政策、信息服务、财政补贴、融资支持等。

第三节　营造文化产业园特色的关系

一、处理好自然因素和人工因素的关系

文化产业园形象设计的思想源远流长，时至今日终于形成了一门综合性、实践性的学科。文化产业园设计不仅仅是设计师情感的表达和自我意识的传播，他还有更深刻的社会性、利人性、实用性，他是人与人之间交流，特别是情感交流的媒介。在现代高速发展的物质时代，人类的需求影响着自然和人工的内涵向更高层次发展。在人、自然、人工的关系中，设计使各个对立的因素在动态发展中求得平衡，将设计师的自我意识、复杂的环境因素等建构成一个有机的协调性整体，最大地满足人们对功能和情感的双重要求。

""一词在法语和德语中有"风景、"的含义。学者莱涅·俄林定义：""是一个地区的结构，对组成自然环境和社会环境的基本要素进行布局，如影响我们生活和社区环境的基本要素和地形、水和植物、建筑的布局和相互关系。"设计"是从"利人"和"实用"的核心观点出发，对进行分析、规划、布局设计、改造、管理、保护和恢复的实践活动。就它的产生来说，主要分为：自然创造的和人工创造的。

自然是指：自然界原有的物态（即自然因素）相互联系、相互作用形成的，它很少受到人为因素的影响。自然因素的内容极为丰富，大致可分为六个系列：地貌系列———山体、峰峦、土地、平原、石头、沙漠等；水面系列———河流、溪涧、池、湖、海江等；植物系列———树木、花卉、草地等；动物系列———飞禽、走兽、昆虫等。天象系列———日、月、星、云、霞、虹等；气象系列———阴、晴、风、雨、雪等。这些系列之间相互组合构成了自然。

自然具有独立性，它生动、雄伟、丰富多变，是基础，所有的人工都筑基于其上，不仅如此，自然还是人类之母，人类之师，所有的人工创造的灵感和摹本都来源于自然，所有人工都以不同的意义依托于自然，或作背景，或作骨架，或作灵魂，或作陪衬，所以，我们又称自然为"基础"。

自然中的佼佼者被称为风景胜地。中国的自然风景区原本以自然取胜，后因历史名人的活动，则成为历史名胜。中国的五岳———东岳泰山、西岳华山、南

岳衡山、北岳恒山，中岳嵩山，不仅以其奇异的风景，也因其深厚历史文化底蕴而成为名山。

自然除了先天的生态功能，在后天人类的活动中又衍生了经济功能、审美功能等，并被赋予了深刻的人文内涵和情感内涵。当然，自然在一系列的地质变迁、气候影响下，变化不定，因此自然存在一定的不可预测性和不稳定性。

的另一大类是"人工"，它包括两大方面，一是指人们为了满足自身的精神需求，在自然基础上附加人类活动的形态痕迹，集合自然物质和人类文化共同形成的，如风景名胜、园林公园等；二是指依靠人类智慧和创造力，综合运用文化和技术等方面知识，形成具有文化审美内涵和全新形态面貌的，如城市、建筑、公共艺术等。总之，由人的意志、智慧和力量共同形成的属人工的范畴，其内容和形式反映出人类文明进步的足迹，体现出人类的创造力和驾驭自然及与自然和谐相处的能力。

我国的园林和园林建筑能反映当时社会、政治、经济，同时又与当时文学艺术形式：绘画、书法、诗歌、戏剧等紧密地交融在一起，是我国古代文化的综合凝聚体，以物化的"空间"形态反映了人们精神与物质生活方面的向往与追求。它是合情合理的，有血有肉的，是根植于我国民族土壤中的一朵奇葩。在日常生产生活中，中国古代人民创造了最美、最有生命力的大地。比如治水的大禹，就很清楚人与自然的关系，知道如何测方位、如何选地址、如何在大地上定位并处理好人与水的关系等等。另外，李冰父子创造的都江堰水利枢纽，根本没有大规模机械施工，也就丝毫没有破坏自然生态环境，却能巧妙地为成都平原提供人工水源，直到今天。这些都是古人在与自然交往的过程中，创造出的一种充满智慧与灵感的生存艺术，也是他们的生活方式。在他们的日常生产生活中，如何开垦、利用大地根本就无需刻意为之，高处是果园、低处是稻田、洼地则是池塘，对自然地理环境利用得很天然。植物的配置亦如此，水稻、芭蕉、橘树……近乎信手拈来，却美若天成。

在现代的城市建设中，部分设计师在进行设计时不考虑当地的地理和生态环境，为了追求形式和视觉的美，在北方地区的设计项目中，选用南方的常绿阔叶植物进行植物配置，这样的设计显然是不符合自然规律的，也是不科学的。首先，南方的植物北运，需要很大的一笔运输费用，白白浪费社了会资源；再次，由于南北气温和光照差异，南方的亚热带植物在温带地区生长，必然造成植物生长不良，特别是在冬天，北方的冰冻会把植物冻坏甚至冻死。这样其效果也会受到很大的影响；最后，即便是南方的植物能够在北方成活，这种植物也无法在北方繁衍生息，因为植物的繁殖是要靠昆虫传粉的，这种植物本来生活在南方是有特有的昆虫帮它传受花粉的，但北方不一定有这种昆虫，那么这种植物的花就无法正常受精，也就无法在北方繁衍。因此，人工的设计需要重视地理环境的整体性，重视人与自然的的和谐性。设计在很大程度上改变着我们身边的环境，而这种改变又因工程的大小对自然环境进行不同程度的改造。

美国著名建筑师赖特一直崇尚材料的自然美，并坚持认为建筑应该和周边的环境相互和谐，就像原来就长在那一样，其设计的室内空间也秉承着相同的理念。在其作品———流水别墅中，就材料的使用上具有代表性：所有的支柱都是粗犷的岩石，地面铺砌着不规则的石片，与凸出的岩石地面已经很难分辨了。别墅与自然浑然一体，居室在自然的怀抱中，自然也进入了居室。罗伯特?文丘里曾这样评价过流水别墅："流水别墅没有它四周的自然环境，就不会那么完美———这是构成更大总体的自然环境的一个片段。没有这一环境,这座建筑就毫无意义。"

通过把人工与自然完美的结合起来，二者取长补短，互相补充，互不侵犯，使人与自然在合理的设计中彼此共存。所以对于文化产业园形象设计来说，"和谐共存"既是设计的基础，又是设计的灵魂。明媚的阳光、清新的空气、宜人的环境、健康的环境是人类永远的向往。无论是在科技发展中的现在还是在高科技的未来，文化产业园形象设计都将以"利人"、"实用"为出发点，促使自然和人工和谐共生，使各个对立的因素在动态发展中求得平衡，将设计师的自我意识、复杂的环境因素等建构成一个有机的协调性整体，最大地满足人们对功能和情感的双重要求。以求达到：生态与文化的和谐，自然与人文的和谐，人文诸因素的和谐，人与环境的和谐，和谐多元化

二、处理好多样化和统一性的关系

1. 文化产业园形象设计中的多样性

多样性涉及的是设计或文化产业园形象的变化和差异。它发生在各种规模上。一个景色想要我们保留长期的兴趣，多样性就是必须的。另有一种应该赞同的观点：为了提供刺激并丰富我们生活的质量，视觉多样性是一种基本需要。这一点过去已经被建筑家和设计师所承认，现在又被心理学家所认定。早期的设计师，如汉弗莱·雷普顿，认为多样性和复杂性是设计所希望有的属性。这种需要在人类历史的早期就产生了，因为人类认识到，包含多样性的会提供更多食物、掩蔽

所、能防卫掠夺者的侵害、能在气候波动或其他周期性环境压力下得到更多的幸存机会。

在文化产业园形象中见到的多样性程度取决于许多因素。所有自然界的生命以及人造地貌和活动都或多或少依赖一个地区的土壤、地质和排水的状况。因此，哪里有多种岩石类型和多种地形，哪里就会有多种植物，从而使人有更大的开发余地。

视觉多样性和地形结构之间的关系反映在各地见到的多样性的视觉。例如，长时间在高海拔平原地区或沙漠性地域行走，可以驱车几小时而不见的总体外貌有什么改变。偶尔有些细节上的微小变化，但是压倒性的感觉是单调，长时间观看同一个景色会使眼睛和头脑很快疲劳。而观察充满变化与差异的景色区域则能一定程度上的丰富视觉感受。

中的多样化程度也受气候的影响。气候越是恶劣，在所有规模上的格局就越简单。也就是说，当气候极端寒冷，极端炎热或极端干燥时，除了地形和地质有变化外，植被的格局会受限于很少的几个品种。冻土带，北方森林或沙漠会在很大的范围内有相似的特征。在热带地区，植物的生长条件是最佳的，远处看到的景色似乎非常单调，好像是深绿色的海洋，但在热带雨林内具有在极端气候地区看不到的令人惊奇的各种植物和动物。

多样性还出现在不同文化交会的地方。例如从许多国家来的移民把各种风格的建筑物，和文化带到美国，导致在美国不同城市的不同人种地区有极其不同的景色。这还可以促进以新的形式开展创造性活动和视觉表达，使这些城市的外观进一步多样化。在任何设计中，视觉多样性的程度必须与统一性的需要相平衡。多样性的增加可以有很多后果，在单调中引入新的要素或变量可以增加对它的兴趣。随着这个过程，这些多样化要素开始越来越多地相互作用，要求更好地加以组织以维持统一性。最后，变化会变得失去控制，引起视觉上的混乱，而只有在设计中建立秩序和进行组织才能予以避免。

2. 文化产业园形象设计中的统一性

统一性涉及的是设计或中部分和整体的关系。可以应用文章要描述的组织原则得到统一的或不统一的设计。如果设计太多样化并且明显地缺少视觉结构，它也会表现得不统一。"反差"对于体现活力和兴趣是重要的，但太多了也会失去统一性，造成视觉上的混乱。统一性寻求多种原则间的平衡和它们之间的和谐关系。例如，在形状上有反差时，颜色或纹理却是与连续性或相似性相平衡的。

就变量而言，我们知道随着数量的增加，设计变得更复杂，这就要求对要素的空间安排作更仔细的考虑。要素的数量越少，设计的统一就越容易。要素点可以沿（基准）线布置并结合在一起，或者也可以占据空间中的相似位置并相互靠近。如果每一个要素有太大的反差，它们会强调出不统一性，因此在规模，形状，纹理和颜色上的更多相似性会保证设计中的统一性。如果不够灵活地使用好的规模和比例、相似性和平衡性，就会在设计构造中形成缺乏生机的结果。尽可能小心地引入紧张感，节奏感和运动感的问题亦不应忽视，这是在设计中注入生命力而不会破坏统一的手段。

如果要使一项设计真正成为创作性的，具备可识别的（或者是独特的）特征，必须有一些能把所有的东西都包容起来的，统一的主题以及在它背后的某种不变的理念。这可以是重复的主题，可以是不可见的组织网格，或者是某种数学公式或抽象的理念。

如果没有多种变量的一些反差或者相对立的特征，就会难于感知一项设计，因为没有背景或连贯性。为了避免这种情况，质体应该对应空间，亮光应该对应黑暗，运动应该对应稳定。当设计或随着时间发生变化时（由于生长或天气变化，或采光条件的改变），应该用出发点的初始理念予以平衡。为了使设计能富于创造性的和动态的，而不是按一个框架或规则手册装配起来，这种在对立面之间达到并不断变化的互补性统一必须予以理解和使用。

在美术领域，美术构造可以独自存在而不需要直接参照其周围情况。但是对一栋建筑，一项的设计或管理活动，通常都要考虑与其周围的关系。未被人侵扰的自然通常展现出非常好的统一性。如果地形上添加了植被和排水系统，并且形成的格局在各种规模上都清晰地彼此关联，则统一性也能展现出来。而人造格局则经常在野外中引入强烈的反差，如一条路或一条电力线所生成的直线，森林中砍出的一块地，山坡上的采石场或矿井。这会引起视觉破坏，不仅是因为它们造成的反差是不平衡的而且还因为它们污染了荒野。这些要素的形式可能是不相容的，颜色和纹理可能冲突，某些人造物品甚至会引起视觉紧张。

相似的考虑也可以应用于好的城市，在设计建筑物和与城市空间结合时要有强烈的统一性。引入现代风格的新建筑物时，可以通过把注意力集中到它自身并与其周围形成反差而达到互补统一，但是只有在与环境的各种成分达到平衡时才能成功。这可能需要把周围的参考要素带到设计中，以便使用相似的材料，形状和颜色。换句话说，需要表达在建筑物和其周围环境之间的连续性。

三、处理好地方文化和本土文化的关系

近年来,我国的文化产业园形象设计中取得了显著成就,城市面貌与生活环境得到了极大程度的提高,然而地域性特色在文化产业园形象设计中体现非常有限。多种因素的影响致使设计者们不能从较深层次的角度去对文化进行思考,仅仅追求模仿以及流于形式的设计大量涌现,地域性的特色匮乏,欧美的一些主流文化对于我国的设计造成了严重的冲击和影响,形成了千城一面的局面。

1. 文化产业园形象设计中体现地域文化的必要性

文化产业园形象设计通过特定的符号化处理、组织结构,表达一定的外在形式与内在含义,优秀的文化产业园形象设计往往将一个国家,一个民族的生活、历史等相关属性因素汇集到的外在形象里,最终让展现出其特有的内涵以及文化底蕴。由此我们可以看出,文化产业园形象设计不但在形式上要表现自身的特点,更应当利用文化的巨大力量对其进行深刻的表达,一个具有深刻内涵的内容可以让人们产生情感的共鸣。

2. 文化产业园形象设计中地域文化的基本特点

(1) 民众化

一个区域的文化特点将在很大程度上决定着这个区域民众的文化底蕴,同样关乎到文化产业园相关建设和发展,一套优秀的文化产业园设计可以感染以及影响每一个民众的心理以及行为,这体现了一种人文关怀,人们对信念的坚持,对是非的判断以及对环境的感觉等,构成了上百年来传承的文化因素,并且在传播的过程中转化成了人民群众的审美情趣,进而让人们产生一种归属感。不同的人在同一城市环境下生存,这些人的行为与环境的认知以及价值观息息相关,而作为公共环境中的,必须具有与大众交流的特征,可以认为它们不是独立的,而是对作品参与性的一种艺术生活表征。所以,文化产业园艺术设计必须对大众审美的公共性进行充分的强调,将民众的需求和心理作为考虑的出发点,进而让文化产业园能够使大众普遍接受,增强亲和力。

(2) 开放性

文化产业园是一个具有公开性的空间场所,可以认为它是一种建筑外部的视觉空间,在这些文化产业园所处的场所往往会聚集很多人,如城市中的开放式广场、公园等,这些场所在为公众提供休闲娱乐的同时,更为人和人之间的交流提供了场地,可以说,它体现出了人本身存在的价值,更加满足了社会属性。无论在何种区域中的艺术都应当保证开放性原则,在造型以及整体规划中,都必须具

有大家一致认同的艺术空间状态，并将利用这种状态表现出这个时代的精神风貌和人文气息。

（3）综合性

文化产业园形象设计是一个具有多元化、多层次的有机综合体，通常情况下是以组的形式展现出来，很少是以独立个体的形式展现在世人面前。具体的地域文化可以体现在空间布局、使用功能、外在形式等多种综合要素上，也可以仅仅是个体元素的树立，例如，纪念碑等。

（4）独特性

受到社会因素、区域形态、自然形态等因素的影响，城市的空间形态产生了各种不尽相同的社会、人造以及自然，这就要求文化产业园形象设计必须具有独特的风格以及多元化的文化气息，独特的艺术能够让大众产生情感上的共鸣，让人印象深刻，使人对美好的生活产生憧憬。

3. 我国地域文化的发展

我国地域文化的表现在建筑上一直位于前列，例如，北京的四合院、福建客家土楼等。而其实也有明显的地域特征，回顾中国园林史，不难发现南北方园林的差异，单就布局而言，北方皇家园林开敞恢宏，南方私家园林曲折幽深。当代设计也有一些是可以作为参考的优秀案例，例如，杭州西溪湿地公园，其设计既复苏了当地"三西"文化（西湖、西泠印社、西溪），又展现了苏杭特有的草堂、梅庄、小桥流水的风景。有一句老话，民族的就是世界的，这句话同样适用于设计行业，拥有地域符号的更具有生命力，将当代的元素与文化的积淀凝聚在一起更能体现设计的魅力。

对地域文化正确地认识，绝不能简单的一味模仿，必须要把传统的文化、场所的特质融入到设计当中，所以，必须要对历史和文化背景加以足够的重视，深刻发掘出地域文化的精髓，只有做到以上这些，才能够真正创造出具有内涵和特色的文化产业园形象设计。

四、处理好旧厂房建筑和新城市风貌的关系

在编制总体规划时，城市设计要以历史文化环境为切入点，对环境、空间、建筑和人作精心的统一设计，引进新的城市设计理念，作为城市的设计引导，使新的发展在空间布局、建筑形体、色彩、文物古迹、乡土民居等方面相协调，形成整体完美的文化空间环境，这才是开发与保护性城镇进行规划和改造必须坚持的原则。而城市中的旧建筑大到银行、会堂、办公楼，小到住宅和作坊都是城市历史发展到某一阶段的产物，是那一时期城市文化的积淀，因此它们往往具有鲜明的个性而给人们留下较深的印象，甚至成为一个城市的象征和代表着一个城市的特有风貌，比如说上海外滩的旧建筑，哈尔滨的俄罗斯风格建筑和长春东西方合璧的折衷主义建筑以及青岛的红瓦屋面建筑等等。这些建筑不仅仅具有其使用价值和文化价值，更重要的它还具有"情感价值"，它向人们表述着城市发展的历史及其延续性；使人们的心理得到慰藉，人们在这些建筑面前会体验到历史的发展以及人自身的创造力，而这种空间上和时间上的文化认同组成了人民生活和行动的框架。

1. 新城市中旧建筑保护的重要性

我们这里所说的旧建筑主要是指近一百多年来建造的有一定历史和艺术价值的建筑。由于我国大规模的城市化进程落后于发达国家，因此很多城市都是近现代才形成和发展起来的，旧建筑往往代表了城市过去的历史，所以在城市中保护好旧建筑同保护古建筑同样重要。无论是历史悠久的城市还是近代才开发建设的城市，城市中很多这样的旧建筑都仍然在为人们服务着，这其中有很多是世之佳品。也许它们曾经有过一些复杂的历程，但作为历史它们今天带给人们的是更多的文化内涵，如何保护和利用好这些建筑应该引起我们的极大关注而这种保护与提高城市历史文化的价值同现今的讲求经济效益和城市的现代化是不矛盾的，是可以通过规划的途径达到统一的城市建筑的保护、更新和发展是互补的，这就是为什么说国外的一些城市中有历史价值的旧建筑通过复原在不断增加，甚至在玻璃摩天大楼的阴影下仍保留有很多旧建筑的原因相比之下我们有些人总认为建筑越现代，高度越高城市才越现代化，越有名气和特色，因此导致大量有价值的旧建筑被拆除掉，这是一种极端错误的做法，同时也是一种"非文化"的现象，因此，在现代城市高速发展的今天，对实现新老建筑的共生无疑有着重要的意义。

2. 新城市中新旧建筑共生的措施

随着城市经济建设的快速发展，国内大中城市的市容日新月异，新建筑新层出不穷。但同时也失去了很多无法复得的东西，很多历史建筑被成片、成街、成坊的拆除。这种建设性的破坏，已经威胁到城市形态的相容性和延续性。因此，在城市化进程中对历史建筑采取必要的保护措施显得越来越重要了。这就为城市的更新改造提出了新课题：如何在有限的经济条件下，采取最有效的手段对旧建筑旧住宅进行保留改造，使之能与周边新相协调。

（1）从建筑加层谈起

旧建筑往往都在城市中占有很好的位置，如何更好地利用这些建筑是一个非常现实的问题。特别是商业性建筑往往在现代城市商业区中仍起着很大的作用，由于这些旧建筑规模一般不大，层数也不多，随着城市的发展和变化，这些建筑都面临着急待更新扩建的局面，在现有经济条件下加层是扩大使用面积最简单的方法．所以城市中常常能看到这样的施工情景，旧建筑一定要按其具体情况采用不同的改造方法，对一些在城市发展中占有重要地位，并代表地方建筑风格的艺术佳品，要采取整体的保护措施，甚至不能对其门，窗和内部布局以及外墙材料和色彩粉刷作任意更改，"焕然一新"往往意味着历史信息荡然无存．对一些并不很重要却有一定风格的旧建筑．我们可对其实行更新改造，但应尽量恢复原有建筑的风格和精神气质，保持其历史的延续性，从而得到人们思想和情感上的认同。

有时候，对一些建筑是不能采取加层的方式进行改造的，因为这些建筑的形式要素原本就比较严谨，比例和尺度都恰到好处，如果在上面再接几层的话就把原有建筑的构图破坏了，重新构成的建筑形象已经失去了原有建筑的神韵．

从以上可以看出，一些并不很重要的旧建筑是可以通过接层等方式使其获得新的价值的，但这种改造的更高目的在于保持旧建筑在环境中的价值，同时扩展其使用面积以适应现今城市的发展，如果这种改造使建筑失去原有的风格和神韵，甚至面目全非．这种改造则属于破坏性的，而且加层的方式并不能适合于一切形式的改建．在一些情况下它会使原有的建筑形象损坏殆尽．

（2）从单体到群体环境的保护

很多有历史和艺术价值的旧建筑是以单体建筑的形式在城市中出现的，在建筑自身保护的同时还要注意与周围新建筑的关系，尽量使旧建筑保持其空间环境的完整性，在靠近被保护建筑的周围，新建筑的高度不要太高，最好不高于旧建筑，从而使其保持原有的空间尺度，色彩也应尽量取得协调，如强调新，旧建筑的对比则应加大两者之间的差别以求得"反衬"的效果。在实际效果中最好的还是在新、旧建筑之间留有一段"弹性空间"，避免两者直接发生矛盾和冲突，这种"弹性空间"通常是指绿化，这种手法处理得好会使旧建筑环境不遭到损害。

在某一区域中，旧建筑更多的是以群体的形式出现的，并构成一定的空间环境。这种保护绝不应该仅仅限于单体建筑而且还要渗透到单体与单体之间甚至整个群体环境中去。但由于一段时间以来城市规划在城市建设中受到一些方面的干扰，虽然单体建筑保存尚好，由于近些年插建了一些建筑，使得原有的建筑环境几乎遭到彻底的破坏。

从上面的这些情况分析中，我们看到城市中旧建筑及其环境的保护已经迫在眉睫。如果我们采取的措施不当，对这些有价值的旧建筑不加以妥善的保护，几十年后很多城市恐怕已无处寻找其历史．我们现在不是有很多地方都在重建前些时期毁掉的建筑吗！痛定思痛，这种情况的不断发生是由于我们缺少有关城市建筑保护的法律和规章，因此从上到下都缺少一种保护意识，很多时候是领导一句话，说拆就拆了。而这种法律的制定则要根据每个城市的特点作认真细致的工作，由专家对旧建筑进行认真详细的考查和验证，从中确定哪些是需要保护的，哪些是可以改造或拆除的。而且要把这种信息灌输到使用者和广大市民的头脑中去，加强整个社会的参与意识，只有这样对城市中旧建筑的保护才能在正常的轨道上进行。保护历史与仿造历史是两个不同的概念，让我们认真保护好我们的城市，彻底保护好具有地方的特色旧建筑，实现新旧建筑的共生。

五、文化产业园特色与现代化的关系

文化产业为中国经济发展注入新鲜而丰富的内容，也为中国经济影响世界提供更有效的方式。随着经济的发展，文化产业对中国现代化的影响将越发的显著，应当将文化产业确定为中国现代化战略的组成部分。

1. 文化产业在现代化进程中的地位。

依照现代化研究的代表人物 C.E. 布莱克于 1966 年在 5 现代化的动力：比较历史研究一书中的认识，现代化是在可能对自然和社会现象寻求合理解释的创新意识中显示出来的。现代化研究的又一权威人士塞缪尔．亨廷顿于 1976 年对现代化的理解如下：现代化是将人类及这个世界的安全、发展和完善，作为人类努力的目标和规范的尺度。现代化意指社会有能力发展起一种制度结构，它能适应不断变化的挑战和需求。1999 年我国学者何传启研究员出版的第二次现代化，对这一问题也进行了深刻研究。基本上，我们认同现代化的这一内涵：工业化、城市化以及识字率、教育水平、富裕程度。传统和现代是相对的，是不断变化的。对于处在不同发展阶段的国家，标准是不一样的。今天中国的现代化应当指从工业经济向知识经济、工业社会向知识社会、工业文明向知识文明的转变过程。这中间，知识化、网络化、全球化、创新化、个性化、多样化、信息化和普及高等教育等是关键因素。以往的现代化，重物质轻文化，物质生产扩大物质生活空间，满足人类物质追求和经济安全。今天的现代化，应当把生活质量放在第一位，依靠文化扩大精神生活空间，满足人类幸福追求和自我实现。从对现代化理解的不断演变可以看出，文化因素在现代化进程中的地位愈发突出。现今，随着我国进入工业化中期，人们的基本物质需要已经得到一定满足，对精神需要和高级需要的要求逐步成为主要需要。信息技术和经济全球化，使文化产业突破国界和时空，成为网络化和全时空的新型产业。文化产业的文化属性和经济属性日趋平衡，文化产业将获得空前的发展和繁荣。文化产业的发展将是现代化进程的重要衡量指标。

2. 现代化测算指标体系中的文化因素。

国际上比较常用的是英格尔斯提出的社会现代化指标体系，包括人均国民生产总值、农业产值占国民生产总值的比重、适龄青年中大学生的比重、每名医生服务的人数、平均预期寿命、婴儿自然死亡率、城市人口占总人口的比重、人口自然增长率等。国家计委宏观经济研究院课题组在英格尔斯指标体系的基础上减去了婴儿死亡率一项，增加了人均收入、基尼系数、信息化综合指数、恩格尔系数、环境质量综合指数五项，提出了经济发展、社会进步、人口素质和生活质量三大类15项现代化评价指标。在现代化的三大类指标体系中，都渗透着文化因素。首先，文化产业是经济发展和产业升级的战略产业之一，第三产业的发展在很大程度上需要文化产业的支撑；其次，文化产业的不断发展是促使社会不断进步的主要标志和提升人口素质和生活质量的必要途径，信息化综合指数、识字率、适龄青年中大学生比重等指标所包含的文化因素尤为明显。

3. 文化产业是中国现代化的战略产业。

奋起直追，赶超英美，这确实是今天中国经济与中国社会的节奏，与计划时期不同的是，现在更多依据社会以及经济运行的规律。中国改革开放的收获期在不断延展，现代化这一历史使命在一步步完成。现阶段中国经济的重心是制造业的自主技术，与之密切关联的是知识产业。知识化的特点是物质产业比重的下降和知识产业比重的增加。知识产业包括知识性产业（研究与发展、高技术产业）、知识传播业（教育培训业、信息技术产业和文化产业）和知识服务业（专业服务、医疗服务和政府民用服务），而文化产业是知识产业的核心组成部分。在这一意义上，我们可以把文化产业作为中国现代化的战略产业来看待，利用文化产业促进现代化的尽快实现。

中国文化产业本身的发展潜力巨大。从国际看，许多发达国家都把文化产业作为战略性产业。如美国是世界第一大文化产业强国，文化产业在其国内产业结构中位居第二（首位是军事工业），在出口方面则是第一大产业。日本仅次于美国，其文化产业的规模比电子业和汽车业还要大。日本的动画产业占世界市场的62%，游戏领域则占世界市场的1/3。日本最近制定了文化产业振兴法，并将文化产业列为未来七大战略产业之一，还成立了以总理为委员长的机构来大力发展文化产业。具体到中国，文化产业的发展前景非常广阔，中国是有五千多年悠久历史的四大文明古国之一，历史文化底蕴非常深厚，2004年世界文化遗产已有26处，排世界第四位。中国虽是一个文化资源大国，但是按照我们的文化产业实力，却是文化产业的弱国，文化贸易进多出少，积累了不少文化贸易赤字。一定程度上说明了文化产业已经滞后于我们经济与社会的发展。这与我们忽视文化产业与现代化的内在联系有关。强国有强文化，现代化离不开文化内涵和文化产业的支撑。

中共中央、国务院最近发布关于深化文化体制改革的若干意见，其中指出，当今世界，文化与经济政治相互交融，在综合国力竞争中的地位与作用越来越突出。在全面建设小康社会、实现中华民族伟大复兴的历史进程中，繁荣和发展社会主义先进文化具有全局性、战略性的地位和作用。也充分说明了国家在这一问题上已经有了足够的认识。进入21世纪，中华民族要实现民族复兴，文化复兴不可或缺。只有提高文化产业竞争力，才能在文明冲突中处于有利地位，在激烈的国际竞争中立足。正如李慎之指出：即使中国经济发展的目标达到了，要取得世界各国的尊敬，更重要的是文化的力量，或者如陈寅恪所说/以学问美术等之造诣胜人。随着经济的发展，文化产业对中国现代化的影响将越发的显著，应当将文化产业确定为中国现代化战略的组成部分；文化产业一方面通过提升国家的经济实力，另一方面通过促进文化复兴提升国家和民族形象，这将对中国的国际竞争力产生重大影响。

第三章 当代文化与文化产业园的发展

第一节 文化产业园形态功能的概述

一、文化产业园的设计

文化是一条源自历史、流向未来的丰沛河流，经济社会发展需要它的润泽。毛泽东同志曾经指出，"文化是不可少的，任何社会没有文化就建设不起来。"文化具有强渗透、强关联的效应，产业大融合背景下，文化产业表现活跃，铸造了"文化+"这个崭新的发展形态，意味着文化产业迈向"升级版"的融合发展新阶段。"文化+"是为何物，如何谋划推动？这是一项新的课题，值得认真研究和积极探索。

1．"文化+"是一种更高层次的融合创新

总体而言，"文化+"是文化要素与经济社会各领域更广范围、更深程度、更高层次的融合创新，推动业态裂变，实现结构优化，提升产业发展内含的生命力，是镶嵌在产业融合发展冠顶上的明珠。作为一种更高层次的融合创新，从理念内涵到发展路径，"文化+"特征主要体现在三个方面：

（1）从"老思维"向"新思维"的转变

"文化+"要求打破传统的思维模式，不断增强文化认知，运用大融合思维、一体化思维、艺术化思维、重用户思维来谋求产业发展。"文化+"并不是仅仅重视基础建设、资本投入和先进技术，还要加上必要的"软件"思维，才能适应更高层次的融合创新要求。

（2）从"小文化"向"大文化"的扩展

从文化产业视角看，文化正在走出传统的文化艺术、新闻出版和影视创作的"小文化"，迈向国民经济的"大文化"，文化特色的先导作用逐步强化。推动"文化+"，不能于文化自身的窠臼之中谋发展，要统筹文化产业发展与整个国民经济发展的关系,从而实现文化经济一体化。

(3)从"浅融合"向"深融合"的推进

有专家认为,产业融合发展存在三个阶段:初级阶段往往表现为产业间的单向融合;中级阶段往往表现为以两产业链各价值节点和产业相关要素为对象进行的双向融入;高级阶段往往表现为两产业无边界的一体化状态。推动"文化+",就是加大资源挖掘、要素整合、产业耦合力度,在各种业态之间架起桥梁,实现文化产业由初级阶段表层融合向高级阶段深层融合的过程。

2. "文化+"为产业发展插上腾飞的翅膀

跨界融合成为产业发展的新常态,除了经济全球化和高新技术迅猛发展的外部因素外,文化所具有的强大经济力量,是新常态下"文化+"得以催生的内在动因。文化作用于产业发展,主要体现在四个方面:

(1)强化精神动力,引领产业发展

文化通过塑造国民价值观作用于经济社会发展。文化价值观往往影响人们的经济行为,吃苦耐劳、艰苦奋斗、勤俭节约等精神品质,被视为持久推动经济发展的精神动因。另外,根植人们心中的生活习惯、行为方式、伦理道德,以及社会层面形成的文化环境和道德观念,为经济活动实行合理制度安排、节省交易成本等提供了支撑,是经济发展的强大精神动力。

(2)增加文化含量,优化产业结构

文化具有别样的品质,世界上的知名品牌,约有半数来自技术研发,另外半数是靠文化内涵而形成。文化的跨界融合,使文化符号价值、文化经营理念等向相关产业渗透,实现两个"有助于",即有助于促进"美学增值",商品的审美功能和精神价值得到增强;有助于促进"品牌塑造",提升产业文化内涵和边际效应。

(3)激发创新特色,增强产业活力

文化产业天然具有创新驱动的特点,影响着社会自主创新的氛围营造和能力提升。文化的价值不仅局限于满足人们文化需求,如果产业发展渗透文化艺术的创造力,附加价值无疑会大大提高。就着眼未来而言,文化产业将是全球化的强势产业,几乎看得见看不见的所有角落、所有领域,都可能激发特色。

激活消费潜能,拓展产业空间。文化消费需求具有很大弹性,往往不受客观条件承载量的限制,发展文化产业前景可期。文化产业也具有诱导效应,商品生产和消费本质是一种文化现象,先是制造一种生活方式,然后销售这种生活方式。

文化变迁与国民消费理念改变是一脉相承的，消费理念往往决定产业发展空间。

3. "文化+"的主要形态和实现路径

"文化+"的融合趋势，决定了"+"的后缀丰富多样。从宏观层面看，大体可分为三种：

跨要素融合。跨要素融合是文化产业的"对内融合"，就是以文化、科技、信息、特色、资本、市场、人才、品牌等为代表的产业要素，通过集聚创新形成的融合发展模式。以"文化+科技""文化+金融""文化+特色"等为代表的融合模式，已经在产业层面得到广泛应用。"文化+科技"，主要是促使高新技术成果向文化领域转化应用，加强传统文化产业技术改造，培育新兴文化业态，强化文化对信息产业的内容支撑和特色提升。"文化+金融"，重在打造文化投融资平台，引导各类社会资本投资文化领域；利用互联网金融模式开辟新型融资渠道，创新文化消费金融产品，发挥金融创新对文化消费的刺激作用。"文化+特色"，更多的是以文化为资源，以特色为手段，以产业为目的，发展文化特色产业，同时实现与其他产业的深度融合。跨行业融合。跨行业融合是文化产业的"对外跨界"，通过行业间的功能互补和链条延伸，文化内容和特色设计向三次产业渗透，行业之间共生相辅，"隔行如隔山"的行业壁垒逐步消解。当前，"文化+制造业""文化+旅游""文化+农业"等多种业态融合模式不断涌现。"文化+制造业"，主要是突出传统文化与现代时尚融合，提升新产品外观功能设计和研究开发能力，不断创新管理经营、营销策划，增加消费品的文化内涵。"文化+旅游"，则是以文化内涵提升旅游项目、旅游产品、旅游节庆的吸引力，增加体验、休闲、养生、欣赏等旅游内容。"文化+农业"，要求提高农业领域特色设计水平，拓展休闲观光农业发展空间，推进农产品文化宣传交流，强化农副产品品牌建设。

跨平台融合。跨平台融合是文化产业的"空间重塑"。随着行业信息化水平越来越高，文化产业发展不再限定偏狭的空间，而是展开多领域、跨平台的融合创新，"文化+互联网"就是典型代表。互联网拥有平台聚众优势，使文化内容、特色表达更加丰富多样，从传播消费到运营投资更加方便、快捷，许多产业由此削弱了市场边界和壁垒，无论是在地域分布还是产品类别上都得到极大拓展。现在，只要"一机在手""人在线上"，就可以通过"创客""众筹""众包""电商"等方式，获取大量信息、对接众多投资、分解生产制造过程、实现线上线下营销，变特色为现实。

4. 以有效举措大力推进"文化+"

谋划和推动"文化+",是促进文化产业快速发展的重要举措,也是一项系统的工程,必须强化保障措施,抢占产业融合发展的主动权。

着眼抢占先机,加强统筹谋划。坚持前瞻谋划、主动作为,立足地区经济布局、地理因素和文化特色,做好"文化+"的前瞻性研究,包括业态、技术、产品、品牌、融合体系、战略性企业的研究和规划,产业结构的规划,市场网络的规划,政策法规的规划,评估体系的设计等等。注重导向引领,加强政策扶持。对文化产业现行政策汇总梳理,制定和完善融合发展的产业政策,从规划、内容、资金、服务、运营等多个方面予以扶持,尤其是积极落实加快推进文化特色和设计服务与相关产业融合发展的行动计划,让文化产业发展充分沐浴"政策暖阳"。着力筑牢基础,加强要素集聚。集成各方有效资源,打造一批主业突出、集聚效应明显、具有国际影响力的融合发展集聚区。完善文化产品市场、要素市场、技术市场和资本市场,加强文化产业服务平台、公共技术平台的建设。积极推进产学研用合作,鼓励培养更多跨学科、高层次、国际化复合型人才和专业人才,不断创新金融支持体系,为文化企业融资提供风险屏障。

围绕激发活力,加强机制创新。突破条块分割的管理体制,在组织协调机制上营造有利于业态融合的制度环境;深化文化体制改革,支持企业跨地区、跨行业、跨所有制经营,培育壮大实力雄厚、竞争力强的"文化航母",提升产业融合规模化水平;扶持中小微型文化企业做专做强,使其成为创新创业和融合发展的重要主体;建立特色、形象、软件等无形资产的评估标准,加强知识产权的保护和应用。

二、人与文化产业园空间的互动

在如何发展文化产业的问题上,众所周知,文化产业的发展必须依赖于文化的发展,即首先必须研究文化问题。但是,人们在研究文化的时候,又通常主要是研究精神文化,往往忽视了一个根本的问题,即对人的文化研究。在日常社会生活中,人们也常说"文化人"或者"文明人"等,但是尚未把人自身当作文化形态加以研究。实际上,文化固然包括物质文化和精神文化两种形态,但是,文化最主要的形态决非我们通常意义上的物质文化和精神文化,而是人类自身。换言之,人类自身不但是物质文化和精神文化的创造者和承传者,而且自身就是文化的积淀者和彰显者,也是最重要的文化形态。

1. 人类是最重要的物质文化形态

（1）人类是宇宙间最高的物质形态

人的生命体是物理属性、化学属性和生物属性的和谐统一，人类生命的造化可谓得天地之精华，所以在美学上一般把人体美视为最高的自然美。尽管许多动物在某些结构和功能方面可能会大大超过人类，但人类生命作为智能和体能的和谐统一，体现了结构的完善性，也具有功能的多样性和超动物性。人类无论是先天的模仿能力还是后天的学习能力，抑或是创新能力，都彰显了人类特有的主体性，能够超越其他任何高级生物。

（2）人类作为最重要的物质文化形态

主要表现在人类自身具有社会属性，既有经济属性、政治属性，又有文化属性等，能够在社会意识的支配下，建立一定的社会关系，积极主动地参加特定的社会实践，是社会人、文化人和文明人的集合，也是以社会和文化的方式生存与发展的高级文化形态。所以，在充分肯定人类主体性的基础上，曾经提出最高的社会美是人才美的观点[1]，而事实上，人之所以为人，绝不仅仅是因为具有思维和意识，而是具有创造文化的能力，人类自身是文化的继承者、积淀者、彰显者、传播者和创造者。

2. 人类是最重要的精神文化形态

人类不但是最重要的物质文化形态，而且也是最重要的精神文化形态。人类自身作为文化的继承者、积淀者、彰显者、传播者和创造者，本身就是最具有生命力的文化载体，是文化载体和文化本体的和谐统一。

存在主义曾经高度肯定了语言的价值，甚至把语言视为"存在的家"，进而把语言上升到本体论的高度。其实，语言既是思维的工具，也是一种很有代表性的文化形态，但是，语言对于语言的主体——人而言，语言只是人所使用的工具，也是人自身表情达意的载体，因而不能把语言视为本体来看。而人类作为文化的最高形态，人的思想、情感、智慧、意识、无意识，所谓知情意等心意诸力无不具有文化的内涵。卡西尔曾经把人视为符号动物和文化动物，认为"我们应当把人定义为符号的动物（animal symbolicum）来取代把人定义为理性的动物。"[2]他通过文化哲学和哲学人类学的结合，实际上揭示了"人→符号→文化"三位一体的内在逻辑，其核心和关键是把人看作文化动物或者符号动物。卡西尔的重要之处在于他看到了人需要通过符号来创造文化，但是，由于受到符号理论的束缚，他没有继续深入探讨人自身的文化性。

因此，我们无论是从文化史还是文明史的角度来看，人类自身不但是文化史和文明史的创造者和承传者，而且也是文化史和文明史最重要的载体和显现者，不但承担着文化符号的特殊功能，而且自身恰恰就是最重要的文化形态。唯其如此，研究文化，就必须首先要研究人的文化特性和文化本质，而决不能仅仅把人当作文化的创造者和承传者。

在文化全球化的发展走向中，把人看作是最重要的文化形态，这对于文化产业的研究具有特殊的重要意义。因为文化产业结构首先"是一种文化存在结构，然后才是经济结构，是文化生产、文化消费与文化需求结构的社会文化形态的经济方式体现；同时它又是一定社会制度的文化反映，是文化制度的社会生产关系的文化反映"[3]。把人视为最重要的文化形态，肯定了人不仅是文化产业的创造主体和消费主体，而且也都是具有文化属性的社会群体。从创造主体而言，在各种艺术表演中，演员的文化素养直接决定了表演水平的高低，也直接影响着票房收入；在旅游参观的过程中，一些文化的解说员的文化素养也直接影响着游客的情绪和心理，当然也影响着参观人数的多少。可见，创造主体和管理者的水平与性质不但直接制约着文化产品的创造，而且还直接影响着文化产品的消费。

因此，要研究文化产业，首先就必须把人当作最重要的文化形态加以研究，进而才能把人的文化特性与文化产业联系和沟通起来。为此，研究文化产业理论，既要研究文化创造者和文化传播者的文化属性、文化趣味和文化素养，也要研究文化消费者的文化属性、文化趣味和文化素养，从而在文化的创造、传播和消费过程中，在求真向善的基础上，一方面注重文化的通俗性，一方面倡导文化的提升性，实现普及和提高的结合，把雪中送炭和锦上添花统一起来。

第二节 "全球化"与"新经济"对文化产业园的影响与对策

一、全球化

"全球化"是当今社会一个相当时髦的词，许多领域都向"全球化"投去关注的目光。许多人相信地球变得越来越小，人们都共同生活在一个地球村中。与此同时，也有人对"全球化"相当排斥，对它抱着悲观的态度。但是，无论人们是支持"全球化",迎接它的到来,还是排斥它,厌恶它,全球化依然不可避免的来到我们的身边,无情地影响着世界历史的进程,也影响着中国的历史进程。因此,对于全球化的清楚认识是十分重要也是十分有必要的。

1. 全球化的定义

"全球化"在上世纪80年代中期开始流行,它的出现迅速取代了"国际化"、"跨国化"和"一体化"等术语,成为描述人类社会跨边界的互动网络不断加强的概念。由于全球化涉及了许许多多的社会、经济、政治和文化变化,因此人们从不同学科与不同角度去理解它,便出现了五花八门的对于全球化的理解,也存在着许多的争论。其中一种较为普遍的观点认为"全球化是指各种生产要素或资源在世界范围的最优配置"。也有人指出:全球化就是经济全球化。全球化是一个涉及方方面面的现实和过程,我们应该从全方位的视野理解和审视全球化:

(1)既要在全球化层面上把握世界的整体变化,也要在个体层面上考察和联系各局部与各种主体自身的发展,并注意两者之间的相互影响。马克思主义要求我们:首先,在观察和处理问题时候要着眼于立足于整体,追求系统整体的最佳效应,防止和反对以局部利益来损害整体利益的现象;其次,要重视和充分发挥局部的积极作用,注意各个局部的特点和要求。

(2)把全球化理解为一个历史发展进程,只有贯通全球化的完整历史,才能理解把握其发展的脉络、动因与实质。

(3)经济全球化是全球化的基本内容,但全球化也涉及政治、文化、意识形态的内容。

从以上角度看来,全球化是指世界各部分之间相互联系与依赖日益密切,相互渗透与融合不断加强和全球一致性因素不断增长这一现象、过程和发展趋势。

2. 全球化的特征

全球化是当今世界纷繁复杂、变化不断地一个重要因素,它从上世纪80年代流行至今,对当代世界有着及其深远的影响,它的特征主要表现为:

(1)经济全球化上,经济全球化成为当代世界经济的重要特征之一,也是世界经济发展的重要趋势。经济全球化是指世界经济活动超越国界,通过对外贸易、资本流动、技术转移、提供服务、相互依存、相互联系而形成的全球范围的有机经济整体。简单说来就是世界经济日益成为紧密联系的一个整体。世界经济全球化已成为不可阻挡的历史潮流。首先,国际资本流动规模和形式的增加,跨国公司雨后春笋般成长,以及技术的广泛迅速传播,世界各国相互依赖性也逐渐增强。其次，在生产方面，国际分工不断细化，由传统的以自然资源为基础的分工逐渐过渡到以现代工艺技术为基础的分工，由以产业间为主的分工逐渐过渡到以产生内为的分工。而跨国公司扩张的结果又导致同一产品的不同生产环节在全世界分布，跨国公司内部全球化生产体系在一定程度上决定了各国的国际分工格局。再次，在贸易方面，由于世界市场的形成使各国国内市场逐渐融为一体，极大地促进了全球贸易的发展，国际投资自己化逐渐成为各国政府认可和推行的重要政策。此外，在金融和区域经济一体化方面，也发展到一个崭新的阶段。国际金融市场交易空前活跃，金融机构也掀起了全球性的兼并浪潮。区域经济一体化组织遍及全世界，如欧盟、北美自由贸易区等，欧元的诞生也标志着区域经济一体化发展的新阶段。

（2）政治上，全球化虽然发端于西方，并以西方为中心，但并不等于西化。政治上的全球化应是政治制度的多元化，而不是一体化。在美国看来，经济全球化的过程实际上就是世界统一大市场形成的过程。于是，想当然地认为这个过程会促进西方式的民主政治在全球的推广，最终实现政治全球化。因而在政策上，美国将推进海外民主与加强安全、促进经济繁荣并列为其外交的三大支柱；在行动上，又以维护民主和人权为幌子，干涉别国内政，推行政治霸权主义。特别是苏联解体东欧巨变，似乎更坚定了他们的信念。但实际情况是，美国想控制世界局势，却控制不了。首先，经济全球化加剧国际力量发展的不平衡，促进了多极化趋势的发展。其次，在有关重大问题上，美国必须寻求与大国合作。比如核扩散问题，美国就必须同其他核大国进行合作。在亚洲金融危机中，美国就积极寻求中国的合作。所以政治制度的多元化将是政治全球化的一个趋势。

（3）文化、意识形态上的全球化也不是一体化，而是多元化。虽然多元化的现象从来就存在，但"多元化"的突出被提出却是经济全球化的结果。首先，经济全球化促进了殖民体系的瓦解。原殖民地国家取得其合法的独立地位后，要确认自己的独立身份。而本民族的独特文化，正是确认独特身份最重要的因素。其次，多元化是文化自身特点在经济全球化上的体现。文化是一定的人类社会群体，在一定时间和空间范畴内所创造的物质文明与精神文明的总称（在文化特指精神文明）。其特点之一就是有传播性、兼容性。而经济全球化使当今人们在空间范围交流的广度和深度方面来说，提高了许多。在彼此交流中，人们认识到不仅需要吸收他种文化以丰富自己，而且需要在与他种文化的比照中更深入地认识自己以求发展。这就需要扩大视野，了解与自己生活习惯，思维定势完全不同的别种文化。从而使文化的传播速度加快，兼容体积增大，促进了多元文化的发展。最后，经济全球化带来物质的多样性和丰富性，也为落后地区发展自己的文化提供了可能。正是由于经济与科技的发达，人类的相互交往从来没有像今天这样频繁，旅游事业的开发遍及世界各个角落，许多偏僻地区的少数民族文化才得到开发与发展。

无论是经济全球化，还是政治、文化全球化，我们都必须用辩证的观点来审视。我记得黑格尔曾说"真理是在漫长的发展着的认识过程中被掌握的，在每一过程中，每一步都是它前一步的直接继续"。因此我认为我们绝对不能全盘否认全球化或全盘接收，因为全球化是一把双刃剑，面对全球化这一客观的发展趋势和潮流，面对全球化带来的问题，我们必须保持清醒头脑，我们要力争弄清全球化对人类社会产生的正面影响，以发挥全球化的积极作用，利用全球化带来的机遇和积极成果为人类的进步事业服务。并利用全球化的机会增强综合国力，再通过综合国力的增强来引导全球化。与此同时，还要注意研究它的消极作用，搞清楚全球化给人类社会发展带来的各种代价，以便抑制它的负面冲击，抵制全球化给人类社会带来的危机和风险。

二、新经济

进入20世纪90年代以来，以美国为首的发达国家经济开始呈现出不同以往的发展趋势，被称作"新经济"时代。当今世界国际间的竞争越来越表现为知识和技术的竞争，经济增长比以往任何时候都更加依赖于知识的生产、扩散和应用，企业为了在日益激烈的竞争中取得竞争优势，就必须努力提高获取知识和有效应用知识的能力，而拥有众多知识型人才的创新团队的建立成为当务之急。

1. 新经济的概述与由来

（1）概述

所谓"新经济"是建立在信息技术革命和制度创新基础上的经济持续增长与低通货膨胀率、低失业率并存，经济周期的阶段性特征明显淡化的一种新的经济现象。20世纪90年代以来，美国经济出现了二次大战后罕见的持续性的高速度增长。在信息技术部门的带领下，美国自1991年4月份以来，经济增长幅度达到了4%，而失业率却从6%降到了4%，通胀率也在不断下降。如果食品和能源不计在内的话，美国1999年的消费品通胀率只有1.9%，增幅为34年来的最小值。这种经济现象就被人们表述为"新经济"。美国《商业周刊》1996年底的一篇文章认为，美国目前这种"新经济"，其主要动力是信息技术革命和经济全球化浪潮。

（2）由来

"新经济"一词最早出现于美国《商业周刊》1996年12月30日发表的一组文章中。新经济是指在经济全球化背景下，信息技术（IT）革命以及由信息技术革命带动的、以高新科技产业为龙头的经济。新经济是信息化带来的经济文化成果。新经济具有低失业、低通货膨胀、低财政赤字、高增长的特点。通俗地讲，新经济就是我们一直追求的"持续、快速、健康"发展的经济。

2. 新经济的特征

美国的"新经济"具有许多不同于以往的新特征，主要表现在以下5个方面：

（1）经济持续增长

从1991年4月开始复苏至今，美国经济已持续增长了120多个月，远远超出战后美国经济平均连续增长50个月的期限，成为战后美国第3个最长的经济增长期人自美国经济率先走出90年代初期的世界性经济危机以来，美国经济的年均增长率超过日本、德国等主要竞争对手，从而扭转了美国经济增长速度在七八十年代落后于日本、德国的局面，使美国在全球经济的实力相对有所回升。

（2）就业人数不断增加，失业率稳步下降

伴随着80年代中期以来美国经济结构的调整和以裁员为其主要内容之一的"企业重组"，美国结构性失业日益突出，就业形势急剧恶化。美国失业率在1991年上升到6.7%，1992年就业形势仍继续恶化，全年失业率高达7.4%，失业人数多达900多万人。从1993年开始，美国就业状况开始改善，失业率稳步下降，1998年12月降到了4.3%，这是美国30年来的最低水平。

（3）物价增幅保持在较低水平，政府过去长期面临的通货膨胀压力得以消除

消费物价指数从1992年降至30后，至今未见反弹，1998年仅为1%。国内生产总值的紧缩价格指数从1990年的4.3%逐步降至1993年以来的2%，1997年第4季度，该指数仅增长了1.5%，全年则为1.8%，是1965年以来的最低点。

（4）出口贸易增长势头强劲

近10年来，美国劳动生产率的显著提高和劳动力成本优势增强了美国产品在国际市场上的竞争力。1991—1994年间，美国制造业的劳动生产率一共增长

了近12个百分点,超过了日本和西欧国家的增幅。在美国劳动生产率较快提高的同时,其单位劳动成本在90年代却增长缓慢,结果,美国产品的国际竞争力显著增强,从而使美国得以在90年代初期相继在半导体和小汽车等领域重新夺回世界第一的位置。

(5)联邦财政赤字逐年减少

由于克林顿政府采取了强有力的增税减支政策,美国联邦财政赤字由1992年的2892亿美元逐步减少到1996年的1168亿美元,联邦财政赤字占国民生产总值(GDP)的比重也由1992年的4.93%下降到1996年的3%以下。1997年美国实际联邦财政赤字仅为226亿美元。1998年2月,美国国会最终通过了克林顿政府提出的财政预算平衡方案,力争到1999年消除联邦财政赤字,而实际上,美国联邦政府在1998年度就已实现了728亿美元的财政盈余。

新经济的特性主要有三点。首先,企业越来越注重将价值从有形资产转移到无形资产上。企业扩张的活动越来越频繁,与旧经济时代相比,更加注重对无形资产的利用和控制,同时也更加关注无形资产所带来的价值。例如,Marriott公司是世界著名的酒店管理集团,它从不自己建造酒店或拥有任何酒店实体,而只负责对酒店管理。同时像SaraLee这样的公司,他们不仅创造品牌,更想拥有品牌,他们是品牌持有人。这类公司不仅不组织生产,同时也很少将资本投入到固定资产上,他们更加重视对品牌的管理。其次,价值从提供产品的企业,转移到不仅提供产品同时提供低价且高度个性化产品的企业,或者能够提供问题解决方案的企业。例如,世界著名的DELL公司,它出售的电脑可以根据每个客户的要求进行组装,实现高度的个性化,同时其售价相对低廉;IBM则为客户提供问题的解决方案,他们有一整套的流程,可随时为客户解决各种在产品使用过程中遇到的疑难问题,并且接受客户的各类咨询。最后,企业可以方便地通过数据管理来降低成本,这也是新经济的另一个重要特性。杰克·韦尔奇过去常常在他的营销人员会议上说"改变或者灭亡",对于一个GE人来说这不是个令人愉快的做法,但是确实行之有效。现在他常说的则是"拥抱网络,不只是一个网页"。要拥抱网络,而不只是给出一个网页,意味着拥有一个网页并不表示已经实现了网络化,网页只是网络营销的基础。

3. 新经济的内涵与实质

(1)新经济的实质

仿佛春潮一般,在对世纪的第一个春天到来之时,几乎全世界的经济界人士和企业共同把目光投入到这种经济现象中：发源于美国的新经济。能在如此短的时间被如此多的人们关注与研究，本身就已证明了新经济存在的价值和意义。新经济到底是什么？它是否像潮水一般惊涛骇浪地涌来，又悄无声息地撤去？它是否如泡沫一样，刹那时充斥视野，转瞬间又灰飞烟灭？新经济的出现说明着什么？意味着什么？揭示着什么？人们在探讨、在猜测、在寻找答案。关于新经济内涵与实质的探讨，目前是众说纷纭，可谓仁者见仁，智者见智。

最早宣传"新经济"思想的美国《商业周刊》，在界定这个名词时说："'新经济'并不意味着通货膨胀已经死亡了，也不意味着我们将不会有另一次衰退，或经济周期业已消灭；更不意味着股票市场必将摆脱自我调整而永远上升，就像（神话中所说的）豆梗将直上云天。自然，它也不意味着亚洲金融风波不会影响美国"，"谈'新经济'时我们的意思是指这几年已经出现的两种趋势，第一种趋势是经济的全球化，第二种趋势是信息技术革命。"

（2）新经济的内涵

关于"新经济"的涵义，目前有很多争议，有的学者认为，科学地诠释"新经济"关键在于要抓住美国经济正在从传统经济——工业经济向一种新型经济——知识经济转变之中。因为，当前经济正在发生根本性变化和转型。因而与传统经济相联系的经济现象、经济特征、经济概念和经济理论必然发生变化。美国的"新经济"已经开始表现出知识经济的典型特征，主要体现为信息技术革命对经济的巨大贡献和发展上的可持续性。有的学者认为，所谓"新经济"，实质上就是知识经济，而知识经济，是指区别于以前的以传统工业为支柱产业、以自然资源为主要依托的新型经济。这种新型经济以高技术产业为支柱，以智力资源为主要依托。也有的学者认为，美国"新经济"的涵义有待深入探讨，首先，"新经济"既然是依托经济全球化和信息技术革命形成的，那么，这是现阶段美国独有的一种经济现象，还是发达国家都会逐渐形成的国际经济现象呢？其次，美国的"新经济"是在一段时间内存在的现象，还是长期稳定存在的现象？一旦发生经济增长滞缓，通货膨胀加剧或失业率大幅上升，"新经济"是否会随之消失？再次，就经济全球化和经济开放程度来说，英国、法国都不亚于美国，为什么美国的失业率较低，而英国、法国失业率较高呢？为什么美国形成了"新经济"，而英国、法国没有形成"新经济"呢？以上这些问题如不在理论上解释清楚，"新经济"的真正内涵还是难以揭示的。还有一些经济学家如美国著名经济学家克鲁格曼对"新经济"持否定态度，他们认为美国经济生活中出现的一些变化是由暂时因素促成的，并未出现根本性的、动力性的变化，经济周期仍会反复出现。

曾两次参加世界经济论坛年会，首位走上哈佛讲坛的中国著名企业家、海尔集团总裁张瑞敏认为：所谓新经济，就应是以数码知识、网络技术为基础，以创新为核心，由新科技所驱动、可持续发展的经济。著名经济学家樊纲则认为："新经济"事实上被人们在不同的场合赋予着不同的涵义。最初，新经济是用来指美国经济在近几年所表现出的一种状态：在科技进步和全球化的基础上长期高增长、低通胀、低失业；这使传统上描述失业与通胀反向相关关系的所谓"菲利浦斯曲线"不再适用（因此是"新"经济）。但是后来，随着"网络股"的飙升，国内外的许多人正在许多场合把以信息、网络业为代表的所谓"新科技产业"或"科技板块"称为"新经济"，而把其他所谓的"传统产业"称为"旧经济"。

综合以上各家所言，我们可以达成这样的共识：所谓新经济，主要是以美国经济为代表的发达国家经济为基础所产生的概念，即那种持续高增长、低通胀、科技进步快、经济效率高、全球配置资源的一种经济状态。新经济虽然是以美国近十年来经济发展状况为基础而引申出来的一个全新的概念，但其赖以依存和发展的两块基石：信息领域的技术革命所带来的全球信息化以及导致各国的经济边界日益弱化的全球经济一体化其作用及影响早已远远超出了美国的国界，因此，新经济已并非是美国经济的专利，其深远影响及发展趋势有可能成为未来全球经济发展的主流形态和运行模式。新经济之所以"新"，源于推动其产生与发展的原动力——信息、技术革命所具有的全新的革命意义。同以往的任何一次技术革命不同，信息技术革命改变的不是人类对自然资源的利用方式。虽然其影响所及必然导致人类对自然资源利用率的提高，但它是通过改变人类信息的传输、储存方式来实现的。长久以来，在低下的劳动生产力的掩饰下，信息的不充分对于人类经济活动的制约作用被忽略了，自工业革命以来的数次技术革命，大大提高了人类的生产力，信息瓶颈也逐渐拓展扩宽，

20世纪最有影响的哲学家卡尔·波普尔以超前的眼光，最先将信息从现实世界中分离出来，作为与物质和意识并列的世界构成的第三要素，这从哲学的高度证实了，信息技术革命所具有的深远而重大的影响。

信息技术的快速发展不仅是人类信息的传输与储存方式的革命，也对人类的经济和社会的组织方式提出了创新的要求，电子商务、信息高速公路，这些信息时代的产物，正在全方位地影响着人类的生产和生活，今天，信息时代刚刚来临，信息技术革命对人类的影响也才刚刚露出端倪，新经济刚刚露出曙光。一个更新、

更美、更快的信息世界不久的将来必会展现在人们的面前。

因此，可以这样认为，新经济的实质，就是信息化与全球化，新经济的核心是高科技创新及由此带动的一系列其它领域的创新。促成新经济出现的现实环境是全球经济一体化。信息技术革命的推进，新经济的发展，必然导致全球一体化进程的加快。新经济是人类经济发展史中前所未有的科技型、创新型经济。

三、"全球化"与"新经济"对文化产业园的影响

全球化是当今世界发展的重要趋势，全球化的发展对世界产生了巨大的影响，其涉及面之广，影响程度之深，体现在社会生活的各个方面，特别是对中国文化产业的影响。这里针对全球化对中国文化产业的影响做了阐述，并提出了中国文化产业应对经济全球化的措施。在全球化不断发展的过程中，其对中国文化产业的发展具有很重要的影响作用，这种影响犹如一把双刃剑，一方面对中国文化产业具有巨大的促进作用，另一方面又有很强的制约作用。因此，在经济全球化背景下，中国文化产业的发展要抓住机遇，迎接挑战，并采取有效措施促进发展。

文化产业就是指为满足人们娱乐、休闲、健身、求知、审美、交际等精神需求和智力需求而生产特殊产品、提供场地、环境、服务或组织活动的企业群体或事业群体的总称，主要包括：文化产品的制造业，如图书报刊印刷业、影像音像制造业、工艺美术品制造业等；文化产品批发和零售业，如电影和报刊发行业、图书零售业等；文化服务业，如大众娱乐业、广播电视业、报刊出版业、文化演艺业、文化经纪业和信息服务业等经济全球化有广义和狭义之分，广义的经济全球化泛指资本主义生产关系萌芽和产生以来，至今仍在继续的世界各国的相互联系和相互影响日益拓展和加深的过程。狭义的经济全球化则特指20世纪70年代第三次科技产业革命以来，特别是80年代西方世界普遍奉行新自由主义政策以来，世界经济政治关系向着一体化方向变化的趋势。可见，经济全球化是在世界经济的发展中形成的，是社会生产力和科技发展的客观要求和必然趋势，是不可抗拒的历史潮流，任何一个国家都不可能脱离外部世界而孤立地谋求自身的经济发展。经济全球化使各国各地区之间经济和贸易活动的联系不断增加，各种新知识和高科技技术和手段得以迅速交流和广泛应用，从而促进各国各地区经济要素在全球范围内逐步实现优化配置，以达到提高各自经济效益的最终目的。同时也使得国际间经济文化发展的竞争日益激烈，这种激烈的竞争必然会对各国经济文化的发展带来不同的影响，这种影响是客观的，不可避免的，"问题的关键在

于，既要敢于又要善于参与这种经济全球化条件下的国际经济技术合作和竞争，既要充分利用其中可以利用的各种有利条件和机遇来发展自己，又要清醒认识和及时防范其中可能带来的各种不利影响和风险；稳步推进对外开放。这一点，对于象我们这样经济技术实力远不如西方发达国家的发展中国家来说尤为重要。"中国作为WTO的成员国，经济全球化对中国经济文化发展的影响是不可避免的，要在竞争中立于不败之地，就要充分认识这种影响的客观必然性，采取有效措施加以应对，促进我国经济文化特别是文化产业的健康发展。

1. 经济全球化背景下中国文化产业的发展机遇

经济全球化迫使中国的文化产业按国际惯例来参加全球化的竞争，从一定意义上讲，这无疑是一次前所未有的机遇。经济全球化有利于我国借鉴国外文化发展有益经验，提高我国文化产业竞争力。

随着经济全球化和我国加入WTO，使我国能享受WTO成员国的非歧视贸易待遇，给我国出版、影视业等提供了更大、更广阔的市场，提供了向外发展的空间。而且市场开放的扩大，有利于形成竞争性的市场机制，增加国内宣传文化行业的压力，促使其加快改革步伐，改进技术，提高质量，增强竞争力。加入WTO以后，我们可以更直接、更广泛地吸收和引进西方文化企业先进的管理经验、生产观念和高新技术，促进国内文化产业的发展。比如，长期以来我国影视业由于起步晚，在生产、发行和放映的科技手段、管理手段上与外国差距很大。电影的生产由于长期处在与外国市场隔离的条件下，感受不到来自国际竞争的压力，造成国内的电影生产观念陈旧、手段落后。电影的管理机制不健全，制作、发行、放映互相脱节，审查管理体制呆板、滞后。而加入WTO以后，外国"大片"的进入和外资对影视节目制作公司的介入，使我国影视业有机会接触西方先进的影视理念，我国广大的影视工作者在中西方观念的交流中，不断对我国影视产业和影视市场的性质、作用和功能进行深入思考。同时，根据WTO的透明度原则，国内影视行业可以详细了解西方电影、电视行业的有关情况，特别是各利法律、政策，借鉴西方影视业先进的管理、制作技术和运营体制，从而提高我国影视业的管理和制作水平。

（1）经济全球化有利于引进外资，拓宽融资渠道。

随着中国经济进入国际经济主流，中国将参与经济全球化产业结构大调整。国际文化资本的强大需立足于中国本土文化资源才能生产出适合中国市场的文化产品。因此，引进境外高品质的资本资源，并和我们特有的文化资源相结合，可以创造我们新的产业优势。国际上文化企业的高品质资本,具有敏锐的资源识别、判断和选择能力,具有强大的创造、开发和包装能力,具有国际化的文化营销能力,具有巨大的融资和投资能力,还具有经验丰富的知识产权保护能力,这正是我们所缺少的。因此,有条件、有策略地引进国外的优质资金,不仅有利于我们整个产业的改造,还会极大地提高中国文化产业的市场竞争力。由于外资的进入,国内文化企业可以通过资本的纽带,与国外同行实行强强联合,利用其技术、资金和人才,组成强大的具有国际竞争力的综合性或专业性产业集团,实现我国新闻出版广播影视等行业的规模化、产业化、集团化,提高我国文化产品在国际上的竞争力。

（2）我国发展文化产业具备的有利因素。

目前,我国具有广博的有特色的文化资源,而且我国发展文化产业也已具备坚实的经济基础。目前,中国的市场规模已居世界前列。我国市场规模的增长,主要是信息、教育、娱乐、旅游、体育等新的文化消费的需求不断增长,在整个消费市场所占比重越来越大。如近十年间我国报业投资回报率始终在17%—50%,远高于其他产业,就是人们文化消费高速增长的一个有力的例证。我国文化产业自20世纪90年代以来已经得到充分的发展,为其进一步发展奠定了必要的基础。另外,虽然我国人均占有自然资源相对较少,而人力资源极为丰富。充分发挥智力优势,大力发展文化产业,也是符合我国国情、扬长避短的一种战略选择。一些文化大省、市纷纷将文化产业列为"十二五"支柱产业,文化体制改革力度加大,出现了由公司投资创办的中国改革报,省市级广电集团、报业集团、演艺集团、出版集团如雨后春笋般纷纷组建,国家级集团也在积极筹备与组建之中。

2. 经济全球化背景下中国文化产业面临的挑战经济全球化不仅给中国文化产业带来了新的发展机遇,同时也带来了严峻的挑战。

如何把握机遇,迎接挑战,是目前中国文化产业的发展必须认真思考和亟待解决的问题。随着经济全球化和我国社会主义市场经济的建立和不断完善,国家对原来的各类产业的保护措施也逐步取消,文化产业也不例外,广义的文化产业将遵循优胜劣汰的原则,进入全球化的竞争。这对中国文化产业的发展无疑是一次重大的挑战。就全球范围而言,发达国家的文化产业占有很强的优势,包括经济总量、资金、科技、项目选择和判断、人才、营销和推广等优势。在一个开放的国际文化环境中,越是强势的文化产业,越能扩大市场占有率;反之则越容易受到外来文化产业的强大冲击，进而威胁到自身的生存。我国的文化产业多年来依赖政府保护而缺乏市场竞争能力和独立生存能力，在经济全球化的大形势下，可能会感受到意想不到的强烈冲击。

（1）国外文化产品的冲击。

中国的文化市场对国外文化产业具有很大的吸引力。改革开放以来，国外的文化产品已开始涌进我国的期刊、非新闻类和书籍市场，一些国外原版或国际中文版的报刊、书籍直接进入我国文化消费市场，我国的文化传播环境正在发生很大的变化。一方面随着生活的发展、科技的进步，消费者对文化产品选择余地加大，欣赏水平和消费水平也会越来越高；另一方面我国的文化市场需求空间巨大。由于我国在长时期计划经济体制下产生的文化作品多数是思想性高于观赏性和艺术性，而市场经济条件下产生的一些文化作品思想性又有所削弱，特别是商品经济大潮中诞生的大众文化，其审美意识又呈下降趋势，导致国内文化市场中兼有较高思想性和艺术性的作品十分有限，这就为国外文化产品能够大量进入我国文化市场提供了可能。

（2）西方文化价值观念的冲击。

经济的全球化不仅对我国的文化产业、文化产品形成强烈的冲击，更值得注意的是对人们思想和文化价值观念产生了深刻影响。在文化价值观的扩张上，他们用更新、妥协的方式对待中国传统文化，同时用先进的特色、理念展示自己的文化。相比之下，我们对待自己文化资源就显得过于拘泥形式，落入俗套，缺少更新、升华，不懂得用商业化运作弘扬自己的文化。加入WTO后，文化市场进一步开放，西方文化产品进口大量增加，文化交流范围明显扩大。这既为我们吸收借鉴西方优秀文化成果提供了便利，又不可避免地带来一些消极影响。利用WTO来制约中国，通过促使中国遵守体现西方价值观的国际规则，逐步改变中国的社会制度，是西方资本主义国家长期以来对我国实行"西化"、"分化"的一贯图谋。对此，他们往往采取较隐蔽、含蓄的方式，特别是利用文化产品的输出和文化交流，进行西方政治理念和价值观念的宣传。当前我国正处于社会转型期，人们的思想观念日益复杂，出现个性化、多元化的特点，加之文化水平不断提高，观众对影视文化产品的要求也越来越高。而我国传统影视产品过于突出政治性，艺术性较差，制作粗糙，在一定程度上影响观众接受。在这种情况下，宣扬西方文化价值观的西方影视产品因讲究艺术性、商业性，制作手法先进，便迎合了人们对高质量文化产品的需求，顺应了文化消费多元化的特点，受到人们特别是青年一代观众的欢迎。因此,由于加入 WTO 而带来的文化市场逐步开放,必然会导致两大冲突,即资本主义文化与社会主义文化的冲突、外来文化与本土文化的冲突。这种冲突不仅涉及文化产业的竞争,还关系到文化产品对人们思想观念的深刻影响,关系到意识形态领域由谁去占领的问题。在这种情况下,如何警惕和粉碎西方国家通过影视产品对我国进行的意识形态渗透,就成为我国文化产业面临的深层次的挑战和考验。另外,加入 WTO 后外商可以更广泛地向我国互联网络领域投资,促使我国网络市场进一步开放和与国际接轨。结果在有利于扩大国际间的信息交流和产业升级的同时,也带来了新的挑战。因为互联网络能够直接进入社会甚至家庭,原先我们在信息传播领域所采取的一些防范措施,会显出不足或受到削弱。而西方国家则可以通过互联网络对我国进行意识形态方面的渗透和攻击。一是西方政治势力可以通过互联网诋毁和损害我国形象,挑动分裂,干涉我国内政,散布谣言,制造混乱。二是国际恐怖组织、分裂势力以及国内外邪教组织可利用互联网向我国散发反动资料,进行反动宣传,煽动反政府情绪,并进行远距离联络,遥控进行反国家反社会的活动。三是西方一些团体可利用互联网对我国进行思想文化渗透,通过一些人们易于接受的方式(特别是文艺方式)宣传他们的政治理念和价值观念。因此,网络中面临的挑战需要引起我们高度的重视。

3. 我国文化产业发展自身存在的问题。

首先是文化体制性障碍还比较严重。在计划经济下形成的行政隶属关系尚未打破,理权经营权合一;条块、区域、门类、部门分割和本位主义严重;国有专营文化产品生产依然被"垄断"经营;事业经费统包制的财政"大锅饭"使得"等、靠、要"的思维方式仍在文化产业行业滋长。二是公共文化基础设施落后,投资力度不大,建构文化大国的硬件跟不上。三是文化市场经营秩序较乱。盗版、侵权、假冒产品屡禁不止,迷信、色情、暴力文化商品和服务仍旧存在。四是文化产品中科技含量低,运用现代科技成果能力差。另外,还存在我国文化产业发展的先进性要求与文化原创能力不足之间形成的战略矛盾,资源潜力不能转化为产业实力等等。

四、"全球化"与"新经济"对文化产业园的对策

"全球化"与"新经济"战略给文化产业发展带来了光明的前景和广阔的发展空间,产生的积极影响是多方面的。因此,把握机遇,率先在"全球化""新

经济"文化产业建设中取得突破，需要进一步明确对策，找准路径。"全球化"与"新经济"战略背景下的文化产业发展至少应把握以下几个方向：

1. 坚持文化引入，突出交流先行

两千多年前中国汉代张骞出使西域，开辟了横贯东西、连接欧亚的古"丝绸之路"，其目的是联合西域国家共同夹击匈奴。与此同时，以政治、军事目的带动经济、商品的交流，中国的瓷器、茶叶、丝绸等资源输送至中亚和西方，进一步形成了以贸易货物为载体带出文化交流的格局。以"经济搭台"，为"文化唱戏"，以商品贸易为文化的载体，使东西方文化得以交融，体现了友好与合作。与古代"丝绸之路"相比，21世纪的"全球化""新经济"战略，却应反其道而行之，以文化先行，打通贸易壁垒，为经济"搭台"。以美国的文化发展为例，2013年美国总统奥巴马曾在著名动画公司梦工厂发表演讲，表示"好莱坞是美国经济的引擎"、"好莱坞在帮助塑造世界文化"。的确，美国好莱坞作为世界闻名的电影中心，可谓美国文化的一张金名片。好莱坞电影不遗余力地为世界推行美国的核心价值观，如以《阿甘正传》《阿凡达》《拯救大兵瑞恩》等为代表的高票房、高口碑电影，都在为全球观众输送具有和平、民主、自由、人道主义、理想主义和深度人文关怀的"美国精神"。

正如《红高粱》、《黄土地》、《卧虎藏龙》等影片的辉煌已成为过往一样，功夫片、武侠片也无法代表中国文化的全部。文化产业需顺应"全球化""新经济"战略所带来的开放态势，让世界全面客观地了解当下的中国。通过优秀文化产品的"走出去"，消除文化隔阂，加强与周边国家的文化交流和贸易往来。以文化先行减少文化差异带来的折扣，传递和交流先进的文化价值理念，获得他国情感上的认同。通过文化交流打造属于我们中国的新名片，有利于提升文化软实力，让东方元素、中国元素遍地开花。

2. 打造文化载体，发展文化旅游

发展旅游业是促进文化交流的重要方式，有很多文化产品的消费实际上是以旅游为载体来带动的。"文化旅游产业"概念提出已久，"以文化为内容"、"以旅游为依托"的文化旅游产业，因其综合性、开放性以及产业链长的特点，需要产业链各个环节的提升和质量保障。"全球化""新经济"战略在平台上为文化产业的发展提供了软硬件支撑，其所倡导的以对外开放、"互联互通"为核心的理念对文化旅游产业的促进作用毋庸置疑。要做到准确把握国家推动"全球化""新经济"战略的历史性机遇，发展文化旅游可以以下两方面展开。

（1）在"全球化""新经济"战略所倡导的各区域"互联互通"的背景下，发展文化旅游应提倡"双向旅游"。近年来，伴随着我国国民收入的稳步增长，出境旅游人数不断上升。根据国家统计局公布的数据，2014年我国出境旅游人数约为1.07亿人。习近平主席在俄罗斯中国旅游年开幕式上的致辞也指出："旅游是人民生活水平提高的一个重要标志，出国旅游更为广大民众所向往。"从国家战略层面来看，"全球化""新经济"必将为入境旅游的发展带来新的契机。因此，在国民日益具备跨境移动旅游能力的当下，我们更要提倡"双向旅游"，除了"走出去"，也要"引进来"，要更多地吸引海外游客入境旅游。需积极利用现有的"旅游部长会议"、"境外旅游交易会"等多边机制加强旅游市场的宣传，积极与境外客商，尤其是"全球化""新经济"沿线国家和地区的客商进行交流。同时，在此过程中，我们还要提升自身的旅游产品品质，深度开发旅游资源，规范旅游市场的秩序。第二，在"全球化""新经济"战略的助推之下，应多加开辟新的旅游项目。我国汇集了得天独厚的文化旅游资源，有数不尽的自然风光、名川大流、历史遗迹可供游览。《愿景与行动》中圈定的重点涉及的18个省市区，包括新疆、重庆、陕西、甘肃、宁夏、青海、内蒙古、黑龙江、吉林、辽宁、广西、云南、西藏、上海、福建、广东、浙江、海南等，均是拥有特色旅游资源的著名旅游省市区。"全球化""新经济"虽是世界精华旅游资源的汇集之路，但沿线省市及地区现有的却大多是资源依托型的旅游项目。大型文化旅游项目的引爆，会引发、带动整个旅游产业链的发展。目前我国的旅游城市的确需要打造5A级景区，但是更加需要可以吸引当下境内外年轻旅游群体的引爆型的旅游产品出现。

国家旅游局将2015年定为"丝绸之路旅游年"，相关各省市及地区都积极开展了特色旅游项目建设。例如，让晒虐头市的达尔罕茂明安联合旗（以下简称为"达茂旗"）在"全球化""新经济"战略提出后，原本季节性开放的满都拉口岸于2015年底转为常年开放。并且，除了继续开展原有的传统旅游项目外，还重新规划、开展了多项富有民族特色的文化活动、节事活动和特色旅游项目，如境外自驾游及沙漠越野赛等。此类创新性、引爆型特色旅游产品的开发，使得达茂旗由一个小小的旗县变为风生水起、吸引国际目光的旅游胜地。因此，"全球化""新经济"沿线省市及各区域应充分挖掘当地的特色旅游资源，多开辟新型旅游项目，并注入科技和特色元素，打造具有"丝绸之路"特色的国际精品旅游线路和旅游产品，以旅游项目为载体，传播中国文化。

3. 推动跨区域融合，开拓发展空间

我国各省市区文化发展的不平衡现象早已凸显，因此，国家相关部门在顶层设计和文化产业相关制度建设上的规划就显得尤为重要。断裂是"全球化""新经济"战略实施的最大痛点。"全球化""新经济"战略致力于推进区域合作、平衡发展，在全球化背景下，"共赢"已成为不同利益主体的共同价值原则。因此，"全球化""新经济"战略辐射范围内各省市及地区应以《愿景与行动》的明确定位为基础，突出特色，摒弃陈旧过时的自我设限观念，形成文化产业"多元一体"的格局，加强周边地区的联合协调和国际合作，追求合作共赢。

"全球化""新经济"联通地区应进行地方联合。各地应注重政策和文化产业发展的统筹协调，明确各自文化产业的定位和功能布局，避免彼此间的同质化竞争。地方之间也要形成真正的联动，抛弃旧有的保守观念，积极主动地参与其他地方的文化产业交流和项目建设。通力合作，优势互补，才能谋求文化产业的共同发展。

正如法国香波堡的主任让·奥松维尔所讲："今天的中国需要在除了贸易全球化之外的其他方面与世界沟通。""全球化""新经济"联通地区还应进行跨境交流。我国的海域非常广阔，但国民的海洋意识却稍为薄弱。各沿海省市对于海洋文化资源的管理非常分散，难以形成有效的整合，造成海洋文化资源的分割和断裂，不利于海上"丝绸之路"沿线地区文化产业的可持续发展。推动跨境交流，建立有效的合作机制，减少和化解分歧，共同挖掘和保护文化资源，以节约合作的资金成本和时间成本，是推动"全球化""新经济"沿线地区文化发展的有力保障，如 2015 年在浙江舟山朱家尖岛举行的"国际海岛旅游大会"。该大会举办了世界海岛旅游论坛、世界海岛旅游产品专卖会等主体活动和中国舟山国际沙雕节、舟山群岛海鲜美食节等配套活动，吸引了包括美国、俄罗斯、澳大利亚、马尔代夫、新西兰等在内的多个海岛旅游国家、城市和旅行社前来参与洽谈，有力地推动了跨区域文化旅游合作。

4. 加强跨文化交融，扩展文化内涵

跨文化交融是文化产业跨界化发展的一个突出表现，"全球化""新经济"战略全方位、立体化的联通必将使跨文化的交融变得更加频繁和深入，在不同文化的碰撞和交流中，扩展和丰富文化产品的文化内涵，为文化产业发展增添生命力。

加强跨文化交融，要突破区域内部的纵向传递界限，进行跨空间的文化要素混合与交融。"全球化""新经济"是国内和国际大量的优秀文化集中对话和交汇之路，在此基础上，发展文化产业应立足于本土文化，充分展示我们的价值观念，塑造文化身份，在世界范围内形成广泛普遍的文化认同。同时，要结合实际，吸收不同民族、国家和地区的优秀文化，不断进行创新与整合，并采取利用跨国资本、跨国版权运营等途径更加有效地将文化资源转化为文化资本。美国《功夫熊猫》系列电影的成功便是这方面的典例。"功夫"和"熊猫"都是中国文化的象征要素，却被运用在美国制作的电影中表现美国的价值观，并且在影片的宣传推广中甚至将中国作为影片的主打市场，最终获得了好口碑和高票房。因此，文化资本并无国界，擅用拥有"共同喜好度"的跨空间文化资源，做"都可接受的"特色开发，将是未来中国文化产业发展的方向。单一的文化很难获取认同，只有尊重文化的多样性，吸收各个国家、地区、民族优秀文化的精髓，才能使文化产业的发展更具世界性，实现中华文化的跨文化传播。

　　加强跨文化交融，还应实现跨时间的文化要素重组与文化资源挖掘，促进传统文化的再生。随着经济的发展和生活方式的转变，人们的消费需求也不断产生变化。"全球化""新经济"是古代"丝绸之路"的传承和延续，同样也为传统文化和现代文化搭建了一个跨越时间的传播平台。传统文化资源无疑是人类的文化瑰宝，但原有的文化形式却不再受到大众的青睐。促进传统文化的再生，需要按照现代消费需求对其进行创新调整和改进，古为今用，推陈出新，寻求文化资源与现代文化发展的对接。只有系统挖掘、整合历史文化资源，不断为文化产品的整体创新提供充足的储备，进行特色开发，才能促进新型特色文化项目的建设。

　　实际上，合理的开发和运用就是对传统文化资源最好的保护，文化瑰宝不应该只保留在博物馆里。例如，在盛行快餐文化、传统文化艺术传承处于颓势的今天，明代汤显祖的中国四大古典戏剧之一《牡丹亭》和作为"百戏之祖"的昆曲，也曾同很多的传统文化一样，不可避免地走向落寞。然而，由白先勇先生领衔众文化精英共同打造的青春版昆曲《牡丹亭》在国内和海外巡演时却得到了高度评价，观演者场场爆满。《牡丹亭》文学作品本身的美轮美奂固然重要，但青春版的成功之处却不止于此。其创作牢牢立足本土，并坚持继承传统与适当吸纳现代元素并存。探索培育年轻演员，培植年轻观众，并通过符合现代审美标准的舞台效果，给观众带来了不同寻常的视觉体验，唤起了社会特别是社会中的年轻人热爱昆曲和传统文化的风尚。作为文化跨时间融合的典范，青春版《牡丹亭》将中国昆曲"原汁原味"的本色魅力展现给了世界人民，为昆曲留下独特而经典的文化遗产的同时更促进了文化的融合。

"全球化""新经济"战略的提出和政策的落实为文化产业的发展提供了更多元、更便捷的机会，并将完善文化产业的合作机制，提升文化产品的文化内涵。而在这一重大战略机遇下，如何抓住时机进一步推动文化产业的快速发展是我们急需思考和解决的问题。因此，采取具有针对性的对策，深入开展文化交流，发挥文化产业在促进民心相通方面的关键作用，是"全球化""新经济"和文化产业共同的发展之道。

五、赣文化对江西经济发展的影响实例分析

1. 赣文化的经济意义分析

美国经济学家多德尔柏格（Charles. P. Kindle Berger）曾认为，"经济发展等不同的目标所遇到的限制条件，不仅包括要考虑物质（和人力）资源的可得性，还要考虑到组织、文化价值和态度，把注意力完全集中于物质产出问题会削弱我们宝贵的眼力。同样，只用纯物质条件来说明约束条件的想法也是狭隘的，因而是不深刻的"。我国复旦大学胡守钧教授也说过："文化有很重要的协调力量，它可以协调人与人之间的关系，影响和制约人们的行动。如果没有文化为纲领，经济发展就会迷失方向，也难以持续发展。"可见，文化已成为增强综合竞争力的重要力量，对推动区域经济快速发展具有重要的经济意义。赣文化也不例外。

（1）江西区域经济的发展需要一定的文化环境

在经济运行中，每一个活动主体都无可避免地受到文化背景深沉力量的影响。司马迁在《史记·货殖列传》中分析各地商业活动，揭示了当地经济发展的文化背景，如齐国"其俗宽缓阔达，有先王遗风"，邹鲁"有周公遗风，俗好儒，各好礼，地小人众，俭啬"等。而这种文化背景的差异，则是通过经济活动的方式、规模、层次曲折地反映出来。现如今，文化力量对于经济效益的作用日益显著。一方面，人们享受着文化背景所赐予的灵感和力量。积极的，先进的文化渗透于特定区域经济活动的各个环节，从而形成文化区域内的特色经济。最典型的例子是"从商文化"形成温州经济，"创新+创业"文化打造了硅谷。此外，受不同文化的影响，区域经济可以形成有特色的产业。同时，区域的这种特色文化以知识、信息等形式，形成特色技术，并渗透进企业的整个生产、经营过程，渗透到产品中，渗透到品牌中，从而形成不同区域发展的比较优势，由这种比较优势转化的产业优势和产品优势可以使区域经济在整个经济发展中占有强有

力的优势。而另一方面，人们也日益感受到消极文化所带来的惰性与锁定效应。实践证明，观念上消极落后，缺乏现代市场经济意识，往往是造成区域经济落后的重要原因。由于观念落后，与此相伴的是政府的经济管理方式落后，缺少创新能力，投资软环境不良，个人习惯于封闭保守的自给自足的生活，不思进取，安于现状等等。这种消极的文化氛围，如果没有新鲜观念的注入，区域经济的发展就面临很大观念障碍。可见文化因素是区域经济发展规划中不可或缺的考虑因素。

（2）赣文化创新为江西经济发展提供内生动力

创新创业能力是区域经济发展的重要内在动力。一个区域如果形成了强烈的创业文化氛围之中，如具有致富欲望、创业动力、风险观念、流动偏好、吃苦精神、诚信与合作意识、创新精神等，即使没有外部要素的投入也同样具备较强的自我发展动力。

①赣文化创新促进了人的现代化。

人作为区域经济活动的主体，是知识资源的重要载体和运用者，文化对社会影响的普遍性和深层次性决定了它对人的各种活动的制约作用，因此，文化的创新才是根本的转变。在知识经济时代，人的创新思维将推进科学技术的掌握，它促进新的产业链的形成，使区域内产业升级，进而增强区域的竞争力和发展的可持续性。

②赣文化创新可以促进江西"软"资源的整合。当前经济的发展是知识经济的竞争。但是在区域范围之内，知识一般以一种弱小的形态存在，难以实现其发展的空间，这也使知识的总体效益达不到最优化。因此不能形成良好的知识创新的结点，区域发展的竞争力也必然下降。江西省同样面临着这个问题，因此加快赣文化文化创新就显得尤为重要了，它能有效的促进江西省人文环境的改善，进而使知识资源在省区域内得到整合，形成开放的创新系统，激发赣文化作为"创新母质"的孵化作用。

③赣文化的创新促进江西区域核心竞争力的增强。在经济全球化的形势下，区域发展的成功与失败与其核心竞争力的大小具有极大的相关性，而这种核心竞争力恰恰要求是自己所拥有的，别人难以模仿的优势。因此赣文化的创新可以促进江西区域创新网络的发展和完善，从而达到社会资本的积累，减少交易费用，促进知识的传播和创新扩散，并激发新思想、新方法的应用，进而促使创新氛围的产生，江西区域核心竞争力得到培育和发展。

④文化产业是江西经济增长资源的重要组成部分

在经济全球化和知识经济背景下，文化资源已成为"能够推动经济社会发展的重要力量源"。英国著名经济管理学家彼得·德鲁克认为，今天真正占主导地位的资源以及绝对具有决定意义的生产要素，既不是资本，也不是土地和劳动，而是文化。文化作为一种重要资源，正愈来愈影响着区域经济增长过程，推动着区域经济增长方式的转型。著名的发展经济学家佩鲁曾经指出："各种文化价值'在经济增长中起着根本性的作用'，各种文化价值是抑制和加速增长的动机的基础，并且决定着增长作为一种目标的合理性。"作为文化与经济相融合的产物，文化产业被公认为"朝阳产业"、21世纪最具前途的产业之一。它在世界各国经济发展中的地位越来越重要。如美国是世界公认的文化产业大国，其文化产业年经营总额达上千亿美元，文化产业增加值占GDP的18%"-'25%，在国民经济中的比重居第四位。英国也已悄然完成了从重工业向第三产业大力发展的快速转型。日本文化产业的发展极为迅速，其娱乐业的年产值早在1993年就超过了汽车工业的年产值。可见，作为21世纪最具潜力的产业，文化产业在发达国家已经成为支柱产业，"文化立国"成为各国政府的重要战略。在这种国内外经济发展的背景下，加快赣文化的体制改革，推动江西省文化产业快速成长，继而推动江西省产业结构的演进和优化是江西经济发展的必然选择和现实要求。

2. 赣文化影响着江西经济发展模式的形成

区域文化模式形成了一定的区域文化定势。它影响和制约着区域间经济、技术的交流与吸收。文化定势对区域经济发展的影响主要体现在对于区外经济发展的先进经验的吸收和借鉴上。区域文化模式所形成的区域文化定势，对于区域经济发展模式的形成有着重要的影响作用。那么按照表中所划分的区域可以知道江西为中原地区，地理因素和人文因素都决定了赣文化的内涵是封闭保守的，文化观念是小农意识强，重农轻商思想严重，市场观念较差。这也就导致了区域经济发展模式中文化和经济的互动性较差。经济发展主要以资源和资源加工型以及劳动力密集型为主；重视政府作用和大项目的作用；国家资本是主要的经济推动力，因而经济的拉动力主要是靠外部的因素；个体和私营经济少，多位集体或国有。因此，要发挥赣文化积极的一面，努力摒除其消极和保守的一面，用来以寻求江西经济的发展。综上，我们在探讨区域经济发展的内在机制时，不能仅仅看到现实层面上的物质技术因素、社会结构因素、体制或制度因素等，还应该看到隐含在这些现实层面因素背后的文化因素，分析文化作为上层建筑的一种重要因素是如何对区域经济发展施加影响的。只有这样，才能真正找到社会进步与经济发展的内在规律对江西经济发展产生一定的导向性。

3. 赣文化对江西经济发展的影响分析

地处长江中游南岸的江西，自然环境优越，成为石器时代人们生存和发展的理想之地，是古代通往岭南地区的必经通道之一，是中原文化进入江南的门户，又是长江上游与下游、东南文化与西北文化交汇的联结点。纵观历史，江西经济发展从远古时期就已经开始出现，历经了夏商西周、春秋战国、秦汉六朝、隋唐五代、宋元、明及前清、晚清及民国七个阶段。其中在隋唐五代时期江西经济在全国地位已经越来越重要，宋元和明及前清阶段为江西经济发展的顶峰阶段，但是从晚清阶段开始江西经济开始落后。

（1）江西经济发展历程

①宋元时期

自唐末五代以来，随着中国经济重心的进一步南移，江西的经济开始得到全面的发展，江西作为全国经济的重要地区之一的地位被确立，为宋元时期江西经济的进一步繁荣创造了有利条件。北宋的统一，结束了中原和南方的分裂割据局面；南宋时期，虽然阶级矛盾尖锐，民族矛盾也错综复杂，给社会经济造成了相当的破坏，但朝廷偏安江南，依靠广大军民的浴血奋战，挫败了金人的多次入侵，从而保障了南方地区的安全。这些都为宋代江西经济的发展创造了较为和平安定的社会环境。宋代农业中租佃契约关系、手工业中工值制度的实行，佃农和手工业工人人身依附关系的削弱，按亩征税的两税法的普遍实行，劳动者对国家赋役负担的相对减轻，使劳动者的地位和条件较前代均有所改善。再加上广大劳动人民超凡的智慧和辛勤的劳动，因而在宋代江西出现了经济繁荣、文化发达、人才辈出的局面。到了元代，结束了自唐末以来南北对峙和多个民族政权长期并存的分裂状态，实现了中国历史上规模空前的大统一，大大加强了南北经济交流和中外文化交流，社会经济有了更快发展，江西经济继续保持繁荣的局面。这一时期，江西农业经济所达到的水平在全国各路中处于领先地位。江西已成为国家的粮食生产基地和救灾粮的重要供应地。农村经济前进的步伐加快。可以说宋元时期，江西既是举足轻重的粮食生产基地，也是农业生产技术先行的地区。江西的手工业在宋元时期仍是以制瓷、矿冶、造船、纺织、造纸等为主的传统手工业，但在生产水平、规模及产量等方面都有不同程度的提高，尤其是制瓷业和矿冶业特别发达。江西的制瓷业表现出众窑争辉的兴旺景象，特别是闻名中外的瓷都——景德镇的崛起，标志着江西的制瓷业发展到了一个新高峰。与此同时，江西丰富的矿产资源得到了充分的开发和利用。江西金属矿产的开采可以说是遍地开花，铜、金、银、铁、锡、铅的生产全面兴旺，其中最著名的矿冶要属铜矿和银矿。此外，宋元时期江西的造船业、纺织业、造纸和刻书业也较前代有所发展。由于农业、手工业的发展和水陆交通的便利，宋元时期，江西的商品经济有了相当的进步。

②明及前清时期 明清时期江西区域经济在全国经济中的重要地位表现在下列几个方面：

a. 重要的产粮区 江西自古就有鱼米之乡的美誉，唐宋时期江西已成为朝廷重要的征粮区。明清时期江西仍然是全国的重要征粮区。大量的粮食供给朝廷，对维护朝廷的稳定起了重要作用，对维持社会经济的稳定和发展也起了重要作用。此外江西大量的粮食运销江、浙、闽、粤，使这四省的经济作物种植能不断增加，蚕桑丝织业和棉纺织业能稳定发展。明清时期，江西间接地为全国商品经济的发展和手工业乃至城镇的发展和繁荣做出了很大的贡献。

b. 重要的手工业区 明清时期江西手工业在全国占有举足轻重的地位，以制瓷和造纸的地位最为突出。明清景德镇制瓷业的发展，既丰富了江西区域经济的特色，也繁荣了中国的手工业，推进了中国手工业的发展，使中国手工业在世界科技史中有一灿烂的亮点。明清景德镇制瓷业的发展，还活跃了明清时期国内的商品经济。与制瓷业相类似，明清时期江西的造纸业与其他区域的造纸业相比，不但造纸技术处于较先进的水平，而且规模也较大，品种也较多。明清江西的制瓷和造纸产业的资本主义生产关系的萌芽，也是全国先进生产关系组成部分的重要内容。制瓷和造纸增强了江西区域经济在全国的地位。此外，造船业、纺织业和矿冶业也是江西区域经济的重要组成部分，在一定程度上也增强了江西区域经济在全国的重要地位。

c. 重要的商品经济区 唐、宋、元时期，江西的农业和商品经济在全国各区域中都属于较发达的。元代，江西有些山区县的集市即已达到10多个。但明中叶以后，由于长江三角洲和珠江三角洲农业商业化的快速发展，江西的商品经济落后于这两大先进地区，但仍然是全国的重要商品经济区，主要表现在：重要的商品性经济作物种植和加工区。明代中后期和清代前期，在广东、福建和江苏、浙江等省经济作物大量种植和农业商业化快速发展的过程中，江西的商品性经济作物种植和加工也快速发展。闽、粤等省数十万移民在江西山区种植经济作物和经济林木，其加工产品如茶油、桐油、蔗糖、蓝靛、夏布、烟叶等运销大江南北。江西成为我国南方重要的经济作物和经济林木种植区。重要的转运贸易区。江西凭借纵横交错的水网和唐代开凿的大庾岭商道，成为我国重要的转运贸易区。江西的抚、信、饶、修四大河流汇入纵贯江西南北的赣江而进入鄱阳湖，连通长江及大运河，构成了我国著名的京广水道。京广水道又将珠江、长江和大运河三大水系紧密相连，弥补了中国古代由于自然地理中缺乏南北交通黄金水道的缺陷。明清时期，由于全国商品经济的发展，长途贩运的活跃，江西区域的转运贸易繁荣兴盛，九江、吴城、樟树、赣州、大庾、河口、玉山等在转运贸易中起重要作用的工商业城镇快速崛起，在我国南北和东西贸易中起了重要作用。农村集市繁荣，区域内商品贸易活跃。明代江西农村集市每县平均已超过10个，而到清代中后期则平均每县超过20个，并且农村集市的交易活跃，对江西区域农产品运销江、浙、闽、粤等区域起了重要作用。明清时期，江西区域经济对推进全国社会经济的发展，对朝政的稳定，对推进江、浙、闽、粤农业商业化和大量工商市镇的繁荣都起了重要作用，在中国区域经济中占有举足轻重的地位。

③近代至今自19世纪40年代起至20世纪上半叶，江西近代经济发展缓慢而曲折，总体水平落后。资金短少、规模不大、技术落后，是这一时期江西民族资本主义企业的最大弱点。据统计，江西的各式企业，1912年为1678家，可是竟没有一家使用机器动力设备的。在北京政府时期，全国规模较大的工矿企业共有902家，而江西只有20家，仅占全国总数的2.2%；30年代南京政府统治时期，南昌、九江两地企业的资本总额共约543万元，其中重工业的资本不过8.5万元，只占资本总额的1.6%，与同期全国重工业企业资本占全国工业企业资本总额的20%相比较，则差之更远。官僚作风、以官压商、管理不善，是这一时期江西民族资本主义企业的又一弱点。但是江西在实行土地革命和反"围剿"战争胜利的基础上进行了轰轰烈烈的经济建设运动，建立起由农业、工业和商业三大行业的产业结构，并取得了一定的成就。在农业方面，由于中国共产党和苏维埃政府特别重视农业，采取了一系列切实有效的措施，迅速恢复和发展了根据地的农业生产。在工业生产方面，为了发展红色区域的工业生产，党和政府实行了保护和发展城镇工商业的政策，迅速发展了工业生产以及交通、邮电事业。在商业方面，一是建立对外贸易局、粮食调剂局，大力发展国营商业；二是建立以粮食合作社

和消费合作社为主的合作社商业；三是保护和奖励私营商业的发展。于是，由国营商业、合作社商业和私营商业组成的红色区域商业网利用各种渠道开展赤白贸易，活跃和发展了苏区经济，对于改善人民生活、粉碎敌人经济封锁和支援革命战争起了重要作用。苏维埃政府为了保证革命战争的给养和政府支出，还建立了革命根据地的财政金融事业。随着新中国的建立，全国经济迅速，江西省经济的发展也呈现出良好态势。2007年，全年全省生产总值5469.3亿元，比上年增长13.0%，连续五年实现12%以上增长。其中，第一产业增加值910.0亿元，增长5.0%；第二产业增加值2827.3亿元，增长17.3%；第三产业增加值1732.0亿元，增长10.7%。人均生产总值12562元，比上年增加1764元。三次产业结构调整为16.6：51.7：31.7，二三一结构得到进一步强化和巩固。多种经济成分共同发展的格局基本形成，非公有制经济增加值2855.0亿元，增长16.3%，占GDP的比重达52.2%"。可见，江西经济正以一种强劲态势在发展，但是与周边地区及其他发达地区相比差距还是很明显。就中部六省来说，由表中可以看出，2006年，江西省人均GDP在中部六省出于低位。财政收入，规模以上工业增加值，出口总额江西省也出于后位。城镇固定资产位于中部六省的倒数第二。可见，寻求江西省的长久发展，缩小与其他地区尤其是发达地区的差距是现在江西经济发展所面临的必要问题。

（2）三个时期的文化对江西经济发展的影响

在前一节我们所讨论的三个阶段的赣文化分别可以概括为士文化、革命文化和保守性文化。以下是对这三个时期赣文化对江西经济发展影响的分析。

①士文化

士文化是宋、明及前清时期赣文化的主要体现，总的来说包括以下几点：

a. 教育

宋元时期江西经济的发展以及地主和自耕农的增多，使当时有更多的江西人具备了一定的财力来追求文化知识和实现读书做官的愿望。因此"士文化"成为主流思想。这也就使得继唐末五代基业，宋代书院教育大兴，尤以江西为最。据有人统计，宋代书院总数为203所，江西占其中80所。同时也积极的推动了造纸业和印刷业。而明清承续唐宋的发展，江西仍然是人文兴旺之区：府县学校与书院在明清继续发展，特别是书院的数量和规模有较大的增加和发展，明代创办书院164所，清代创办205所。学校、书院培养的生员通过参加科举考试而进入仕途。明清两代，江西中进士的占进士总数的9.65%。

b. 人才

教育兴盛的结果必然是人才辈出。宋元时期，士人读书的目的大都是为了做官。据民国吴宗慈的《江西通志稿》与清顺治《江西通志》的记载统计，宋代江西进士共有5531人。由于经济的繁荣和文化的发展，学术思想十分活跃，两宋时期，江西出现了一批著名思想家。各类人才的涌现为江西经济的发展提供了很好人才资源和文化氛围。3、理学 唐术五代以来，作为封建统治思想，以孔孟之道为核心的传统儒家学说，已经不适应时代的需要，从而在宋代出现了以朱熹为代表人物的理学——即新儒学。他们从宇宙本体论的高度提出"三纲五常"是先人而存在的"天理"，是万事力.物的本源，是万世不可磨灭的真理，并以此为巩固新兴地主阶级的统治服务。这时兴教育，兴人才和理学占据主导地位的江西，文化的兴盛也促进了江西经济的发展，为江西经济在全国的地位奠定了深厚的文化基础。此时的士文化和当时社会经济发展规律相符，经济和文化相互促进，使得江西当时在全国地位一直处于重要的地位。

②革命文化

革命文化概括来讲包括：艰苦奋斗、自力更生和革命性 晚清时期的外敌入侵，加上抗日战争和国内战争的爆发，使得整个江西经济处于崩溃边缘。但是面对此种情况，江西人民在革命文化的影响下仍努力发展经济来维持苏维埃政府和红色政权的存在。主要体现在：闽浙赣苏区、湘赣苏区和湘鄂赣苏区的经济建设上。五四运动不久，以江西为革命舞台，导演了一场提倡民主、科学的新文化运动。八一起义，开创了中国共产党革命文化的源头；井冈山革命根据地，孕育了井冈山革命精神的生长；中央苏维埃政权的建立标志着革命文化的诞生。红土地上的革命文化是赣文化中尤为重要的部分，也充分体现了赣文化的高尚性和先进性。这种艰苦奋斗，自力更生的精神使得江西经济在这种内忧外患的大背景下人得到了一定的发展。

③保守性文化

帝国主义、封建主义和官僚资本主义相互勾结，进行压迫与剥削，是江西近代经济发展缓慢落后的主要原因。但是，封建经济的文化和经济制度需求的不协调最终导致了江西经济发展的落后。

a. 由于优越的自然地理环境，江西是一个以农业文化为主的区域。自古以来崇尚的是农业，对商业的发展采取的是轻视或忽视的态度。这就造成了江西人民的小农意识强，重农轻商，对农业的发展态度积极，而对于农业以外的尤其是现代工业的发展潜意识里有着一股抵触心理。因而也就造成了江西省在近现代工业发展的时期内发展速度缓慢。

b. 江西封闭的自然环境也造成了赣文化封闭，保守的特点。'悠久的种植业开发历史，使境内民众生活自给自足、富庶无虞，有着浓郁的恋土情结和自满意识，逐渐积淀成一种安于现状的生活习性与比较凝固的思维方式，加之封闭的大环境，使这一心态代代传承，缺少了一种追求更高层次的生活生存条件的动力机制，形成一种封闭保守、小心谨慎、容易满足，不思进取的农业文化心态。居于此的人们安于现状，容易自我满足，"小富即安"观念明显。只要吃饱喝足就可以了。从江西的很多民谣能看出来：红米饭，木炭火，神仙不如我。可见江西人民的思想观念的求稳性。这在很大程度上扼杀了人们的创新意识，就如同中国制造出了火药只是用来放烟花，而流入外国后却早出了弹药和手枪。

c. 赣文化中的保守、谨慎、自足等负面特征使得江西人民极度缺乏冒险精神和创新精神。在建设农业大省的观念指导下，江西人多做小生意，缺乏把企业做大做强的决心和信心，在市场竞争中，偏安求稳，固守中庸，缺乏商业冒险精神和创新精神，企业发展步履艰难，一度出现宁做鸡头，不做凤尾的局面。而且合作精神很不够，窝里斗现象时有发生。

d. 在教育方面深受中原正统文化的影响，使重功名轻商业的观念在江西人脑海中根深蒂固。"万般皆下品、惟有读书高"，"学而优则仕、商而优则仕"成了江西民众的追求和梦想，致使江西的官本位意识浓郁16。儒家文化的"大一统"思想和中庸之道使教育机制忽视了学生素质的提高，因而制约了学生的自主意识和创新思维的发展，人才结构单一，创新人才缺乏，给江西经济发展带来了不利影响。因而要发挥赣文化的积极一面，努力摒除糟粕，取其精华。

（3）赣文化对江西经济发展的作用机制

著名经济学家辜胜祖认为：区域文化实际是一种资源配置的机制，它是通过价值观念导向与选择而进行的一种资源优化配置。具体表现在：区域经济文化能够提高整个经济运行中生产要素质量。特别是优秀区域文化能够影响创业者和普通劳动者的素质。第二，能够改善宏观经济活动的软环境。软环境的好坏影响到市场秩序、投资水平和经济发展的可持续性。第三，能够降低交易成本以促进经济资源整合。比如诚信意识和信用观念能够增加人们重复交易的机率，减少监督成本。第四，区域经济文化能够促进企业制度演进。优性区域文化对企业产权安排和制度变迁路径产生重要影响，进而促进企业制度的演进，特别是企业内部产权关系与一定区域的文化环境有较大关系。第五，区域经济文化能够促进企业内部资源配置。企业家的开放思维、管理层的创新意识和员工的合作意识能够使企业的资源利用效率得到进一步提高。在文章的第二章中对文化的作用机制已经做了详细的探讨，那么赣文化的作用机制可以从以下几个方面来进行分析。

①价值取向—创业创新能力

从前面第2章里我们可以知道区域经济主体包括政府，企业和个人。因而江西省区域范围内也是由这几个主体构成区域经济的。而在第二章中的作用机制之一的途径就是通过赣文化影响三个区域行为主体的价值取向，形成江西区域商业精神和创业创新能力，进而实现江西区域经济发展。在江西省，革命文化中的艰苦奋斗，高尚性都是赣文化的精髓。这也就造就了我们江西人民的顽强和不服输的气质。同时士文化的影响，省内城市高校林立，人才荟萃，为江西经济和国家经济的发展培养了一批有一批的人才。但是与此同时校园文化存在着重论文、重成果而不重视应用、不重视专利申请，重视学生的思维训练而不重视动手能力和商业意识培养的问题。同时由于保守文化的影响导致了江西经济发展存在以下问题：竞争意识过度、合作精神不够。有些企业甚至是恶性竞争；精明过度、高明不足；小富即安的思想意识很浓。相当一部分人习惯做小生意，缺乏把企业做大做强和做好的恒心；求职就业心很强，创业精神欠缺。当然也缺乏必要的创业环境、创业文化和创业机制与之相匹配；官本位意识强，商本位、创业本位意识弱。7。赣文化最为缺乏的就是创新精神了，建立创新创业激励机制能够有效的激发赣文化中的创新精神，为江西经济的发展注入长久的发展动力。那么这些消极的思想在创新文化建立的基础之上能够得以改观，弱化其阻碍作用，化消极为积极，更好的促进江西经济的发展。

②投资需求偏好和消费需求

偏好—区域需求偏好 另一条路径是通过赣文化影响江西省内企业和居民的投资风险偏好和消费需求偏好，形成整个江西区域偏好的改变，最终影响江西经济的发展。整个发展区域的投资偏好和消费偏好在一定程度上影响着整个地区的偏好，对区域内经济的发展起着非常重要的作用。而这种区域文化的作用机制可以概括为以下几种：除了上一小节讨论的创新创业的激励机制之外还有舆论心理的导向机制、社会资本的扩散和渗透机制、行为的规范与整合机制和创造机制等。在它的基础之上，江西赣文化对江西经济发展的作用机制和途径可以从以下几个方面来说：

　　a.舆论导向机制　文化价值观念影响着人们的行为，建立舆论导向机制可以有效的引导人们 的文化价值观念朝着健康的方向发展。如果政府加以利用，可以为经济的发展提供良好的文化氛围。此时企业和个人的投资和消费行为受政府所营造的文化氛围 和投资消费环境影响，进而能形成较为统一的区域偏好，对于这种偏好，既有利 于管理也有利于对这种需求偏好加以正确的引导，这对于江西整个区域经济的发 展都是非常有利的。

　　b.行为的规范整合和创造机制　这是对人们行为规范的机制，对政府和民众提出了很高的要求。此时，要求 江西区域内政府要充分发挥其先锋带头作用，从自身做起，努力抓好行为规范的 各个环节，同时加大宣传力度，使其对所在区域民众造成思想上的转变，从而达 到行为上的根本转变。否则只能是纸上谈兵。

第三节　个性化、地方性与共性、全球性的关系

一、西方文化产业园

　　文化特色产业作为文化、科技和经济深度融合的产物，凭借其独特的产业价值取向、广泛的覆盖领域和快速的成长方式，被公认为21世纪全球最有前途的产业之一，在世界各主要国家内受到了高度重视。英国是全球最早提出"特色园"的国家，1997年英国就把文化特色产业园作为国家重要产业加以重点政策上的支持。荷兰就有不同形式的文化特色产业园，园区内有各种类型的空间、文化艺术节目、不同的功能设计创作区域。园区管理者的组织框架也是多层次的；公私部门参与的种类较多。文化艺术特色园是融生产、交换、消费、休闲为一体的艺术空间。随着文化特色产业的迅速发展，文化特色产业集群化发展趋势日益明显，文化特色产业功能区成为产业发展的重要空间载体，不断涌现出好莱坞、BC动漫产业园、汉诺威博览中心等世界知名的文化特色产业集聚

　　1.伦敦文化特色产业聚集区

　　（1）伦敦文化特色产业发展概况

　　英国是世界上最早确立"特色产业"概念的国家。伦敦特色产业涵盖13个部门，包括软件开发、出版、广告、电影、电视、广播、设计、视觉艺术、工艺

制造、博物馆、音乐、流行行业以及表演艺术等十三项产业。伦敦不仅是世界的经济、金融、贸易中心,且日益成为引导世界特色潮流的特色中心。(图1文化特色产业之都——伦敦)

伦敦特色产业在英国乃至世界中占有重要地位,以文化为主体的特色产业是英国发展最快的产业。比如,伦敦被称作"国际设计之都",聚集了英国1/3以上的设计机构,这些机构中近3/4在世界各地分别设有分部。伦敦设计产业产值占全国设计产业总产值的一半以上。

(2)伦敦西区文化艺术聚集区发展现状与特点

现在的伦敦西区(WestEnd)基本延续了20世纪30年代的格局。目前,伦敦西区是与纽约百老汇齐名的世界两大戏剧中心之一,"西区剧院"(WestEndTheatre)特指由伦敦剧院协会(TheSocietyofLondonTheatre)管理、拥有或使用的49家会员剧院。西区剧院占伦敦全部剧院的近一半左右(伦敦共有剧院约100家)。除金融城的巴比肯中心、泰晤士河南岸的国家剧院和老维克剧院、摄政公园的露天剧院以及Southwark的莎士比亚环球剧院等少数剧院外,这49家剧院大多数都集中在Shaftsbury和Heymarket两个街区、方圆不足1平方英里的范围内。西区已经成为伦敦一个重要的文化特色产业聚集区,对英国产生了较大的经济社会贡献。(图2 灯光璀璨的伦敦西区夜景)

伦敦西区特色产业集聚区已经在世界上产生了较大的影响,概括起来有以下三个特点。

一是部分剧院受到政府资助。在国际上享有盛誉的皇家歌剧院、英格兰国家歌剧院、皇家剧场、皇家国家剧院和皇家莎士比亚剧院等均享受政府资助,因此有能力上演一些具有探索性、艺术价值更高的作品。英国的很多剧目往往是在国家资助剧院首演,成功后再转入商业剧院,如音乐剧《悲惨世界》和话剧《侦探到访》等。

二是剧院的错层发展。西区剧院大多建于19世纪末20世纪初,规模从400多观众席至2000多观众席不等,上演的剧目包括音乐剧、话剧、歌剧、芭蕾舞、现代舞、木偶剧、儿童剧等各种类型。为鼓励部分新创作的戏剧艺术产品逐步转向商业演出市场,英国艺术理事会鼓励商业演出机构同领取资助的非商业性院团合作,尤其是引导有可能促进就业增长的项目。

三是注重受众体的培育。不同于电影和电视的观众,戏剧拥有相对固定的观众。音乐剧的观众多是外地游客,而话剧、歌剧和芭蕾舞等则以伦敦本地人群为主，其中相当部分人将观看演出作为经常性消费项目。西区在有限的地理空间内，为观众提供了多样性的选择，以特色产业集聚的优势吸引庞大的观众群和消费群，产生良好的经济效益。

（3）伦敦SOHO传媒产业聚集区

发展现状与特点英国伦敦的SOHO区指的是Oxford、CharingCross街、Shaffesbury街和Regent街包围而成的地区，是目前世界上最成熟、最典型的特色产业集聚区之一，迄今为止，已有数以百计的影视制作公司进驻SOHO区，和区内众多的广告制作、音乐、摄影、设计公司以及休闲娱乐场所一起，构成了一个产业结构密集，以媒体企业为主的文化特色产业聚集区。目前，伦敦SOHO传媒产业集聚区发展呈现以下两个特点：一是产业垂直联系密切、产业链完整。SOHO区的产业链相对完整，形成了规模效应，该行业已经成为英国发展较为成熟的产业，各个环节能够互相支撑，互为供给，构成一条完整的产业链条。二是企业管理战略遵守全球化与本土化相结合的原则。在电影业日趋全球化的环境下，SOHO区的电影制作和后期制作公司，既能吸纳海外资本、利用跨国电影企业的网络拓展海外分销渠道，又坚持以本土市场为依托，为英国电影业服务。

（4）伦敦文化特色功能区的经验借鉴

①实施"特色伦敦"战略，支持文化特色产业发展

2003年，伦敦市政府公布了《伦敦：文化资本—市长文化战略草案》，提出文化发展战略是维护和增强伦敦作为世界卓越的特色和文化中心的主要途径，并提出要把伦敦建设成世界级的文化中心。政府设立专门评估特色产业的委员会，聚集了来自特色产业的企业执行官、政府官员和文化艺术组织的领导，他们共同评价城市特色产业的经济发展潜力，以及可能阻碍其未来发展的主要障碍。实施"特色伦敦评估项目"（CreativeLondonevaluation），旨在提出有关特色伦敦计划中的特色中心评估投资建议以及评估其它投资计划。

②成立专门机构，引导文化特色产业规范发展

政府通过成立专门机构支持特色产业的发展，从20世纪90年代起，英国贸易产业局就已开始为文化特色产业提供服务。1997年6月成立了特色产业行动小组，通过部门首长、政府高官以及与文化特色产业有关的重要商业公司的负责人和社会知名人士，开始大力推动英国文化特色产业的发展。

③通过政策引导，推动文化特色产业的国际化发展

英国政府重视特色产业的出口，1998年英国政府出台了《英国特色产业路

径文件》提出，对文化产品的研发、制作、经销、出口等实施系统性扶持，并于同年成立了英国文化特色产业出口推广咨询小组，检查政府政策对文化特色产业出口效益的提升作用，并提出各种改善建议等。2004年8月的《特色产业经纪估算统计公报》公布了特色产业的产出、出口以及就业等方面的统计数据，介绍了产业发展的现状。所有这些基础研究为特色产业的发展提供了完整的信息支持，保证了政府产业政策的有效性、连贯性和一致性。

④搭建公共服务平台，解决文化特色企业发展困难

伦敦政府通过搭建政府服务平台、中介服务平台等为伦敦特色产业的发展提供帮助。例如"伦敦特色产业投资平台"旨在帮助本土文化特色企业寻找全球商业合作伙伴，募集小企业风险投资，并为企业提供在英国投资的信息、建议及指导；"伦敦中小企业与高校联合平台"主要搭建高校与企业之间交流知识和技能的平台，帮助在伦敦西部的高校，社区团体和中小企业之间结成合作伙伴关系，解决企业发展中的商业问题。

2. 英国谢菲尔德文化产业园

（1）英国谢菲尔德文化产业园

发展概况谢菲尔德文化产业园区（CIQ）占地30公顷，位于谢菲尔德市政治与商业中心的东南方。谢菲尔德市曾以"钢铁城市"著称，20世纪中期之后钢铁业逐渐衰落，到70年代晚期，市内出现了一批先锋乐队，这些乐队利用弃置的厂房作为创作基地，改变了当地的经济和文化生态，为社区注入了新的经济活力。市政府为推动音乐产业等相关产业发展，促进城市经济转型，开始规划建设谢菲尔德文化产业园，并出台了一系列政策推动园区发展。

目前，已经集聚了谢菲尔德媒体与展览中心有限公司、谢菲尔德独立电影公司、BBC谢菲尔德电台、约克郡艺术社会工作室、Leadmill夜总会、约克郡银幕委员会、海兰姆大学北方媒体学院等300多家文化组织和小型企业，主要从事电影、音乐、电台节目制作、新媒体、设计、摄影、表演艺术及传统工艺创作活动等。园区还开展了谢菲尔德纪录片电影节、Lovebytes数字艺术节等一批知名的文化特色活动。其中，谢菲尔德纪录片电影节是英国最大的国际纪录片展会，到目前已举办了15届。

（2）政府在园区不同发展阶段的推动作用

①政府通过提供价格低廉、数量充足、使用便利的音乐产业设施为园区初期发展注入了活力在园区发展初期，为支持园区内音乐产业的发展，谢菲尔德市政

府制定了以建筑物改造为重点的发展项目，为文化特色从业人员提供音乐制作（电影制作）所需的相关设施，如排练场地、录音设备、演出场所等。如"RedTape工作室"主要是对规模较小的音乐公司和文化团体提供价格低廉的排练场与录音设备。这些音乐设施价格低廉、使用便利，成为园区吸引音乐制作人和机构入驻的重要因素。

②放宽娱乐休闲行业的经营限制是园区发展中期的主要政策推力

20世纪90年代中期CIQ地区的复兴速度明显加快，逐渐成为英国著名的文化特色产业中心。但是，园区发展也面临着一些制约因素，如，尽管在谢菲尔德市议会的大力支持下，共和俱乐部等休闲场所得以相继开放，但酒业执照问题一直困扰着CIQ地区的发展。由于娱乐休闲行业的发展对于音乐产业的发展有很大的促进作用，所以政府放宽酒业执照以后对于园区进一步的壮大和发展有很大的推动作用。

③在园区发展进入成熟阶段后，进一步加大对闲置楼房的开发利用，完善了园区的配套服务设施针对这时期CIQ地区的产业形势过于单一，配套服务设施发展不足的问题，谢菲尔德市议会于1998年公布了《谢菲尔德文化产业园区的使命与发展战略》和《谢菲尔德文化产业园区行动指南》，强调在对闲置楼房（特别是临街店面）的开发上要注意发展复合用途，包括小型商店、零售业、咖啡馆、酒吧和餐馆等生活设施的建设。在这一政策的支持下，私人部门的投资开始深度介入CIQ地区，酒吧、夜总会、餐馆和学生公寓方面的投资大为增加。

④成立专门服务机构推动园区持续发展

市政府于2000年成立了"文化产业区服务机构"（CulturalIndustriesQuarter Agency，CIQA），负责制定和实施推动文化产业区发展的相关政策。2004年，CIQA公布"行动纲领"，其目标是形成一个包括大量中小型文化特色企业的文化特色产品生产基地、知识创造中心和英国游客的旅游目的地。

3. 加拿大BC省动画产业园区

（1）BC省动画产业园区发展历程与概况

不列颠哥伦比亚省（BritishColumbia简称"BC省"）位于加拿大西部，是北美通向亚太地区的重要门户，是北美影视拍摄和制作的重要基地。BC省动画产业兴起于20世纪80年代，大部分合同都来自于美国，最初只是为了给美国公司提供初期的艺术作品、设计图样、故事模板、动画、配音配乐和声音合成等服务。20世纪90年代中期开始，由于其制作质量优良、特色独特、交货及时且预算合理，

BC省动画产业园与国外厂商合作制片的现象越来越普遍。到20世纪90年代后期，BC省动画产业制作的原创作品越来越多，并同美国或欧洲的公司共同拥有作品版权，园区发展进入了新的阶段，成为北美重要的影视制作与动画产业中心。

（2）BC省动画产业园区发展过程中的经验总结

①制定税收优惠政策支持影视制作产业的发展

BC省政府对影视制作公司实行税收优惠政策鼓励电影动画业的发展，分为三类：·本省影视制作税收减免，适用于BC省影视制作公司。·本省影视制作服务税收减免，适用于BC省影视制作公司以及在BC省营业的外省影视制作公司。·BC省新媒体税收减免，适用于投资新媒体业的创业资本公司。

②通过政府资金引导，鼓励社会资本支持影视产业发展

BC省政府通过半官方机构如"BC省电影协会"、"BC省电影署"等，在特色启动、资金筹措等方面为影视机构提供支持。如加拿大联邦政府遗产部下属的加拿大影视基金会中，就专门设立加拿大新媒体基金，目前该基金总数已经达到1400万加元。除通过半官方机构寻求资金支持之外，BC省当地的电视机构，也通过预购播映权等方式，将资金先期投入动画制作之中。

③积极鼓励本土游戏动画制作机构开发原创动画作品

BC省动画产业园初期虽然是在为美国公司提供配套服务的基础上发展起来，但其发展过程中非常重视对本土动画机构的培育，鼓励本土动画机构开发具有自主知识产权的原创动画作品，使得园区动画企业能够掌握在与美国企业合作中的主动权，分享到更为丰厚的市场利润。

④发挥行业协会的协调管理作用，推动动画产业发展

BC省各类动画产业协会在园区动画产业发展中发挥了积极作用。目前，BC省内涉及动画产业的行业组织包括BC省动画协会、BC省新媒体协会（NewMediaBC）、BC省动画制造商协会、动画配音协会以及作曲家、词作家和音乐发行协会等。这些协会聚集了当地以及北美周边临近地区在该领域的顶尖人才，吸纳了商界、教育机构、政府机构、电子商务、电子教育、电子游戏、视觉特技、电脑应用软件等各领域的机构入会，在动画业者、政府和投资方之间架设了畅通的信息渠道。

主要宗旨	相关行动
协调发展	联系BC省政府，提出保持行业竞争优势的相关建议，如提高税率优惠政策等；协调相关企业和从业人员，制定动画产业从业人员的从业标准、行为规范、人员分工方案等
人才培养	联络动画学院和动画生产商，针对动画领域对人才的需求变化，提出动画课程设置的改良方案建议
信息交流	设立专门综合网站，在动画从业人员、企业、学校之间建立信息交流平台
主要宗旨	相关行动
协调发展	联系BC省政府，提出保持行业竞争优势的相关建议，如提高税率优惠政策等；协调相关企业和从业人员，制定动画产业从业人员的从业标准、行为规范、人员分工方案等
人才培养	联络动画学院和动画生产商，针对动画领域对人才的需求变化，提出动画课程设置的改良方案建议
信息交流	设立专门综合网站，在动画从业人员、企业、学校之间建立信息交流平台

表3-1-1BC省动画制造商协会的宗旨与行动

4. 德国汉诺威博览中心

（1）汉诺威博览中心概况

汉诺威是德国下萨克森州首府，北德重要的经济文化中心，由于会展业发达被誉为"世界会展之都"。它承办过两届世界博览会，在全球前5大展览会中有3个在汉诺威举行；拥有世界上最大的展览场馆——汉诺威博览中心和世界第一大展览公司——汉诺威展览公司。

汉诺威博览中心占地100万平方米，内有1万至2万平方米的巨型展厅24个。室内展出面积共达47.9万平方米，露天展场27.8万平方米，还配备有功能齐全的会议中心。汉诺威博览中心每年都吸引250多万观众前往参观；每年吸引的展商约在25,000家到30,000家，其中30%以上来自德国以外，净展出面积达到160多万平方米。（图3 德国汉诺威博览中心）

（2）政府在会展业发展过程中的作用

①政府资金支持会展场馆建设

德国将展览业作为支柱产业加以扶持，不断巨额注资，用于会展场馆的扩建。仅2002年德国政府就投资了3.5亿欧元用于展览馆的扩建和设施更新，且仍以每年1.6亿欧元的速度进行投资。汉诺威博览中心所属的汉诺威展览公司的两大股东就是下萨克森州政府和汉诺威市政府。政府投资主要用于展览场馆建设，而且通过补贴、在投资等资助措施促进会展场馆规模的不断扩大，展览设备的不断完善。在政府的支持和引导下，汉诺威展览公司逐步发展壮大，专业服务水平和品牌影响力不断提升，进一步带动了整个城市会展业的蓬勃兴起。

②通过改善周边基础设施完善会展业发展环境

政府除直接投资场馆建设以外，还投资改善场馆周边停车设施，建立发达的公路和轨道交通网，从而使汉诺威展览中心成为国际市场交流的最佳场所。一是道路交通发达。拥有欧洲最大的专用客运火车站和高标准通行道路，开通专线电车连接汉诺威机场、中心火车站，有两条地铁线路分别连接着飞机场和火车站。拥有专用的货运站，货运站设有能装卸大件重型货物的设备，并有多条支线直通各展览大厅。二是通行设施发达。开辟了两条人行电梯，可以将客商送达专用火车站或会展中心其他地方。三是停车场地充足。拥有约39000个停车位，场内还有一个直升机场。

③积极鼓励园区实施国际化战略

德国一直致力于使其会展业面向全球，国际化是德国展览会的主要优势。德国展览组织者通过一系列的国际市场促销活动使展览会的外国参展商和参观者比重逐年增加。同时，德国展览业者除了每年组织上千家德国公司参加国外多个专业展览会之外，还在海外主要的经济增长地区定期举办近160个展览会。这不仅帮助德国公司树立了公司品牌形象，拓展了海外业务和市场，也使德国会展进一步地走向国际化。德国政府通过为企业出国办展提供经费支持来鼓励企业国际化发展。

5. 洛杉矶好莱坞电影城

（1）洛杉矶好莱坞电影城简介

好莱坞位于美国加利福尼亚州洛杉矶市郊区，是美国著名的电影生产基地。20世纪以前，美国的电影中心在东部纽约。1907年，导演弗朗西斯·伯格斯带领他的摄制组来到洛杉矶，拍摄《基督山伯爵》。从此以后，许多电影公司纷纷来这里拍片，开始了美国电影业向好莱坞的转移。1912年起，许多电影公司在好莱坞落户，包括米高梅公司、派拉蒙公司、二十世纪福克斯公司、华纳兄弟公司、雷电华公司、环球公司、联美公司、哥伦比亚公司等八大影视公司，开创了"好莱坞大制作片场时代"，他们垄断了美国的电影制作、发行、放映三个环节，以电影制片人为中心，设有创作部、演员部、技术部等，各部门分工合作负责影片生产的各个环节。影片制作完成后在八大公司经营的院线放映，获取利润。20世纪五六十年代受电视的兴起等因素的影响，美国电影业曾一度陷入困境。进入六十年代末，各大电影公司开始合并重组，好莱坞迎来了"新好莱坞"时代，电影公司不再单纯是电影的生产机构，而是形成了集电影制作、有线电视网络、国际新闻出版网络、互联网于一身的跨国横向媒体巨头，并开始涉足金融、工业和商业等领域。较为完整的电影产业链条进一步巩固了好莱坞在美国以及全球电影产业中的地位。

好莱坞的电影产业链通常可以分为三个层次：第一层次是实质产品层，即通过电影的制作、发行、放映三个环节所形成的电影本体，这是整个电影产业链的基础和原动力，它以影院放映为目标，其主要收入来自广告和票房两个部分，其中产品内置广告已经成为好莱坞电影的一个很重要的收入来源。第二个层次是形式产品层，这是指除影院放映以外的电影产品的播映，主要包括电视播放和录像（影碟）播放。第三个层次是形象产品层，这是以电影产品的某个组成元素为基础所开发的新的产品，即衍生产品，如以电影中的人物或卡通形象为基础而生产的商品、以电影中的音乐或音效所制作的音乐CD或原声带、根据电影故事开发的游戏等等。

（2）政府在好莱坞电影城发展中的推动作用

好莱坞的发展在很大程度上得益于美国政府对文化特色产业的积极扶持，具体包括以下几个方面：

①制定税收优惠等政策鼓励文化特色机构发展

根据《国家艺术及人文事业基金法》和《联邦税收法》这两部法律，美国政府可以对非营利性质的文化艺术团体和公共电台、电视台免征所得税，并减免为其赞助的个人和公司的税额，以鼓励社会对文化特色产业的捐赠。根据个人的不同情况，每向非营利机构捐赠1美元，其每1美元便可减少28-40美分的税。

②通过版权保护保障电影产品的合法收益

美国文化特色产业的发展与其悠久的版权保护历史和健全的版权保护制度有着紧密的关系。早在1790年，美国就制定了第一部版权法。此后，又陆续制定了1976年的版权法、1988年的版权期限延长法案、2005年的家庭娱乐版权法。其中，1988年10月，美国联邦第105届国会出台的《数字千禧年法版权法》，是美国保护文化特色产品网络传播版权和打击盗版的主要依据。2003年，美国又扩大了盗版行为的立案范围，规定可以对个人盗版的主要形式——非法上传文件行为提出诉讼。

③放松传媒产业规制促进企业壮大发展

1996年2月,美国通过了修改后的《联邦通信法》,成为在全球范围内率先对传媒产业放松规制的国家。新通信法的核心是放宽对广播电视业的限制,如取消了一个公司在全国范围内拥有广播电台和开办电视台数量的上限,并通过放宽所有权来促进媒体公司的兼并、联合大发展。目前,美国最大的25家媒体集团都涉足了广播影视、新闻出版、娱乐、互联网、体育、广告等众多行业。

④建立了担保完成发行制度等多样化的融资渠道

美国多数制片商采用担保完成发行制度融资模式,即获得演职人员确认参与的意向后,与发行机构签订发售合同,并以合同向金融机构等投资者申请融资。其他融资方式如20世纪以来出现的电影投资资金也被引入好莱坞电影产业,即一笔资金分散投入到20至25部电影项目中,即能回避投资风险,并可保证一定比例的回报,资金主要来自保险公司、退休基金等机构投资者。

私募基金名称	投向	基金总额(亿美元)
MELROSE INVESTMENT	派拉蒙	3.0
LEGENDARY PICTURES	华纳兄弟	5.0
MAGIC FILMS	迪斯尼	5.05
GUN HILL ROAD (RELATIVITY MEDIA)	索尼	7.5
GUN HILL ROAD (RELATIVITY MEDIA)	环球	5.15
DUNE CAPITAL	福克斯	3.25

表3-2 好莱坞最具代表性的电影投资基金

6. 国外文化特色产业功能区建设中值得北京借鉴的经验

文化特色产业已经成为北京经济发展的重要支柱,初步形成了包括中关村特色产业先导基地、北京数字娱乐产业示范基地、国家新媒体产业基地等在内的21个文化特色集聚区。通过对英国谢菲尔德、加拿大BC省、德国汉诺威和洛杉矶好莱坞四个文化特色产业园区的研究,结合北京文化特色产业集聚区建设的实际,我们认为,值得北京借鉴的经验主要有以下几点:

(1)制定优惠政策,鼓励本土文化特色企业发展

鼓励本土文化特色企业和机构发展,培育一批具有国际影响力与区域特色的文化知名品牌是各文化特色产业功能区建设的重要内容之一,是各城市文化特色产业发展的核心。BC省政府通过制定差别税率、美国政府通过放宽产业规制和

加强知识产权保护等政策鼓励本土文化特色产业发展。

北京市政府通过资金支持、鼓励产品出口、加大知识产权保护力度等措施在促进本土文化特色企业发展方面取得了一些成绩。未来，可以借鉴国外文化特色产业功能区建设的经验，进一步完善产业政策体系，推动本土文化特色企业，尤其是知名品牌企业的发展。如可以借鉴 BC 省的差异化政策，对不同类型的文化特色企业制定不同的税收优惠政策。

（2）支持文化特色产业领域的公共服务平台建设

文化特色产业公共服务平台可以提供包括创业指导、技术咨询服务、投融资服务、培训和知识产权管理服务等文化特色企业发展所需的各类服务。政府在建设文化特色产业园区时，都积极致力于搭建各种公共服务平台，满足园区内企业的需求。例如，"伦敦中小企业与高校联合平台"主要帮助在伦敦西部的高校，社区团体和中小企业之间结成合作伙伴关系，解决商业问题。谢菲尔德文化产业园发展初期，为了支持园区内音乐产业的发展，以及吸引更多的音乐制作企业入驻园区，出资建立了"红带"等各类工作室向当地文化特色从业人员提供各种免费的训练课程，并对规模较小的音乐公司和文化团体提供价格低廉的排练场与录音设备和场地。北京文化特色集聚区的发展，应充分利用好北京文化特色产业集聚区基础设施专项资金，加强集聚区基础设施、环境整治等公共设施建设，进一步优化集聚区发展环境。同时应结合各集聚区产业发展特点，建立面向特定行业需求的共性技术平台和公共服务平台，探索平台运行新模式，为集聚区文化特色企业提供功能完善、价格低廉、快速便捷的服务，为企业的特色、创新活动提供技术支撑，以增强集聚区的综合服务能力，促进文化特色企业发展水平的提升。

（3）通过政府资金引导社会资本支持大型设施建设

大型的文艺演出场所、艺术品交易中心、会展场所、文化旅游区等是文化特色产业发展的重要条件。国外文化特色产业功能区建设中许多大型文化设施建设都得到了政府的大力支持，并通过政府资金引导，促进了创业投资等各类社会资本进入，推动了功能区的快速发展。如汉诺威博览中心就是在政府资助下建设起来的。

北京一些文化特色产业集聚区就是围绕大型设施发展起来的，如围绕新国展建设会展特色产业集聚区、围绕欢乐谷建设北京欢乐谷生态文化园等。因此，未来应充分发挥政府资金的引导作用，积极支持文艺演出场馆、会展场馆等大型设施建设及其周边的交通等基础设施建设，积极鼓励各类社会资本参与面向市场开放的大型设施建设以及周边的各种配套设施建设,完善文化特色产业集聚区发展环境。

(4)完善融资担保机制,拓展文化特色产业融资渠道

一些文化特色产品的开发,如电影、电视、游戏等,往往需要投入大量的资金。因此,拓展融资渠道成为政府支持文化特色产业发展的措施。如加拿大政府设立新媒体产业基金支持动画等新媒体企业发展;美国建立担保完成发行制度,鼓励电影领域的投资风险机构发展,使得好莱坞电影制片商能顺利融到资金。

北京市专门成立了文化特色产业发展专项资金用于支持文化特色企业和项目。但是如何发挥政府资金的引导作用,进一步拓展文化特色产业投融资渠道。比如,可以借鉴美国担保完成发行制度,进一步完善中小文化特色企业融资担保机制;积极鼓励各类创业资本投资中小型文化特色企业或项目等。

北京文化特色产业功能区建设中可以借鉴的经验总结如下:第一,设立各项投资基金促进本土文化特色企业发展。伦敦政府设立"特色之都基金",为伦敦特色产业中有才华的企业家或商人提供原始资本投入和商业支持以激发他们的特色潜力,基金原有资产净值达500万英镑,加上私人投资相配套,其资产达到了1亿英镑。加拿大影视基金会设立加拿大新媒体基金,目前该基金总数已经达到1400万加元,通过独立、或与私人公司联合等方式为动画制作提供前期资金保障;第二,制定优惠政策鼓励文化特色企业发展。BC省政府针对五种不同类型的影视制作企业制定差别性税收优惠政策以鼓励文化特色企业发展。比如对于BC省影视制作公司,部分支出可以抵扣应纳所得税,包括:30%的人工成本,但最多不超过总制作成本的14.4%;学员培训不超过学员工资的15%或人工成本的3%等;第三,搭建公共服务平台。伦敦设立文化特色产业出口推广咨询小组,协助企业签定特色产业出口市场协议,帮助特色产品和特色企业实施走向世界的品牌战略;促进金融组织与国会对特色企业提供海外发展所必要的援助等。谢菲尔德文化产业园建立"红带"等各类工作室对规模较小的音乐公司和文化团体提供价格低廉的排练场与录音设备和场地;第四,创新投融资模式。好莱坞一个重要的成功因素在于独特的担保完成发行制度,即获得演职人员确认参与的意向后,与发行机构签订发售合同,并以合同向金融机构等投资者申请融资。制片商同时必须支付约占制作费10%的保险费,以获得专业的担保完成发行公司提供的担保合同,金融机构拿到担保书后,即可发放贷款。担保公司会向再保险公司投保,以控制风险。

二、中国文化产业园

近年来，我国文化产业发展迅速，取得了令人瞩目的成就。我国文化特色产业发展的一大特征是集聚发展，而文化特色产业园区则是产业集聚发展的重要依托和载体。自北京、上海率先建立起文化特色产业园区以来，其他城市纷纷依据自身优势和产业特点加快园区建设，各类文化特色产业园区如雨后春笋般出现了。尽管园区规模和发展模式大相径庭，但文化特色产业园区的建设确实为我国文化特色产业的发展提供了一条重要的途径。我们有必要对国内文化特色产业园区的发展做出宏观的扫描，总结其中的利弊得失，为今后的园区建设提供一些针对性建议。

1. 我国文化产业发展概况

文化特色产业的兴起源于特色产业这一概念的提出。特色产业最早兴起于英国，它是世界上第一个政策性推动特色产业发展的国家。1998年英国政府出台的《英国特色产业路径文件》中明确提出"特色产业"这一概念："所谓'特色产业'是指那些源自个人的创造力、技能和天分，通过知识产权的开发和运用，具有创造财富和就业潜力的行业"。文化特色产业集文化产业和特色产业两个概念于一身，涵盖了更为广阔的文化经济活动，即能将抽象的文化直接转化为高度的经济价值，将知识的原创性与变化性融入具有丰富内涵的文化之中，使它与经济结合起来，发挥出产业的功能。目前，我国政府对文化特色产业的分类还没有一个统一的规定，各地根据其产业优势和发展需要分别对文化特色产业进行了分类。北京将《国民经济行业分类》中的82个行业小类和6个行业中类纳入文化特色产业的范畴，主要包括文化艺术、新闻出版、广播电视电影、软件网络及计算机服务、广告会展、艺术品交易、设计服务、旅游、休闲娱乐、其他辅助服务。上海将文化特色产业发展划分为研发设计特色、建筑设计特色、文化传媒特色、资讯策划特色、时尚消费特色五大重点行业，涉及国民经济统计中的38个中类行业，55个小类行业。杭州在《杭州市文化特色产业发展规划》中将文化特色产业核心层划分为信息服务业、动漫游戏业、设计服务业、现代传媒业、艺术品业、教育培训业、文化休闲旅游业、文化会展业等8个行业，涉及92个国民经济代码小类。中国特色产业研究中心在《中国特色产业发展报告（2007）》中将文化特色产业划分为影视文化类、电信软件类、工艺时尚类、设计服务类、展演出版类、咨询策划类和科研教育类八大类，21中类，涉及80个国民经济行业小类。

近几年来，我国文化特色产业发展迅速，取得较大成就。2008年，我国文化特色产业保持了稳步增长,涌现出一批增长速度快、自主创新能力强、市场应对有力的特色企业,这些特色产业的骨干企业在2008年主营业务收入增长率平均达到79.23%,平均利润率达到31%,成为抵御国际金融危机冲击的中坚力量。2009年我国文化特色产业更是呈现出爆发式增长,上半年国内文化特色产业的增长率达到17%,远高于7.1%的GDP增长水平。就文化特色产业的某些行业来说,2008年,中国电影产量达到406部,跻身世界前三名;电影票房攀升到创纪录的42.15亿元,同比增长8.88亿元,首次进入全球电影市场前10名;出版物印刷业销售产值976.9亿元,企业利润总额已达50.2亿元;网游产业实现销售收入183.8亿元,比2007年增长了76.6%,同时还为电信、IT等行业带来高达478.4亿元的直接收入。

我国文化特色产业的重要发展特征之一是产业集聚发展,而文化特色产业园区则是产业集聚发展的重要依托和载体。文化特色产业园区的主要构成包括文化特色方面的企业、提供高新技术支持的企业、国际化的策划推广和信息咨询等中介机构以及从事文化特色产品生产和经营的公司等。这些相互接驳的企业在一定的地理范围内集群发展,构成立体的多重交织的产业链条,对提高创新能力和经济效益都具有实际意义。文化特色产业园区作为一种地方根植性网络,一个关键性特征就是内部个体、企业、供应商、顾客以及其他机构间的互动、互补,通过给予产业区内个体和企业广泛的尝试机会、降低创新成本与风险、增强集体学习机制、扶持企业衍生,赋予产业区创新活力,最终形成地方化知识和能力体系,这是文化特色产业园区长期竞争优势的基础。自上海、北京两地最早发展起文化特色产业园区以来,各地纷纷利用当地优势资源建设文化特色产业园区推动文化特色产业的发展。建设文化特色产业园区,创建文化特色产业孵化器,对推动文化特色产业的快速发展、促进资源的综合多样利用,形成可持续发展的文化特色产业格局具有重要意义。

2. 我国文化产业园区发展综述

国内文化特色产业园区的建设如火如荼的展开着,各地依据自身优势和实际情况纷纷创建文化特色产业园区,吸引特色企业形成集聚发展的态势。这里选取了文化特色产业发展基础较好、具有明显资源特色优势,并且政府明确提出要鼓励、支持文化特色产业发展的10座城市为例,分析我国目前文化特色产业园区的发展状况。这10座城市包括:北京、上海、广州、深圳、杭州、南京、成都、天津、青岛,它们也是目前我国文化特色产业发展较好的10座城市。

(1) 北京文化产业园区发展

自 2005 年以来，北京文化特色产业从起步增长步入稳定快速增长的新阶段。2007 年 9 月北京市政府颁布了《北京市"十一五"期间文化特色产业发展规划》，提出了北京市文化特色产业发展的指导思想、发展目标、工作重点和主要任务，标志着北京市文化特色产业发展进入了快车道。根据北京市统计局统计，北京文化特色产业占 GDP 比重从 2004 年的 10.1% 增长到 2008 年的 11%。2009 年 1 至 9 月份文化特色产业实现产值 915 亿元，占全市 GDP 总量的 11.8%，从业人员达到 102 万人，同比增长 37.2%。北京在"十一五"规划中拟定了 35 个文化特色集聚区。截至目前，北京市已通过认定挂牌的集聚区有 21 个，代表性园区有中关村特色产业先导基地、中国（怀柔）影视基地、北京 798 艺术区、北京 DRC 工业设计特色产业基地等。这些园区汇集了近万家文化企业，所形成的收入和税收以及带动的就业占据全市文化产业总数的绝大部分，并呈现出向周边辐射的态势，从主城区拓展到了 13 个区县，吸引一大批龙头企业相继入驻。从产业规模看，据初步统计，北京文化特色产业规模以上近 8000 家，占全市规模以上企业总数的 13.7%。2006 年首批认定的 10 家文化特色产业园区入驻企业 4687 家。2006 年园区企业营业收入为 478.5 亿元，利润为 48.8 亿元，上缴税金 18.5 亿元。

图 3-1：北京 798 艺术园区

在北京的东北角，有一个以上个世纪 50 年代建成的工厂命名的艺术区，这就是 798 艺术区。它位于北京朝阳区酒仙桥街道大山子地区，故又称大山子艺术区，原为原国营 798 厂等电子工业的老厂区所在地。此区域西起酒仙桥路，东至京包铁路、北起酒仙桥北路，南至将台路，面积 60 多万平方米。

目前叫798艺术区的这片厂区，是原电子工业部所属706、707、718、751、797、798等6个厂的区域范围。从50年代末到1964年，这个区域曾经叫做"718联合厂"，全称为"国营北京华北无线电器材联合厂"。上说的6个厂是联合厂的分厂。1964年，这6个厂开始独立经营，由联合厂一家一下改变为6个厂，直到2001年。2001年，除了751厂以外的5个厂与华融资产公司（控股）与751厂联合组成七星华电集团，统一管理这片区域。

从2001年开始，来自北京周边和北京以外的艺术家开始集聚798厂，他们以艺术家独有的眼光发现了此处对从事艺术工作的独特优势。他们充分利用原有厂房的风格（德国包豪斯建筑风格），稍作装修和修饰，一变而成为富有特色的艺术展示和创作空间。现今798已经引起了国内外媒体和大众的广泛关注，并已成为了北京都市文化的新地标。

图3-2：中国（怀柔）影视基地

中国（怀柔）影视基地位于北京市怀柔区杨宋镇，东邻密云，南接顺义，西临101国道2公里，距北京45公里，距首都机场25公里，京承高速公路穿境而过。中国（怀柔）影视基地以中影集团电影数字生产基地为核心，将其周边1公里左右范围作为集聚产业发展的核心区，范围包括杨宋镇建设区及其周边地区，总面积5.6平方公里；核心区外围是影视基地辐射区，范围包括庙城镇、雁栖镇、怀北镇、怀柔镇的部分区域和怀柔新城一部分区域。

图 3-3：北京 DRC 工业设计特色产业基地

位于德胜科技园区内、总体投资近 3500 万元。是北京市科学技术委员会，结合首都的资源特点及功能定位提出的工作理念。DRC（设计资源协作）以政府宏观政策为指导，以北京科技研发与设计创新综合实力为依托，以企业和设计机构为服务对象，通过优化配置首都丰富的科技与设计资源，构筑市场化的资源共享模式，为企业成为自主创新主体和设计机构的可持续发展提供资源保障，促进设计机构专业服务能力和企业竞争力的提升。DRC 工业设计特色产业基地被认定为北京市十个特色产业集聚区之一

（2）上海文化产业园区发展

2011 年 12 月，上海市新增市级文化产业园区 37 家，加上 2009 年评选的第一批市级文化产业批园区，现阶段上海市共有市级文化产业园区 52 家（中共上海市委宣传部、上海市经信委、上海市文广局、上海市新闻出版局联合授牌）。文章从园区的业态、产值、净利润、优惠政策等方面出发，考察第一批园区授牌以来（2010 年—2011 年 11 月）的运营情况，分析上海市文化产业园发展现状，从中找出行业普遍存在的问题，分析其产生的原因。

①第一批文化产业园区运营概况

作为中国文化特色产业园区发展最早的上海市，已经成为中国特色产业发展最迅速、总体实力最强、产业形态相对成熟的城市之一。2006 年上海市制定了《上海特色产业"十一五"发展规划》，成为发展文化特色产业的纲领性文件。2008 年，上海文化特色产业在国际金融危机的环境下"逆市上扬"，文化特色产业总产出

为 3413.55 亿元，总增加值为 1048.75 亿元，比 2007 年增长 18.3%，占全市生产总值的比重达 7.66%。文化特色产业已成为上海应对国际金融危机、提高城市创新活力的新增长点。上海的文化特色园区恰如雨后春笋不断涌现，产业领域涉及研发设计、建筑设计、咨询策划、文化传媒、时尚消费特色等几大类。从 2006 年起，上海市政府共认定 4 批文化特色产业园区，截至目前文化特色产业园区已达 81 个，代表性园区有田子坊、8 号桥、、莫干山路 50 号等，总建筑面积 250 万平方米左右，入驻企业超过 4000 家，从业人员 8 万余人，累计吸引了近 70 亿元社会资本参与集聚区建设。

广州市文化特色产业发展也较为迅速，它 4 个国家网络游戏和动漫产业发展基地之一，已初步形成了以网络游戏、动漫、手机游戏和与游戏相关的产业链。为保持文化特色产业继续走在全国前列，广州市委、市政府提出"要像抓汽车产业一样抓动漫产业"。截止 2008 年底，广东全省已建、在建和规划待建的文化特色产业园区 67 个，入驻企业 4000 多家，园区数量和入驻企业数量位居全国各省市前列，其中广州市占据了 34 个，如滨水特色产业带、荔湾广州设计港、天河国家网游动漫产业基地、从化动漫产业园等。这些园区大致可分特色设计（含动漫设计）、展示交易、旅游休闲和工艺制造四大类，其中，特色设计类（含动漫设计）占主导地位。

图 3-4：1933 老场坊

位于上海市溧阳路611号,由宰牲场改造而成。"老场坊"建于1933年,由英国建筑大师巴尔弗斯设计,由沪上知名的余洪记营造厂建造完成,建筑面积达2.63万平方米,是当时中国最大的宰牛场,也被称为现代化程度最高的远东第一宰牲场。这位英国建筑师当时在全世界共设计了3座风格相近的宰牲场。如今,在纽约和伦敦的两座建筑已经拆毁,上海这座就成为仅存的"硕果",保存再利用成为一个特色的空间。

图3-5:田子坊

田子坊位于中国上海市泰康路210弄。泰康路是打浦桥地区的一条小街,1998年前这里还是一个马路集市,自1998年9月区政府实施马路集市入室后,把泰康路的路面进行重新铺设,使原来下雨一地泥,天晴一片尘的马路焕然一新。在区委,区府的领导支持下,泰康路依据打浦桥地区的功能定位开始实施特色街的工程

图3-6:上海8号桥

位于上海市中心城区卢湾区建国中路8-10号，占地7000多平方米，总建筑面积12000平方米。园区由20世纪70年代所建造的上海汽车制动器厂的老厂房改造而成

图3-7：莫干山路50号

是上海最具规模和质量的当代艺术社区，短短几年的时间里，不断地有画廊、设计公司、艺术机构和艺术家迁入，形成了良好的艺术氛围。 M50是莫干山路50号的简称，原来是上海春明粗纺厂，位于苏州河南岸半岛地带，占地面积35.45亩，拥有自上世纪30年代以来各个历史时期的工业建筑41000平方米。为近代徽商代表人物之一周氏的家庭企业—信和纱厂。解放后更名为信和棉纺厂、上海第十二毛纺织厂、上海春明粗纺厂。2002年被上海市经委命名为"上海春明都市型文化产业园区"，2004年更名为"春明艺术产业园"。2005年4月被上海市经委挂牌为上海特色产业聚集区之一，命名为M50特色园。

深圳市很早就提出了"文化立市"、"特色深圳"的口号，积极构建"特色设计之都"，在巩固"中国现代平面设计发源地"地位的基础上，加大对影视动漫制作、印刷、传媒、文化旅游业的投入，文化特色产业园区和基地建设正逐步走向高端化。截至2008年9月，深圳市规划建设文化特色产业园区20个，其中田面设计之都特色产业园、怡景国家动漫画产业基地等。深圳市现有文化特色产业园区和基地的经营主体以企业为主，仅3家由政府管理，其他均以企业为主体进行营运管理，民营企业已成为深圳市文化产业园区和基地建设的主导力量。

②数据分析

a.从业态方面，第一批文化产业园区以文化艺术业态为主的园区较多。

MFY、CNVB、YPEC、JATC、NHXC、SJFB 以及 JCFP 都有明显的文化特色，且经过两年园区内的不断调仓，现园区已基本实现以文化艺术企业为主、相关业态企业为辅的业态结构。

b. 产值方面，由已统计的数据来看，6 家园区（管理方）2011 年前 11 个月的产值较上年度持平或超越，三家园区内企业前 11 个月总产值较上年度总产值有所增长。其中 YPEC 增幅为 142.4%；JATC 增幅为 13.3%；NHXC 增幅为 66.7%；PNDP 增为为 23.3%；JCFP 与上年持平；ZJCB 园区内企业产值增幅为 25%；TFSS 园内企业总产值增幅为 23.9%；XDEC 园内企业总产值增幅为 29.7%。由以上几组数据可知，大部分园区（管理方）产值都有所增长，说明园区企业生产规模在不断扩大，但并不能反映该园区的运营情况良好，管理方更应该帮助园区企业提高利润率。

c. 利润方面，由已统计的数据来看，5 家园区（管理方）2011 年前 11 个月的净利润较上年度持平或者超越，2 家园区企业内企业净利润涨幅超过百分之二十。其中 TFSS 涨幅为 62.6%；NHXC 涨幅为 66.7%；JATC 涨幅为 13.3%；YPEC 涨幅为 142.1%；NHXC 内企业前 11 个月实现净利润 10.99 亿元，比上年增长 2.3978 亿元，涨幅为 27.9%；ZJCB 园内企业前 11 个月实现净利润 12 亿元，比上年增长 2 亿元，涨幅为 20%。第四，扶持政策方面，各个区县对于文化产业支持的程度不同，形式也不一样，大致可以分为以下几个方面。首先是财政方面给予支持，租金减免及优惠、税收减免、专项引导基金、政府转移性支付（包括各项补贴）。以张江文化产业园为例，所得税基准税率为 25%，张江返还 5%，返还方式为 2 免 3 减半；营业税基准税率为 5%，张江返还基准税率的 3.25%，返还方式为 2 免；增值税基准税率为 17%，张江返还基准税率的 2.7625%，返还方式为 2 免。再次，人才激励政策。包括人才落户、个人所得税返还。以张江文化产业园为例，该园区内企业高管个人所得税总额的 13.2% 予以返还，每人补贴总额不超过 100 万元人民币。第三，其他相关扶持政策。

③存在问题及建议

a. 经营业态单一，真正以文化为业态的产业园少。上海一些公认的比较成功的文化特色产业园区往往都具有两个特点，即规模化和主题化，而在主题化园区中又以偏于艺术的园区表现为佳，但这类园区仅占总量的 8%-10%，与第一批文化产业园相比，第二批园区文化特征不是十分明显。

b. 产业园区作为企业的孵化器，在公共服务平台建设方面还需加强。从调研的情况看，虽然目前大多数园区已逐渐重视对公共服务平台的建设，但是实际产生的效益并不明显。原因有以下几点：一方面，很多管理公司只看到眼前利益，由于某些园区地段处于市区，租金收益可观，仅靠房租收入就可以维持公司日常运营，因此并无动力做扶持园区企业的相关工作。另一方面，缺乏相关管理经验与复合人才。文化产业园区是近些年诞生的新事物，管理方大多不懂文化，不了解文化企业的特性，因此更无能力对文化资源进行整合利用。

c. 文化产业园区在产值上只占上海文化特色产业产值的十分之一不到，产值较低。以某文化产业园为例，2010年园区内155家企业中有89家文化企业（其中包括：建筑设计15家、文化传媒17家、咨询策划17家、其他相关企业40家），文化企业总是占入驻企业总数的一半以上，但是营业只占了总收入的5%。

d. 相关人才匮乏成为制约文化企业发展的重要因素。缺少文创人才尤其是缺少高端的具有文创能力特质的复合型人才，是调研中普遍反映的一个问题。在英国、美国及日本等文化特色产业发达国家，从事文化特色产业的人员在总就业人数中的比例都超过12%。对比看来，上海文创人才结构不尽合理。对于发展文化产业，政府在财政政策方面应给予更大支持。比如，扩大免税期限至5年。文化产业不同于传统产业，传统行业资本回报周期短，一般为2-3年，因此2免3减半的政策对于传统行业是合理的。而文化产业资本回报周期需要至少5年，有的要10年甚至更久，而且前期成本投入非常大，所以2免3减半政策并不适用于文化产业。对于增值税，建议实行弹性的税率制度，根据文化产品价值增值情况进行弹性增税。

对于以产权为核心的文化产品，要建立健全三平台，即产权登记平台、评估鉴定平台、公开流转平台，这项工作必须由政府来实施完成。要发展产业，要实现规模经济、实现经济效益，就要有一套完整的无形价值评估体系建立和专业的交易平台的建立，先通过评估确定产品应有的价值，与此同时做好产权登记，类似于给文化产品做一张身份证，然后再放到市场去，通过交易形成最终价格。（形成价格有两个要素条件，一是价值；二是形成交易。两者缺一不可）要提高无形资产的流动性，首先要提高无形资产的变现能力，而变现的最主要途径就是通过交易的方式（虽然对于文化产品，价格并不能准确反映其真正价值，有时甚至相差甚远，但是通过完全竞争市场，把消费者的支付意愿看作文化产品经济价值目前来说是最科学的）。

（3）深圳文化产业园发展

文化特色产业是深圳的第四大支柱产业，它的发展给深圳带来了"设计之都"等诸多荣誉。改革开放之后，伴随着经济的发展，深圳文化特色产业园区的规模从没有到有、从小型化到大规模，它的建设从自发形成到政府规划、从没有政策扶持到政府支持，它的功能从某个行业具有的单一的功能到一个产业及其相关产业的多种功能的产生。深圳现在已经形成了包括设计业、艺术品业、文化旅游业、电子科技业、服装业等为主题内容的多元化、多种类、多形式的大规模的文化特色产业园区。比如，以田面设计园、182特色设计园等为代表的设计业文化特色产业园区；以大芬油画村为代表的工艺美术品业文化特色产业园区等等。

图3-8：田面设计之都特色产业园

①深圳文化特色产业园区发展现状分析

a. 深圳文化特色产业园区发展现状

a1. 速度增快，数量增多，效益增大

文化特色产业园区发展速度增快，数量不断增多，对地区的经济发展贡献增大。从深圳市"文化立市"以来，深圳文化特色产业的发展一马当先。自2003年以来，深圳文化特色产业以年均近25%的速度发展，位居全国大中城市前列。2012年，深圳文化特色产业增加值1150亿元，占GDP比重由2003年的3%提高到9%。核心文化产品出口总额43.3亿美元，超过全国的1/6。2013年上半年作为深圳四大支柱产业之一的文化特色产业的GDP增速高出全市GDP增速近一倍，位居四大支柱产业之首。随着文化特色产业规模的不断扩大、领域的逐渐拓宽和业态的持续创新，在深圳的文化公司、企业单位数量以及文化特色产业从业人员数量均日益增加。

a2 新旧文创产业园区并驱发展

深圳的文化特色产业可以分为三大类别：一是传统文化园区，二是依托科技和人才发展起来的文化园区，三是以设计业为内容发展起来的文化园区。不只是大芬油画村这种传统园区的稳步发展，也出现了文化特色产业园区的点、线、面的全方位、多角度的发展。依托高新技术和设计人才聚集的优势，特色设计、动漫及网络游戏等与数字网络技术相融合的新兴行业而发展起来的文化特色产业园区增长迅猛，成为深圳文化产业中极具增长潜力的新亮点。以深圳设计业为内容而发展起来的特色园区，显现出了巨大的影响力，其可以在全国乃至亚洲范围内显示出领先优势，"2008北京申奥"、"世界建筑师大会"申办标志等一批在海内外有广泛影响力的作品，均出自深圳设计园区之内的设计师之手。这就使深圳形成了三大类别、不同层面、多种形式共同存在发展的文创格局。

b. 目前深圳文化特色产业园区发展瓶颈问题分析

b1. 产业人才相对缺乏，文化生态不够完善

相对于北京、上海、广州等其他发达城市，深圳本地的高校和科研机构寥寥无几，这就导致了深圳缺乏文化产业相关的人才，仅仅依靠外来的人才是不够的。深圳的文化特色人才不仅仅是数量的缺失，且存在人才结构上的不平衡，高层次的人才短缺、人才流失现象比较普遍。此外，深圳城市文化有待提高，比如建设文化基础设施、提高居民文化消费等等，提升城市文化内涵、创造文化特色产业园区建设所需要的良好文化环境。这些问题都是深圳文化特色产业园区发展的不利因素。

b2 部分中小文化企业缺少融资渠道，效益下滑

深圳经济的发展，势必带来市场激烈的竞争，这种竞争对中小文化企业是一把双刃剑。大部分中小企业都或多或少面临着融资难的问题，就意味着制作文化产品或提供文化服务所需的经费或成本的不足。导致很多中小文化企业或公司不能维持正常的业务,比如说深圳XX文化发展有限公司,拥有的固定资产总额很多，但是往来的专业业务很少，只能依靠零星的小业务或者是通过网络获得竞标信息而参与相关行业的项目开展。这样给公司带来的只是杯水车薪，公司的发展没有保障。因此，中小文化企业的发展面临着融资难的问题。

此外除了上述所说的两个瓶颈问题，影响深圳文化特色产业园区发展的因素还表现在文化产业结构不合理，房地产价格和劳动成本不断增高等方面。

②深圳文化特色产业园区发展策略及建议

a. 宏观层面

a1. 政府积极扶持与有效管控

深圳市政府在出台《意见》等相关政策的同时，也应该给予重点文化特色产业园区在建设经费、水电税收、文化资源调配等方面的实际扶持，还要制定相关的政策法规来规范园区的建设和准入制度。文化特色产业的发展不仅要重视数量，更要重视质量。因此，政府还需要做到对文化特色产业园区的宏观的有效管控，这可以以授权挂牌的形式实现，确保真正的文化特色公司企业入驻园区，还可以淘汰那些非特色企业，维护文化特色产业园区内的文化生态平衡。

a2. 进一步完善园区中小文化特色企业公共服务平台

深圳政府应当进一步完善园区的公共服务平台。在深圳的特色企业中，中小企业几乎占据着全市文化企业的主体。但是，中小文化企业在资金、管理经验、信息和业务渠道等方面中具有很大的劣势。那么，弥补这些劣势对于中小文化特色企业至关重要。这就需要政府积极的建设和扶持包括税收、融资、人才培训等方面在内的中小文化特色企业公共服务平台。

b. 微观侧面

b1. 坚持园区自身特色

具有自身特色最典型的要数深圳龙岗区上李朗的 182 特色设计园，该园区内入驻的基本都是设计行业内的公司，是以创业型的公司为主力，里面设有设计书吧、主题餐厅等等基础设施。坚持园区特色，形成真正意义上的特色产业园区，必须对园区的特色和功能有明确的定位。一个地区往往集聚了数十家文化特色产业园区，园区的定位必须坚持专业化、差异化、特色化，避免同质化和恶性竞争，这样才能有利于各园区的健康发展。这一点，新的文化特色产业园区的建设要特别注意。

b2. 创新金融服务，促进产业园区投融资

文化特色产业园区应该搭建一个联系文化企业与金融机构的平台。这样能够更好地壮大园区，促进园区经济发展。目前金融机构的内部制度、信用评级体系、服务模式、产品设计、奖惩机制等很多都与文化企业的实际情况和服务需求不相适应。文化产业投融资体制创新的一个重要方面就是要求金融机构要根据文化产业的特点，有针对性地进行金融服务的创新，为文化企业融资和经营活动提供高效、便捷、优质和全方位的金融服务。这就为园区赢得了发展的机遇，更好地解

决中小企业的融资难问题。

总的来说，深圳文化特色产业园区的发展是在探索中不断地发展，在发展中不断的完善的一条道路。通过分析了解文化特色产业园区建设在深圳的发展现状，可以使我们能够更清晰的把握到整个中国的文化特色产业园区发展的基本情况，这为建设新的文化特色产业园区提供理论指导。

（4）南昌文化产业园区发展

文化产业园作为区域文化产业发展的支柱，已经成为文化企业茁壮成长的孵化器、骨干文化企业壮大发展的助推器、文化产业持续发展的加速器，已经成为文化产业提升核心竞争力的策源地。近些年，在政府为主导和市场为主体的强力推进下，南昌文化产业已经初步形成了以国家级文化产业示范园为龙头，以省级文化产业基地为骨干，以本土特色文化产业群为支点，共同推动文化产业加快发展的园区格局。目前，南昌拥有国家级文化产业示范园区（基地）1个，省级文化产业示范园区（基地）9个。截止2011，南昌已建园区49个，园区面积已经超过了749.52万平方米，总投资额逾150.90亿元。在文化产业园区的带动作用下，文化产业向集约化方向发展，进一步增强了文化产业的整体实力，成为促进南昌经济发展的新引擎。

（1）南昌文化产业园区发展的基本情况

①产业园区不断壮大，规模效应逐步显现

近些年，在建设"文化大市、文化强市"的目标指引下，南昌以优惠的产业政策，在全球范围内招商引资，招才引智，吸引文化产业各种要素向产业园区集聚，多功能、立体化的文化产业园区逐渐形成，规模效应逐步呈现。全市投资过亿元的大型文化产业园区已有10多个，华夏艺术谷文化产业园、江西慧谷?芽红谷特色产业园、南昌国际动漫产业园等园区总投资都超过10亿元，建筑面积都在25万平方米以上。如华夏艺术谷文化产业园投资达65亿元，面积达64.54万平方米，成为了江西省目前最大的文化产业园；南昌国际动漫产业园总投资约20亿元，建筑面积达90万平方米。大部分产业园区在突出主业的基础上，实行了产业配套，强化了园区的规模效应，如八大山人文化产业园聚集了八大山人纪念馆、八大山人真迹馆、八大山人研究院、程允贤雕塑馆、彭友善美术馆、江西名人雕塑园等文化项目。同时，各大园区文化产值也有了大幅增加，2011年，文港华夏笔都文化产业园实现产值达12.85亿元，年出口创汇3000万美元；同方泰豪动漫产业园实现收入1.24亿元。

②多元化发展模式已形成，园区发展呈现新活力

经过多年发展，南昌文化产业园区已形成了多元化发展模式，从投资主体来分：一是政府主导型园区。通过政策调控、园区规划、关系协调、直接投资等措施，南昌相继规划和建造了八大山人文化产业园、南昌文联书画院瓷画创作基地、南昌世界都市候鸟公园等一系列文化产业园区；二是开发商投资型园区。在南昌，开发商投资开发建设文化产业园区已成为一种趋势。樟树林文化生活公园、791艺术街区、茵梦湖国际文化旅游度假区魔幻乐园、南昌宝葫芦农庄等都是民营资本投资为主建设的。从业态发展来看，有以江西慧谷？芽红谷特色产业园、华夏艺术谷文化产业园等为代表的综合型园区和以金太阳教育出版印刷产业园、南昌瓷板画试验基地为代表的单一型园区。在政府和市场的共同推动下，南昌文化产业园区发展呈现出勃勃生机，其中以樟树林文化生活公园影响最大，目前已有南昌瓷板画研究中心、江南艺术馆等80余商户已入驻樟树林，商户签约入驻率已达85%。

③园区业态发展多样化，逐步向内涵提升阶段发展

当前，南昌文化产业园区正由规模扩张转向内涵提升阶段发展，日益注重发挥集聚效应。各大产业园区功能渐趋完善，门类更加齐全，产业要素更加集聚。如华夏艺术谷文化产业园集会展、茶艺、培训、交流、创作、交易、娱乐、休闲等多种功能于一体，涉及文艺事业、文化产业的方方面面；699特色产业园逐步发展成了集针织工业文化展示馆、文化体验、特色设计、教育孵化于一体的高端文化特色产业园；南昌康庄国际文化旅游新城，是融旅游休闲、文化传播、特色孵化、高尚居住为一体的综合性旅游休闲文化产业基地。与此同时，文化产业园区的管理不断完善，已从一般房屋租赁到提供完备的物业服务，并逐步发展到帮助企业孵化、开展各类咨询、提供金融服务等注重创新运营模式的管理。

④社会资本发挥重要作用，抢占园区发展先机

文化产业高附加值的特性吸引了投资者的目光，大量社会资本涌进了文化产业领域，日益成为文化产业发展的重要力量。在文化产业园区的建设中，南昌按照"业主投资，市场运作"的方式，采取多样化的经营体制，积极撬动社会资本。在南昌23个重点文化产业项目中，有11个项目是由民营企业投资的，另外有5个重点文化产业项目是社会资本参股的。如，791艺术街区由浙江天奥集团投资兴建，南昌动漫产业基地由泰豪集团有限公司出资兴建，茵梦湖国际文化旅游度假区魔幻乐园的开发商为江西康庄投资置业有限公司。这些园区从资金注入到开

发市场，从文化挖掘到市场运营，主要都是由民营企业一手操办，政府主要是发挥牵线搭桥的引导作用。民营资本已成为南昌文化产业园发展与振兴的重要力量。

⑤产业园区规划与建设并重，管理渐趋规范化

近些年，南昌市委市政府进一步加大对文化产业园区的规划，成立了文化产业规划办公室，起草了《南昌市文化产业发展规划（2011—2020）》（征求意见稿），规划中明确了产业发展的主攻方向，重点提出了"一轴两带三圈"的园区发展思路，对县区、新区、开发区的文化产业园区进行了整体统筹规划。如，南昌县重点加强国家级示范产业基地和动漫园产业建设；西湖区着力打造以万寿宫商城、绳金塔为核心的旅游文化产业园；进贤县以华夏笔都文港为主，建设文化产品生产贸易园区。在此基础上，2011年，南昌组建了文化产权交易所，完善了文化信息发布平台、电子交易平台、文化企业孵化平台建设。同时，制定下发了《南昌市宣传文化发展专项资金扶持文化产业项目申报和管理办法》，加大了对重点文化企业和文化产业园区的支持力度。近期，正成立了市文化产业协会，进一步加大对文化企业和文化产业园区的规范管理。

（2）南昌文化产业园区发展的制约因素

文化产业快速发展，催生了南昌文化产业园区建设热潮。但在建设热潮的背后，也暴露出文化产业园区建设中的一些问题，制约了园区的良性发展。

①产业优势相对薄弱，内生增长力不足

与北京的798艺术区、深圳欢乐谷主题公园等相对成熟的文化产业园区相比，南昌文化产业园区还处于初步建设阶段：一是起步较晚，新兴园区占多数。现有园区基本上都是在2008年实行"文化大市、文化强市"后兴建起来的，从南昌现有的49个文化产业园区（含基地和中心）来看，新兴文化产业园区占到了85%以上，江西新华安699特色产业园、791艺术街区都是近两年新建的园区；二是部分产业园区规划论证不充分，定位不准确，选址不合理，导致缺乏市场支撑，运营能力不足，有的甚至还存在着重复建设，造成资源浪费和行业内的恶性竞争等情况；三是不少文化产业园区只停留在建设、宣传阶段等形态建设上，迟迟没有进入运营、集约等业态建设阶段，存在"空壳化"现象，限制了产业规模的扩大，内生增长力不足。

②园区集聚效应不明显，孵化功能不完善

目前，南昌的文化产业园区建设虽然取得了一定的成就，但无论在各大园区之间还是在园区内部文化企业之间，割据状态明显，产业上下游关联性不强，小、

弱、散的局面没有得到根本改变。以动漫产业为例，成熟的动漫产业基地只有一两个，并且星散在各处，彼此之间在优势互补、信息共享等方面合作不多。有的园区，虽然设置了动漫产业区、动漫教育培训区、综合配套服务区、动漫文化体验生态区、动漫衍生品加工区，但这些功能区并没有实现无缝对接。以动漫设计为主打专业、大量输送动漫人才的先锋软件学院，学生毕业后大都跑往周边的长沙、杭州、广州、无锡、南京等地就业，没能就近服务于南昌本地的动漫产业园区。在一些自发性形成的文化产业园区内，企业涉及的门类广泛，难以产生规模经济和范围经济，集聚效应不明显，孵化功能不完善，难以形成产业链，限制了园区的发展壮大。

③园区拳头产品不多，品牌性文化符号缺乏

凡是发展得比较好的文化产业园区都有自己的特色产品。如常熟沙家浜影视产业园的"沙家浜"、长沙天心区文化产业园的"蓝猫"、苏州桃花坞文化特色产业园的"苏绣"。有些地方，整个文化产业园区都被打造成文化特色品牌，像中关村多媒体特色产业园、深圳大芬油画村、798艺术工厂和华山特色文化园区。当前，南昌部分园区由于缺乏政策支持，还存在一些突出问题，如入驻文化企业多以生产低端产品或为外商贴牌生产为主，缺乏主打的品牌性文化符号，实际经济效益不高。瓷板画是富有南昌特色的文化产品，但市场化、产业化程度不高。同时，南昌的文化产业园区以提供文化旅游、休闲娱乐服务为主，而不是以生产文化产品为主，因此难以形成品牌，知名度有限，附加值不高。

④园区服务平台建设相对滞后，有效供给短缺

在集聚同类企业、挖掘区域优势、服务园区企业、提升产业层次等问题上，产业服务平台往往能发挥四两拨千斤的作用。当前，南昌文化产业园区公共服务平台建设相对滞后，尤其是信息共享平台不完善。突出表现是南昌文化产业园区的一些文化产业数据、指标没有入库规范、权威的统计机构，导致文化特色产品的买卖双方信息不对称，无法顺畅完成商务交流。一方面是巨大的潜在文化需求不能实现，另一方面是大量无效的文化产品供给。福州路的山水汇和昌北的环球公园，虽然是以本地消费群体为主，但它们的经营出现今天这种状况，不同程度上都受服务平台建设不完善影响，致使业主轻视目标市场实际需求，最终让这些主观盲动型的园区供给遭遇滑铁卢。

⑤园区业态创新不足，溢价效应不强

文化产业业态决定了文化产业园区的发展定位和发展方向。随着现代高新科

技的广泛运用，引发了传统文化形态的更新和新兴文化业态的崛起，由新媒体技术催生的文化产业门类，成为当今文化产业中最快的增长点。目前，南昌产业园区文化企业的科技含量和自主创新能力还不强，大部分文化产业园区还是从事新闻出版、广播影视、文化艺术、文化旅游等传统产业，数字出版、数字影视、网络文化、数字文化服务等新兴文化业态还相对不足，采用数字技术、高科技手段改造传统文化产业也不多，这也使得园区文化产业溢价效应不强。

（3）提升南昌文化产业园区发展的对策建议

按照省市关于推动文化大发展大繁荣，要把文化产业打造成为国民经济支柱产业的要求，要不断提高文化产业集约化、专业化水平，统筹规划建设一批布局合理、主业突出、集聚效应明显，具有较强吸纳能力和带动作用的文化产业园区。

①优化产业发展布局，加强园区顶层设计

要按照规划要求，重点发展数字传媒、动漫游戏、工艺美术、特色设计、]艺娱乐、广告会展、出版印刷和文化旅游等八大门类文化产业，推动文化产业与科技、旅游、体育、信息、物流、建筑等产业融合发展。要按照省文化发展实施意见，充分发挥南昌作为全省文化中心的示范作用，把南昌打造成为布局合理、特色鲜明的文化产业发展高地。要着力打造以中心城区为主的文化信息服务、艺术品、工艺美术品文化产业聚集区；以青山湖区为主的新媒体、特色设计产业聚集区；以南昌县小兰为主的动漫游戏产业聚集区；以新建望城为主的出版产业聚集区；以进贤文港为主的文化产品生产贸易聚集区；以安义为主的古色文化休闲聚集区。

②拓展延伸产业链，加快推动园区聚集发展

要坚持"双轮驱动"，一手抓企业集团发展，一手抓园区建设。大力培育市场前景好、带动性强的文化企业成为龙头企业，发挥辐射带动作用，推动整个园区聚集发展。鼓励有实力的文化企业跨地区、跨行业、跨所有制兼并重组，发展文化产业集群，促进产业融合，增强孵化功能，发挥聚集效应，提高文化产业规模化、集约化、专业化水平。同时，各集聚区要错位发展，建立完整的产业链，消除文化的"产业壁垒"，减少园区竞争内耗。比如，南昌市汇通]艺投资发展有限公司开发的南昌互联网运用创新基地，可以考虑整合产业资源，促进相关产业的企业进驻基地，围绕互联网，可以吸引影视、动漫、游戏、ＭＴＶ音乐等各种企业为其提供节目内容，促进资源整合。

③完善园区服务平台建设，增强园区的增值盈利能力

在完善各大产业园区的软、硬件设施建设的基础上，要进一步完善园区项目服务、市场服务、信息服务、技术服务、产权服务、中介服务、会展服务平台，尤其是要建设一批提供研发设计、信息咨询、生产制作、合作交流、推介融资等文化园区高端增值服务平台，促进园区形成完善的配套服务体系，增强园区的增值盈利能力，促进园区文化资源合理配置，聚集产业要素，充分发挥产业园区在推动产业发展中的支撑作用，使之成为文化产业的孵化器，成为引领、辐射、带动南昌文化特色产业发展的主平台。

④落实税收优惠政策，加大园区金融扶持力度

落实国家关于非公有资本、外资进入文化产业的有关规定，根据文化产业不同类别，通过独资、合资、合作等多种途径，积极吸收社会资本和外资进入政策允许的文化产业园区。贯彻落实国家相关税收优惠政策，研究确定文化产业支撑技术的具体范围，加大税收扶持力度，支持文化产业园区发展。鼓励银行业金融机构加大对文化产业园区的金融支持力度。支持文化产业园区内有条件的企业进入主板、创业板上市融资，鼓励已上市文化企业通过公开增发、定向增发等再融资方式进行并购和重组，迅速做大做强园区整体实力。

⑤发展新兴文化业态？熏打造高端特色产业园

要牢固树立"特色为王、科技为核"的理念，充分发挥科技和文化相互促进的作用，发展新兴文化业态，增强南昌文化产业园的科技含量和自主创新能力。要采用数字、网络等高新技术，大力推动文化产业园区升级。要优先引进数字杂志、数字报纸、数字广播等新兴媒体入驻文化产业园区。积极推进下一代广播电视网络建设，发挥第三代移动通信网络、宽带光纤接入网络等网络基础设施的作用，促进互联互通和资源共享，推进三网融合。鼓励发展手机出版、手机电视、网络广播电视、网络游戏、移动多媒体广播电视、公共视听载体等新兴传播载体，打造高端特色产业园区。

3. 我国文化产业园区发展模式

目前国内文化特色产业园区的发展模式从形成的原动力及其功能方面来看，主要分为政策导向型、艺术家主导型、开发商主导型、资源依赖型、成本导向型及环境导向型六种。

（1）政策导向型园区

政策导向型园区是指政府规划建设或大力推动并进行统一管理的文化特色产业园区，这是我国发展文化特色产业集群的重要方式。政府发展文化特色产业时，

会通过政策调控、城市规划、关系协调等措施,营造有利于集群化的生态环境、经营氛围和产业链条。政府导向型的文化特色产业园区一般具有雄厚的经济基础、良好的政策支持、独特的区位优势和特定的园区发展方向。政府利用中心城区闲置的旧厂房或旧仓库加以改造,或新建一块区域进行规划,集中发展某类型文化特色产业,大量投资建设基础设施,为企业搭建良好的公共服务平台,实行招商引资特殊优惠政策,吸引行业内重点龙头企业入驻,最终形成集聚区。但这类园区也具有不可避免的劣势,依靠单一的行政手段管理园区会导致市场的调节作用较难发挥,管理者与企业缺少对话,相关的法律法规不健全。近几年来,我国各地政府大力发展文化特色产业,都相继规划和建造了一系列文化特色产业园区。如北京市规划了DRC工业设计特色产业基地、中国(怀柔)影视基地,杭州市政府规划建设了"杭州市十大文化特色产业园区",昆明市也着力打造14个文化特色产业园区。

(2)艺术家主导型园区

艺术家主导型园区是指艺术家自动聚集和自动孵化后形成某个产业集聚后由政府或开放商统一管理,政府对已经形成的园区进行合理和有效的指导管理,把握好艺术生产社会标准效益,引导园区有效发展。这是特色产业园区最早的开发方式,得益于艺术家们专业知识的储备,园区的文化艺术价值在开发中被深度挖掘并凸显出来。艺术家开发力度十分有限,而且没有房地产开发和市场运作的相关知识,同样需要政府的支持和实际运作中的帮助。但这类园区的弊端在于政府或开发商介入后,在一定程度上影响了园区原有的生态平衡,高涨的房租等导致一些入驻企业的退出,或与特色产业无关企业的进入。北京798艺术区、宋庄原创艺术与卡通产业集聚区、上海M50、成都蓝顶艺术中心、深圳大芬村等都是此类园区。北京的798艺术区是由民间艺术家自发形成的。1995年-2001年期间,中央美术学院雕塑系的教授租用了798工厂的闲置车间作为大型雕塑创作的场所,798艺术区由此揭开序幕。随后,798艺术区渐渐吸引了大批艺术家。2002年前后是艺术家进驻798艺术区的高峰时段,许多著名艺术家纷纷在此创建艺术工作室,使艺术区在短时间内迅速形成。798艺术区作为北京市文化特色产业的象征,大大提升了北京的城市形象。

(3)开发商导向型园区

开发商导向型园区是指由开发商投资建设文化特色产业园区,一般由资本雄厚的民营企业或私营企业对园区进行统一规划和管理。这种发展模式不仅操作方便、适用面广,而且节省人力物力、效率高,具有较好的市场调节作用,比起艺术家主导型的更易产生经济效益。但是这种开发模式往往追求单一的经济效益,很少考虑社会效果和文化效果。开发商迫于资金压力会引进一些非文化特色类企业入驻,具有一定的盲目性,需要政府的规划和专家的指导。南京1912街区、特色东8区、上海8号桥、杭州乐富·智汇园等都是民营资本投资建设的。杭州乐富·智汇园是由一家房地产商将标准厂房进行了适当的调整和整体形象包装,吸引特色设计类企业入驻,形成文化特色产业集聚。

(4) 资源依赖型园区

资源依赖型园区是指根据资源富集情况来确定文化特色产业园区的建立。其中一类是依赖周边高校的学术、科研、人才资源,依托高校建立文化特色和产业园区,借助高校的学术、科研资源,将其迅速转化为特色产业资源。北京的中国人民大学文化科技园、南京工业大学科技创新园、杭州之江文化特色园、深圳大学3号艺栈等都是依托周边高校建立的文化特色产业园区。中国人民大学文化科技园是全国第一家依托大学建设的文化特色产业园区,园内设有国家大学科技园、国家版权贸易基地、留学人员创业园等园中园,积极推进人文社会科学的成果转化。另一类是依赖附近业已形成的高新技术产业园区,共享人才、技术、信息、资金等资源,利用公共技术和孵化服务平台。北京的中关村科技园区雍和园、北京数字娱乐产业示范基地、国家新媒体产业基地、中关村特色产业先导基地及成都数字娱乐产业园等,都是通过在原有高新科技产业园的基础上中加入一种新的要素或依托原有资源拓展新的产业领域,提升原有资源的利用价值,打造新的产业链条,形成文化特色产业的集群效应。

(5) 成本导向型园区

成本导向型园区是指特色企业或个人最初基于节约成本或资源共享而自发汇聚形成文化特色产业园区,或者以行业内龙头企业为核心主导,集聚一批中小企业发挥规模效应。这类园区一般集中在距离城市中心较为偏远的地区,既有适合特色产业创作的空间,也有低廉的房租。企业在特定区域集聚一般是基于成本导向的考虑:共享基础设施以节约成本,贴近客户以节约交易成本,互相交流以节约研发成本,专业化分工和协作也会带来成本的下降。但是这类文化特色产业园区同质化程度较高,易造成重复建设,形成同行之间的恶性竞争。成都的浓园国际艺术村、北村艺术村、苏州的动漫产业园区都是成本导向型园区。以杭州的LOFT49为例,2002年美国DI设计库中国公司最先发现并租住,吸引其入驻的重要原因是其低廉的租金，此后这里吸引了大批设计类企业，自发形成一处文化特色产业园区。

（6）环境导向型园区

优美的自然环境，良好的配套设施，悠久的历史文化，交通便利的地理位置及宽松、自由、活跃的环境，这些因素对文化特色产业园区的生存和发展是十分重要的，也是形成文化特色产业园区的重要条件。一些被遗忘的老厂房和旧仓库也是城市文脉的一部分，曾经创造过辉煌，融入文化特色产业的"新生力量"，改造旧的厂房和仓库能够在保护历史文化的同时，实现资源的最大化利用。这是目前我国建设文化特色产业园区的重要方式。另一方面，特色人才一般追求自由、宽松的环境。美国经济学家佛罗里达（RichardFlorid）认为，一个能够通过文化特色产业来促进经济持续发展的地区需要同时具备三个条件：技术（Technology）、人才（Talent）和宽容（Tolerance），即城市环境开放的、多样化的、有活力的地区在建构、吸引特色人才方面更具优势。

当然，上述六种文化特色产业集聚模式没有严格的划分界限，当条件成熟时可能会发生模式转换和混合。例如艺术家由于创作灵感形成的集聚区，在发展过程中可能会被政府或开发商接管，由于租金上涨和创作环境改变，艺术家们出于成本的考虑或环境因素被迫离开原有园区，寻找成本导向型或环境导向型园区。但是，单一的园区发展模式会带来不同程度的弊端，政府、开发商或艺术家主导的产业园区在发展过程中会出现各种问题，应当探索建立新型的官产学结合的"铁三角"模式，努力搭建互利共赢的、具有良性循环功能的和园区自身特点的"食物链"和"生态环"。澳大利亚的昆士兰科技大学（QUT）的特色产业园区（CreativeIndustriesPrecinct-CIP）是一个典范。CIP是澳大利亚第一个由政府与教育界共同为发展特色产业而合作的项目，投资六千万澳币（其中一千五百万澳币由昆士兰省政府资助），耗时三年建造，于2004年五月正式启用。这是一个由产官学共同合作而形成的园区，不仅试图培育澳洲的特色产业人才，同时运用其学术资源与官方关系影响着澳洲在特色产业发展上的走向。

纵观我国文化特色产业园区近几年来的发展，虽然发展时间不长，但不少地区在文化特色产业园区建设方面取得了突出成就，总体呈现以下几方面特点：

一是园区发展速度快，数量多。自2005年以来，国内文化特色产业园区迅猛发展，数量不断增加。仅上述10座城市规划建设的文化特色产业园区近300家，而达到这一数字不过用了四五年时间。全国各地大兴建设文化特色产业园区之风，这一方面说明全国各地重视发展文化特色产业，并下大力气建设文化特色产业园区，使文化特色产业在短时间内形成群体竞争优势和集群效应。但另一方面也显示出不少地方政府过于重视有形的园区建设，可能忽视了文化特色产业发展所需要的无形支持。二是投资主体呈现多元化趋势。目前我国文化特色产业园区发展的投资主体呈现多元化发展趋势，除政府给予直接和间接的投资外，各种民营企业、私营企业以及社会团体等纷纷投资建设文化特色产业园区。以杭州市政府规划的"十大文化特色产业园区"为例，其中西湖特色谷、之江文化特色园、杭州创新创业新天地、西溪特色产业园、白马湖生态特色园产权性质为国有，西湖数字娱乐产业园为集体投资，特色良渚基地为民营资本投资，运河天地文化特色园及下沙大学科技园为国有、民营合资型。三是入驻文化特色产业园区的企业以中小型企业和民营企业居多。中小企业在我国发展文化特色产业中发挥着重要作用，但由于自身资金和资源能力有限，往往被产业园区低廉的租金和完善的公共配套设施所吸引进而入驻园区。据上海特色产业中心对上海市首批挂牌的75家文化特色产业园区110家企业的调查结果显示，民营企业34家，占总数的30.91%，私营企业47家，占总数的42.73%，而国有企业仅4家，占总数的3.64%。国有企业由于种种原因缺乏活力和特色，在特色企业中占据很小的比例，而民企和私企规模小、灵活性好，聚集了较多的特色类人才。可以说，中小型民营企业或私营企业是我国文化特色产业发展的主力军。

4. 园区发展中存在的问题及对策分析

我国文化特色产业园区的形成和发展对产业的发展具有重大意义，它提供特色产业发展所需的各种信息、人才、发明和市场需求，由此把相关的各种企业、研发机构、大众传媒、工作室、艺术家俱乐部、服务机构、教育培训机构等组合在同一个空间。这样不但降低了开发的成本，更重要的是能形成许多新的生产力组合，有力推动了文化特色产业的发展。但是，应当指出的是，目前国内文化特色产业园区的发展仍然存在不少问题。

首先，各地将发展文化特色产业园区作为集群发展的唯一模式。产业园区只是文化特色产业的发展模式之一，但目前其他发展模式尚未形成。单一的园区发展模式在一定程度上带动了文化特色特色产业的发展，但这种模式存在一定的缺陷。虽然它在促进园区内部产生集群效应，具有外部竞争性。但相对来说，这是一种静态的竞争力。它们与园区外部及其他行业的互动性较差，促进效果有限，而且很难与周围社区居民产生交互作用。文化特色产业包含的范畴是极为丰富的，产业内各行业的发展模式各不相同，单一的产业园区发展模式很难适应国内文化特色产业的整体发展需要，多种模式共存才是发展文化特色产业的最终选择。

其次，不少产业园区的功能和定位不清晰，重复建设严重。大多数产业园区遵循政府导向的模式，盲目跟风建设，缺乏领军式的企业，缺乏特色。纵观各地已建或将建的各类文化特色产业园区，产业形态相似，势必造成集群的资源分散和产业的恶性竞争，最终不利于文化特色产业的健康发展。目前的现状是只要一谈到文化特色产业就是动漫和数字娱乐，各地的动漫产业园层出不穷。据不完全统计，仅国家广电总局、文化部、国家新闻出版总署规划的各类动漫基地多达42个，而真正产生集聚效果的不多。

最后，产业园区的集聚效应不明显。园区内集聚的文化特色类企业数量少，企业之间的关联度低。文化特色产业园区局限于地理空间意义上的集聚，而非产业集聚，没有形成完整地产业链。同时，不少开发商主导型的文化特色产业园区迫于盈利的压力，放宽园区的进入门槛，允许一些非特色类企业进驻，这将导致园区内文化特色生态环境被破坏，起不到产业集聚发展的效果。

针对上述园区发展过程中存在的问题和矛盾，我们从两方面对文化特色产业园区的建设和发展提出一些建议：从宏观政策层面上来讲，首先，政府应当加大对文化特色产业的扶植力度，并制定相关政策法规规范园区建设和准入制度。文化特色产业的发展不仅要重视数量，更要重视质量，通过政府授权挂牌的形式可以有效保证真正的特色企业入驻，而淘汰那些非特色企业，维护产业园区内的生态平衡。其次，政府应当完善园区的公共服务平台。目前我国的特色企业大多是中小企业，普遍缺乏资金、信息、管理经验和业务渠道，独立生存能力不强，这些特点决定了特色产业的发展离不开公共服务平台的支撑，政府应当在税收、融资、人才培训等方面给予文化特色产业园区适当优惠和扶持。从微观操作层面来讲，第一是要坚持文化特色产业园区特色。要形成真正意义上的特色产业园区，必须对园区的功能和特色有明确的定位。一座城市或一个地区往往集聚了数十家文化特色产业园区，园区的定位必须坚持专业化、差异化、特色化，避免同质化和恶性竞争，这样才能有利于各园区的健康发展。第二是加强园区内中介机构的作用。文化特色产业园区绝非单纯地理和空间意义上的集合，而应的是互相联系、竞争合作的网络，中介机构是园区内企业之间形成竞合网络的纽带。通过中介组织可以使企业之间交流合作增多，从而形成良好的竞合网络，吸引更过企业的入驻，推动园区不断发展。第三是构筑园区内完整的产业链。园区内部通过有效的管理机制和中介组织最大限度的整合共享资源，形成创新能力和创新网络，打造文化特色产业链条，并产业链条形成高度专业化的分工和合作，实现园区整体外部竞争力和产业实力的提高。

总的来说，建设文化特色产业园区是我国发展文化特色产业是一条必由之路，但这条路怎么样才能走得好、走得远，还需要学界和业界的理论探索和实践指导。

三、赣文化特色产业园与全球化的关系

经济政治决定着文化的发展，文化对于经济政治活动的影响起着重要的反作用。21世纪，科学技术是第一生产力，而互联网与信息技术的快速发展大大推动了社会的进步，尤其是促进了经济的发展。如今我国经济发展水平也位于世界前茅，人们的物质生活得到了大大的改善。经济全球化，是现代世界各个经济紧密相连的结果，我国各方面的发展受到了经济全球化的影响。尤其是21世纪初中国成功加入世界贸易组织，各国开始于我国进行经济贸易往来，同时也带来了文化的交流与思想的碰撞。以江西禅宗祖庭文化产业为例。

禅宗祖庭，主要是指佛教禅宗祖师即初祖所居住、弘法布道的寺院。禅宗汉传佛教宗派之一，始于菩提达摩，盛于六祖惠能，中晚唐之后成为汉传佛教的主流，也是汉传佛教最主要的象征之一。江西省，是我国的重要佛教文化旅游省份，佛教禅宗虽然在许多地方都存在，但是大部分祖庭及历代高僧大德都在江西、湖南等地方建寺，这些年江西省通过各种努力大力去发展当地禅宗祖庭文化，当地本着"净化心灵，启迪智慧"的宗旨，大力弘扬禅宗文化，构建和谐社会。国内江西禅宗祖庭文化的研究比较少，主要有陈荣庆；张惠在《用寺院经济推动江西禅宗旅游文化产业的新发展——以宜春禅宗旅游文化产业发展为例》的研究中，以江西宜春为研究对象，重点探讨了目前发展宜春禅宗旅游文化产业的最佳选择是优先发展禅宗寺院经济，通过鼓励和扶持寺庙直接进行产业及商业活动来破解宜春宗教旅游业的困境，进而推动禅宗的发展。

1. 全球化背景下江西禅宗祖庭文化继承与发展困境

（1）全球化淡化人们对禅宗祖庭文化的印象

文化的传承需要大众的传播，如今禅宗祖庭文化的传播不是很顺畅。虽然江西省禅宗祖庭文化有着上千年的历史，江西宜春、九江等地有着象征禅宗祖庭文化的发展的古迹，但是真正了解江西禅宗祖庭文化的老百姓非常少。经济全球化的影响下，西方宗教文化，尤其是基督教、伊斯兰教一些思想观念对我国传统文

化带来了严重的冲击。现代年轻人，尤其是大学生有着崇洋的心理，在西方宗教文化与本土宗教文化冲突之际，很多年轻选择追寻西方宗教文化。本课题在研究中开展了一项简单调查，对象是江西省大学生。随机调查了100名大学生，其中75%的学生对禅宗祖庭文化基本不了解，有20%的学生对禅宗祖庭文化稍微认识，只有5%的学生对禅宗祖庭文化比较了解。而这100名学生中，有80%的学生有主动了解基督教、伊斯兰教等宗教文化，有15%的学生是不排斥这些宗教文化，只有5%的学生是拒绝西方宗教理念。

（2）全球化背景下各地政府对祖庭文化的传承不够重视

经济全球化的发展，我国的经济水平得到大幅度提升，综合国力与国际竞争力大大增强。在经济全球化的影响下，江西省政府抓住机遇，大力发展本土经济，提升当地人们生活水平。但是经济发展的背后，传统文化的继承与发展却没有得到重视。这几年江西省很多禅宗寺庙破烂不堪，却没有得到当地政府的重视，一直无法维修。一些祖庭文化传承地负责人也提到"目前寺庙的维修主要是依靠慈善资金以及香火钱，但是资金非常有限"。目前，江西省的各种禅宗寺庙非常多，但是很多寺庙随着时代的变迁受到不同程度的破坏，包括真如寺、宝峰寺等，寺庙中的很多文字及图案也变得十分模糊，而宜丰县洞山寺，至今已经有一千多年的历史，起源于宋代，如今洞山寺很多祖庭文化古迹已经无法考证相关内容，影响祖庭文化的传承。

2. 全球化背景下江西禅宗祖庭文化的继承与发展新路径

（1）发展佛教文化旅游，传承禅宗祖庭文化

时代的发展，社会的进步，当人们物质生活得到改善的同时，开始追求精神文化生活。旅游是能够满足人们精神生活需求的重要方式，更是传承传统文化的重要方式，老百姓在旅游中近距离去了解传统文化，提升自己的文化修养，加深对传统文化的认识。江西禅宗祖庭文化的传承，需要通过旅游产业的推动。首先，当地政府应该加大力度对当地祖庭寺庙的保护与维修，有助于吸引更多的游客前观赏。

（2）高校培养宗教人才，发展禅宗祖庭文化

高校，是人才培养的基地，发展禅宗祖庭文化需要高校的支持与协助。首先，高校可以开始关于禅宗祖庭文化的相关选修课程。目前，国内高校开设宗教研究的学校比较少，除了部分高校有相关的硕士点，大部分学校本科阶段都没有这方面的课程。江西省有几十所高校，可以借助各高校平台，开设相关课程，培养宗

教人才，发展禅宗祖庭文化。例如南昌大学、江西师范大学等名校，可以根据自身的硬件设施以及师资力量，开设江西省禅宗祖庭文化的学术研究，邀请社会对宗教文化有深入研究的专家与学者参加相关的论坛，同时在高校召开禅宗祖庭文化讲座，让广大师生重新认识禅宗祖庭的相关历史。

（3）面向世界，加大江西禅宗祖庭文化全球传播

经济全球化的趋势，为文化的传播提供了重要的平台。一方面，国内要引入西方文化先进思想，与本土传统文化进行融合，加大力度对禅宗祖庭文化的创新与传播。另外一方面，更要实行文化"走出去"战略，作为江西省政府，应该加强对外文化交流合作，例如组织相关的禅宗祖庭文化研究学者到国外进行讲学，在国外兴建祖庭文化学习基地，这样吸引国外学者对祖庭文化的深入认识。

江西禅宗祖庭文化的继承与发展，是当地传统文化发展的重要课题。在经济全球化趋势下，江西禅宗祖庭文化的继承与发展遇到了较多的障碍。在新的时期，要进一步继承与发展江西禅宗祖庭文化，就要大力发展佛教文化旅游，传承禅宗祖庭文化，高校培养人才、发展禅宗祖庭文化，面向世界，向全球传播江西禅宗祖庭文化的思想。

第四节　信息时代与文化产业园的关系

在当前"全球信息化"的背景下，人类社会由工业社会向信息社会转变的趋势日益明显，信息技术的不断进步和深入发展对社会各个方面都产生了深刻的影响。文化产业作为21世纪的朝阳产业，它与信息技术的结合更是值得关注。文化产业的范围之广几乎无所不包，信息技术的影响之深几乎无孔不入。在影响文化产业发展的诸多因素中，信息化对其产生的促进和推动作用勿容置疑。信息技术不仅促进了新闻出版、广播影视等传统文化产业的升级，更重要的是还催生了诸如动漫产业、网络游戏等一系列新型的文化产业。

一、信息化文化产业园的发展背景

信息技术是一切以数字形式处理信息的相关技术，包括与信息的处理、传递、采集、应用及存储、检索、显示等有关的一切技术。主要包括计算机技术、微电

子技术、通信技术、控制技术以及感测技术（即4C技术）等。计算机技术是信息技术的核心。

1. 社会经济背景下的信息技术的发展

21世纪最重要的技术发明就是信息技术。信息技术是发展最快、影响力最大、渗透力最强的一门高新技术，是推动经济发展和社会进步的关键性技术。它正以空前的影响力和渗透力，不可阻挡地改变着社会的经济结构、生产方式和生活方式。信息技术的发展异常迅速，莫尔定律（计算机芯片功能每18月翻一番，而价格以减半数下降）、梅尔卡夫法则（网络价值等于网络节点的平方）、新莫尔定律（因特网的规模与业务量每9个月翻一番而成本下降50%）等持续起作用。有10年辉煌历史的电子数据交换（EDI）在不到二三年的时间内就被基于因特网的电子商务（EC或EB）所取代。正如一些经济学家所断言，信息技术在全社会范围的扩张和渗透，无异于"第二次工业革命"，它比第一次工业革命的影响更加深远。

（1）信息化进一步带动了工业化

发达国家从19世纪末在工业革命与技术革命的背景下，进行了工业化。我国目前总体来讲处于工业化中期。但是，现代的工业化不同于19世纪的工业体系，应当是建立在当代工业体系上、以知识经济和信息经济为基础的。由于我国的工业化尚未完成，而同时又面对全球信息化浪潮，因此，我们的工业化必须在信息化的带动下来实现。

信息产业已经成为国民经济中最活跃的部分，信息技术更渗透到各个行业的技术和管理创新之中。信息技术是新经济的催生剂。对于企业和行业而言，通过信息技术的融合渗透，促进了传统产业的升级改造。信息技术大量渗入产品之中，比如洗衣机从原来的主要靠手工操作到现在电脑程控，机床由原来机械式发展为数控式，在汽车等行业信息技术的作用也日益显现。另一方面，信息技术用在生产过程中，实现了控制自动化、操作规范化，充分保证了产品的质量，降低了生产成本，提高了劳动生产率。此外，信息技术也渗入了企业经营管理，比如电算会计、人力资源管理、ERP管理等等。这些信息化手段提高了经营管理的效率，减少了产品库存，加快了资金流转。

加快发展信息产业，推动国民经济信息化进程，以信息化带动工业化，是我国现代化建设的战略举措，也是我国科技发展的重要任务。我国作为世界上最大的发展中国家，并已加入世贸组织，将把加快科技进步和创新置于经济发展的优先地位，在更广泛的领域和更高层次上参与经济、科技全球化进程。

（2）信息技术产业化，推动社会经济的进一步发展

信息技术的出现，使人类在认识和开发物质和能量两大战略资源之外，又开发和利用了信息这一战略资源。信息是知识经济社会的主要经济资源，信息技术是知识经济的主要生产力，它日益渗透到几乎所有的知识经济领域。信息技术作为一种知识产品，投入少、产出多、效益高。有资料显示，美国以信息技术为主的知识密集型产品出口额占其总出口额的40%。在25年前，全世界仅有5万台电脑，现在已增加到1.4亿台。20世纪60年代，一条横跨大西洋的电缆仅能容纳138对电话同时通话，现在一条光缆可同时容纳150万对电话通话。信息技术对经济发展的推动作用，由此可见一斑。

信息技术对经济建设的推动，形成了以信息和知识产品为主要特征的信息经济和知识经济。知识经济时代的到来是社会发展的必然。许多科学家和经济学家都认为，如果说200年前工业经济开始替代农业经济，那么如今知识经济正开始替代工业经济，21世纪将是知识经济时代。

信息技术的应用，使经济管理和决策日趋规范化、科学化信息技术在经济管理中，广泛应用于企业管理、情报检索和经营决策，并由单个的信息工具发展成为企业内部的信息系统，出现了管理信息系统（MIS）、决策支持系统（DSS）等，借以辅助管理和辅助决策。另外，在经济管理中建立经济数学模型进行预测分析，对提高管理和决策的科学性成效显著。

因特网（INTERNET）是世界最大、增长最快的连接全世界各地不同计算机系统的全球化计算机网络，用户能在网络上检索多媒体信息[如文字、图形（像）、声音、动画等）。通过上网浏览，及时掌握市场动态，准确把握经济脉搏，大大增强了驾驭全局的能力和综合分析判断的能力，为科学地进行管理和决策提供依据。

随着因特网的迅猛发展，加快了经济管理信息化与业务流程信息化融为一体的进程。信息技术的应用，促进了业务流程再造和组织结构重建，使管理组织、管理方法发生了根本性变化，新的管理方法和生产技术也纷纷出现。与此同时，在开放式交互型的网络环境下，信息技术还促进了管理模式和管理理论的变革。网络经济、电子商务的全新管理模式开始出现，物资流、资金流、技术流、人员流，将由信息流来引导、支配、组织和协调。学习型组织、精益生产、敏捷制造、柔性组织，以及虚拟企业、网络银行等管理概念日益增多。从根本上说，就是要

求不断用信息技术来提高经济管理人员的素质、水平和能力，实现管理规范化、决策科学化。

（3）充分利用信息战略优势，建立和发挥战略管理优势

信息技术对经济管理的影响，不仅表现在操作层和管理层上，更表现在战略层上。近年来，高层管理人员开始把信息技术进行战略性应用，出现了战略信息系统（SIS），用来建立和保持企业的竞争优胜。当信息技术被用作经济管理的战略措施时，经济组织的发展战略与信息战略相结合，并以信息战略为主导来形成发展战略，其注意力也从内部管理延伸到外部管理，并把着眼点放在外部管理上，以调整组织内部力量，来适应和改造外部环境。利用信息技术，内强素质，外树形象，全面提升自身的竞争力。

（4）信息技术改变了传统的生产方式与经营理念 新经济环境下，相当多的企业面临各方面的挑战，企业重组与资源整合过程中遇到的问题逐渐显现并日趋尖锐，严重地阻碍企业转型，甚至导致其"流产"。在这种状态下，企业如果凭借已往经验仍然固步自封，用传统的步伐与思维来经营，在外界日益激烈的竞争冲击下将溃不成军、一败涂地。 网络与通讯技术以前所未有的速度与竞争力，冲击着传统的经营模式。近年来，我国工商企业管理信息化进程加快，尤其是大型企业，已经开始利用电子信息技术改进管理手段，提高生产效率，提高产品性能，推动产品升级换代，并发挥网络优势，重塑自身形象，扩大市场份额。电子商务、网络生存，在改变人类生活状态与商业经营模式的同时，也产生更大的数字落差与知识落差。当今世界，社会和经济的发展，对信息资源、信息技术和信息产业的依赖程度越来越大，信息化是世界各国发展经济的共同选择。信息产业的发展水平已成为衡量一个国家发展水平和综合国力的重要标志。 今天，一切经济活动都离不开信息。以信息技术为基础的高新技术的广泛应用，正改变着人们的生产方式、工作方式、生活方式和学习方式，使信息经济财富的增值空间扩大到全球范围，不再受国界的限制。因此，国家经济信息化是世界性的大趋势，我们只有走经济信息化的道路，走与全球信息化融合的道路，积极主动地与国际接轨，才能在世界经济竞争中有立足之地。

2. 信息化文化产业园

（1）要利用信息服务业的平台，打破传统文化产业门类之间的界限，促进文化内容的流通，推动文化生产力的发展

文化产业作为以生产文化价值为核心的经济门类，它包括了许多不同的产业，

而且许多产业之间有比较严格的划分，譬如说纸质传媒业包括报纸、杂志、书籍等，电子传媒业包括广播、电视等，户外传媒业则有路牌广告、灯箱广告等。各大媒体产业部门分别提供不同产品和服务，并通过其特定的流通渠道与流转环节形成各自不同的价值链。如出版物大都限于纸张实物分销的形式，通过发行部门进入批发和零售店，电视则利用了单独的信号传输网络。各大媒体产业部门之间是一种纵向一体化的市场结构，有各自分割的市场领地，处于非竞争关系之中，如报刊邮递和零售网络与电视广播网络并不在同一个平面上，竞争只是发生在同一产业的不同企业之间。在传统媒体产业分立的情况下，各产业部门中也曾有过一些大公司从传统经营角度追求不同业务的融合，但这些业务融合最终大都以失败告终。究其原因就在于缺乏技术融合的基础。在没有相应技术融合的基础上，所实行的纵向一体化业务融合是强行拼凑的，被称为无生命的拼凑。

但是，由于信息服务业的崛起，使得传统产业的界限迅速地被打破，现在的绝大部分文化内容包括文字、图像、声音、音乐、表演等，都可以被转化为0和1的表现形式，而且可以在不同的领域之间，快速地转移。比如说网络上的内容，可以迅速地转化为广播的内容、电视的内容、报刊的内容，也可以转化为街头广告和移动广告的内容。这就极大地解放了文化的生产力，使得过去那种条块分割、纵向阻断的产业运作形式，以及产业链的构成，变成一种网络状态，甚至可以说是没有中心，而是以若干个网络结点构成一个巨大的文化产业内容的创造和延伸的形态，从而极大地便利了文化产业的生产、传播和消费。

所以，今天许多娱乐和媒体文化产业的跨国公司，譬如时代华纳、迪斯尼、新闻集团、维亚康姆、贝塔斯曼等，都充分地利用信息化技术，拓展多个领域的传媒和娱乐产业，取得了很大的成绩。从全球看，恰恰是信息化技术的进步，促进了文化产业的增加值和市场容量迅速地增长。这是中国文化产业推动体制创新，解放生产力的重要契机。它充分发挥了信息服务业平台上跨媒体合作的优势，实施成都商报、33频道、环球资讯频率、全搜索网站四种媒体形态的合作，四种媒体形态在品牌、渠道、信息、广告等之间进行互动，集团内部形成数字化内容开发的"大厨房"和"总调度"制度，共享市场营销的网络，覆盖了省内外的广阔市场，大大提高数字化内容的使用率和收益率。

这样的跨媒体集团，可以利用资本和人员的优势，开发影视剧大制作项目。成都传媒集团把原来的电视台的一个部门电视剧制作中心改造为成都传媒集团先锋影视公司，集团作为投资方和出品方之一，联合中影集团、英皇集团和紫禁城影业共同拍摄电影大片《赤壁》，引起观众热烈反响，在国内外的影视市场上获得了良好的效益。《赤壁》（上）上映仅仅第二周，在中国内地票房达到2.077亿元，再一次创造了中国国产电影的票房纪录，也打破了进口大片《变形金刚》14天过2亿元票房的纪录，另有成都传媒集团投资的《张居正》、《龙的传人》、《一品天下》等影视剧已经完成或正在有条不紊地筹拍之中。他们开发了全球营销项目。该集团借"可口可乐"全球换包装的机会，在百事大中华区发售"成都印象罐"，在宣传成都形象的同时，使得集团能够站在更高的起点上实现自己的品牌化和多元化战略。他们开发了期刊整合项目。将集团所属的期刊资源进行融合，成立了成都先锋文化传媒有限公司运营推广，面向全国打造"先锋"系期刊品牌，推出的《榜样》、《评论》、《慈善》、《超级粉丝》、《成都客》、《高尔夫》等期刊均已上市，从成都向省内外和全国市场逐步推广。他们也开发了电视购物项目。集团经同韩国CJ家庭购物等有关企业公司进行了合作洽谈，正在进入新的市场空间。

（2）要利用信息服务业的优势，催生新的文化产业形态，打造新的生产关系和新的组织形态

这种新的文化产业形态是以信息服务业的技术为载体，以信息化的文化内容为实质，以信息化的服务手段为拓展。在数字技术融合的基础上，今天的电视、报纸、杂志、广播、网络、手机短信、楼宇液晶电视、公交移动电视、3G或4G即移动声讯和移动音像服务等，都使用同样的混合多媒体技术进入互联网。在其原有媒体上完全不同的产品在互联网上看起来往往都类似。另外，受单位容量扩大的影响也会使服务内容发生结构重组。万维网可提供实际上无限的数字频谱，并消除印刷、邮资与分发成本，大大降低了准入壁垒，从而使服务内容制作大大增加。多媒体经营者与产品，以及新的订购与广告规定及编辑手续的出现，可能导致一个机构重组的全球内容服务业。

这与上海高度重视发展文化信息服务业密切相关。上海把这一新型业态作为体现上海科技自主创新的活力，提升科技内涵的信息产业。其增长幅度和规模优势在全国保持领先地位。从2000年开始，上海先后制定和颁布了一系列政策，营造有利于数字内容产业发展的条件。2000年数字内容产业被上海市政府列入城市信息化发展计划，《上海加速发展现代服务业实施纲要》对扶持从事数字内容产业研发和电子商务等企业，作出了具体规定。根据《上海市政府工作报告》指出，数字内容产业是依托先进的信息基础设施与各类信息产品营销渠道，向用

户提供数字化的图像、字符、影像和语音等信息产品与服务的新兴产业类型,主要包括软件、信息化教育、动画、媒体出版、数字音像、数字电视节目以及电子游戏等产品和服务,是智力密集型、高附加值的产业。《上海市国民经济和社会发展第十一个五年规划纲要》还重点指出,上海市的重要发展任务,包括"以网络动漫、影视传媒等为突破口,建设一批各具特色的数字文化内容产业基地和园区,加快文化功能区域和核心产业基地建设。"由于上海具有良好的高新技术基础,IT服务业集中,商业环境优越,国际化程度高,而且政府"看得见"的手与市场"看不见"的手相互配合,颁布扶持政策,建设产业基地,鼓励人才引进,使得上海在数字内容产业的主要分支领域,包括数码互动娱乐业、动漫产业、网络教育业、数字化图书馆业等方面,发展迅速,主要指标位居全国各大城市前列。目前国内主要的大型游戏运营商,50%以上都集中在上海,目前,在中国网络游戏运营商市场份额的全国10强排行榜上,有盛大、九城、久游、征途、天联世纪等多家公司的总部集中在上海,而且盛大网络、第九城市先后在美国纳斯达克成功上市,开创了中国网络游戏公司在境外上市的先河。这充分说明:敏锐地把握信息服务业的发展趋势,坚决果断地发展具有信息化特色的文化产业新形态,对于一个国际化城市提升文化软实力,扩大在国内外市场上的竞争力和影响力,是何等的重要。

(3)要通过信息服务业和文化产业的结合,催生新的技术、新的工艺和新的设备,在更广阔的意义上推动科技与文化的共同进步

我们必须坦率地承认,在文化产业与信息服务业的结合中,一开始信息技术是一种先导的力量,但反过来讲,正如恩格斯说的,"社会一旦有技术上的需要,则这种需要就会比十所大学更能把科学推向前进"。文化内容的需要反过来又要求信息服务业提供更好的服务。中国文化产业应该在文化内容和技术水平、内容生产能力和市场服务系统这两个方面的互动和增长中,开辟自己前进的道路。这将是中国文化产业在21世纪发展的一个重大趋势。

近年来,香港数码港在香港政府、企业和民间组织的共同推动下,已经成为香港中小型数字化媒体和服务企业的孵化中心,就是因为它采用了很多新技术,来打造公共技术平台,推动中小企业进行各种数码产品的生产,其中如动作捕捉系统Motion Captor System等提供的服务非常有效。这一公共服务平台,十分适应香港数字化中小企业的需求。再比如上海多媒体产业园曾经获得科技部授予的"国家数字媒体技术产业化基地"与"国家文化产业示范基地"的称号。它的一大特

色就是在市和区两级政府的大力支持下,建立了上海多媒体公共服务平台,集成了国际先进设备,能够提供集群渲染、后期处理、硬件测评和高端培训等服务,目前已经成为亚洲最领先的多媒体企业支援中心、技术研究中心和信息推介中心(Information expansive release center)。它为上海和长三角地区乃至国内多媒体企业开发数码内容产品,提供了非常有力的支持。比如:许多中小型的多媒体企业,过去做一个技术含量高的动画片订单,要花整整一星期的时间,现在通过这一个中心,以非常低廉的价格仅用4个小时就可以高质量完成。这就鼓励了中国多媒体领域的中小企业,能够积极争取国内外市场的订单,在国内外的服务贸易市场上获得有力的一席之地。在今天,虽然还有体制和政策上的诸多瓶颈需要突破和创新,但是,中国三网合一,即电信网、广电网、互联网的融合已经是大势所趋。"三网合一"使传统的广电网与电信网都可以改造成功能更全面的新网络,随之产生了业务融合的可能。随着新技术的发展,铺设光纤的成本大大降低,IP技术的运用日益成熟,网络改造的成本降低了;数字技术的运用使高清晰电视所要求的带宽相对降低。对传统的电信网络而言,使用新的接入技术改造后,宽带不再成为其传输广电节目的障碍,而IP技术的运用,使点播可以以自动寻找地址的方式进行,同样可以达到广播方式那种同时向千千万万个用户传输的效果,从而使电信网可以同时承担电信业务和广电传输业务。从国际大都市上海到西部中心城市成都,"三网合一"带来的变化,将使现有网络经过改造后,功能得到扩充,可同时兼容传统的广电网、电信网和互联网的功能,是网络功能的融合。

新兴媒体在中国的快速发展,引起国内外有识之士的高度关注。摩根斯坦利曾经在一份研究报告指出:中国正在培育全球最大的媒体市场。由于中国经济的增长和中国信息化的普及,以及人口受教育程度的不断提高,中国媒体市场增长的速度和潜在的需求是惊人的。可以预测,中国媒体在经历了用户市场的快速扩张之后,必然会带来对媒体内容的大量需求,这就必然推动中国的文化生产力获得又一次巨大的增长,推动中国文化产业创造前所未有的大量产品和服务。从战略的意义上看,通过信息服务业和文化产业的结合,催生新的技术、新的工艺和新的设备,创造更丰富的文化内容,在更广阔的意义上推动科技与文化的共同进步,将为21世纪的中国文化产业增添强大的引擎。

(4)要通过信息服务业与文化产业的结合,发挥中心城市的服务功能,以有力的文化服务网络来覆盖广大的国土,加快实现西部大开发战略

如果说,对于传统意义上的文化产品制造业和服务业来说,靠近沿海港口,

享有海陆空交通便利，靠近主要的市场中心，是降低生产成本，吸引要素集聚，建立文化产业中心的必要条件，那么，在信息化时代，人类已经进入了一个要素快速流通的"扁平的世界"，地理空间不再是成本和效益的决定性要素。中国的中心城市，即使不处在沿海发达地区，也有可能利用信息服务业的优势，通过政策引导、加强服务、改善基础设施等手段，大力发展以数字内容产业为重点的数字化服务业，在数码互动娱乐业、动漫产业、网络教育业、数字化图书馆业等率先突破，成为向西部地区乃至国内外提供大量文化产品和文化服务的中心城市，拉动中国西部的经济和文化发展。这对于实现西部大开发战略，推动西部的城市化、现代化建设，具有深远的意义。

从目前的产业布局看，国家广电总局、文化部、新闻出版总署和科技部分别在上海市、北京市、长沙市、成都市等设立了30多个动漫网游产业基地，其中动画制作基地15个，并且在税收、房租和产业扶持基金等方面，出台优惠政策和给予具体扶持。以成都为例，这个中国西部的产业重镇按照"一基地、两中心"（国家数字娱乐产业示范基地，以高新区为载体的数字娱乐研发生产中心、以科技一条街为主要载体的数字娱乐消费体验中心）的建设要求，推动数字娱乐产业进入了发展的快车道。成都市被国家科技部授予"火炬计划数字娱乐产业基地"，被信息产业部宣布为"国家数字娱乐产业示范基地"。由于成都市享有"中国最佳旅游城市"，"最佳人居城市"等荣誉，科技创业和人居环境在中西部名列前茅，所以成都发展数字娱乐产业的平台，吸引了国内外许多著名企业入驻。比如法国 Gameloft 公司正式入驻成都市高新区数字娱乐软件园，投资注册全法资手机游戏公司。这标志着欧洲头号游戏研发商开始向成都数字娱乐产业进军。成都公司是继上海、北京公司之后，Gameloft 在中国设立的第三家分公司，主要从事手机游戏的外包业务，承接欧美游戏市场订单，完成在网游、PC、PS2等游戏平台上的游戏移植，开发最新型手机游戏。Gameloft 是世界领先的手机、PDA、数字电视及电视游戏软件开发商、出版商，在欧洲游戏业排名第一，全球排名第三。

中国文化产业的发展是中国现代化进程的重要内容，中国文化"软实力"的增长，有利于推进人类和平与发展的崇高事业。把握全球信息服务业的发展趋势，将为中国文化产业的发展增添新的强大动力。

二、信息技术与文化产业园的关系

文化特色产业的发展是国家经济发展到一定阶段，以产业的形式展示国家软实力的需要而逐渐发展起来的。文化特色产业以文化为主体，以创造力为核心，以特色为出发点，以产业联盟为形态，以科技融入为动力，在全球化与信息化的快速发展，世界经济一体化和区域经济集团化的趋势日益明显的背景下，创新发展成为文化特色产业更具竞争力的必由之路。

1. 信息化背景下的文化特色产业发展现状

随着我国经济发展速度的放缓和经济发展质量的提升，以及在全球化背景下经济发展面临的挑战，在现代科技与文化等的融合推动下，我国文化特色产业的发展面临着重大的挑战与机遇，处于发展的关键时期，呈现出具有中国特色的产业发展现状。

（1）国家重视程度进一步提高

在我国文化产业发展的历程中，几个标志性的事件为我们呈现了文化产业发展的脉络。1985年，国务院办公厅转发国家统计局《关于建立第三产业统计的报告》的通知中，第一次将文化纳入第三产业的统计项目中，确认了文化可能具有的产业性质。1988年，文化部、国家工商局联合发布了《关于加强文化市场管理工作的通知》，"文化市场"的概念在政府文件中首次出现。1991年，国务院批转《文化部关于文化事业若干经济政策意见的报告》，"文化经济"的概念正式提出，文化经济政策出台。1996年，国务院出台了《关于进一步完善文化经济政策的若干规定》，首次提出总体性文化经济政策。1998年，文化部设立了文化产业司，标志着我国政府正式将文化产业纳入政府工作体系。2000年10月，在中国共产党第十五届五中全会通过的《中共中央关于制定国民经济和社会发展第十个五年计划的建议》中，"文化产业"的概念第一次在中央正式文件里提出，进一步明确了产业政策，规范了产业管理。2005年7月，中国特色产业研究中心成立，每年以发展报告的形式，比较系统地将国内外文化特色产业发展理论、发展情况、国家政策等进行梳理、分析，为发展文化特色产业提供参考和借鉴。2009年7月，我国首部文化产业专项规划《文化产业振兴规划》出台，明确了文化产业振兴的指导思想与重点工作。2012年5月和6月，国家科技部、中宣部等多部门先后联合下发了《关于认定首批国家级文化和科技融合示范基地的通知》、《国家文化科技创新工程纲要》。2014年堪称文化产业政策年，包括《深化文化体制改革实施方案》在内的十个文化产业政策密集出台，其中3月发布的《关于推进文化特色和设计服务与相关产业融合发展的若干意见》，促进了文化特色产业与科技等相关产业的融合发展、协同发展、升级发展，实现了相关产业的价值增值。

(2) 区域文化特色产业的发展提速

从2004—2014年，文化部开展了6批国家文化产业示范基地命名和5批国家级文化产业示范（试验）园区命名。从宏观上不仅带动了国家整体文化产业的发展，树立了标杆，而且提升了文化产业发展集聚化、规模化、集约化、专业化水平，增强了总体实力、横向竞争力和可持续发展力。在国家层面的带动下，区域文化特色产业的发展进一步加快。

以昌九区域为例，南昌国家级文化和科技融合示范基地、南昌市传统书画艺术特色基地、南昌市综合特色产业基地、南昌市红谷滩新区江西慧谷·红谷特色产业园、南昌康庄文化旅游主题公园、昌西-大城文化产业园、LOFT699特色天地文化产业园、"八大山人"文化产业园、鄱阳湖文化旅游园、九江共青城影视特色产业园、黄庭坚文化旅游景区等园区纷纷建立。为了破解文化产业融资难题，江西省文化厅还联合省财政厅、人民银行南昌中心支行共同出台了《关于深入推进江西文化金融合作的实施意见》，从完善金融支持配套体系、突出文化信贷支持重点等六个方面推动江西文化产业大发展，取得较好成效。2014年江西省文化产业主营业务收入超过2000亿元，比上年增长19.2%，文化特色产业的发展提速。从国家文化统计公报统计数据来看，全国文化单位在2011年达到30.31万个，在此后开始回落，但就业人数稳步增长：2011年205.56万人；2012年209.81万人；2013年215.99万人。从数据来看，区域文化产业的发展在文化产业实施集约化、集聚化、专业化、规模化发展的过程中起到了重要作用，是人员就业增加的根本原因。

(3) 文化特色产业跨界融合加强

文化的跨界融合是文化特色产业发展的新常态。从相关行业的统计数据可以看出，文化特色与现代农业、智慧旅游、设计服务、体育产业、金融、移动互联网等的融合越来越频繁、越来越紧密。相关行业都要加强特色创新，要融入文化因子进行行业创造，实施跨界融合，突破产业发展的边界，打破行业固有的发展思路，走融合发展、跨界发展之路。

在信息化背景下，要充分利用数据分析消费者，生产适销对路产品；要充分利用数据预测行业发展态势，引领行业发展；要充分利用数据，挖掘数据中的知识和隐含信息，构建跨界融合的科学架构；要充分利用数据进行精准营销，达到节约成本、提升效益的目的；要充分利用数据将文化特色与行业特色进行对接，相互融入，共同分享，探索行业转型和商业模式创新，注入新思维。

（4）信息化平台建设滞后

作为一种新经济形态，"互联网+"的出现将信息化、云计算、物联网等为代表的新信息技术与包括文化特色产业、现代制造业、生产服务业等在内的产业融合创新，成为经济增长和产业发展新的驱动力。就文化特色产业本身来说，产业数据平台的建设显得滞后，没有充分将信息化、云计算等技术最大化利用。"互联网+"不仅仅是互联网移动了、泛在了、应用于某个传统行业了，更加入了无所不在的计算、数据、知识，造就了无所不在的创新，推动了知识社会以用户创新、开放创新、大众创新、协同创新为特点的创新2.0，改变了我们的生产、工作、生活方式，也引领了创新驱动发展的"新常态"。而产业数据平台的建设，不仅能够实现资源共享、消减成本、互动创新，而且能够加快整个产业发展、升级及与相关产业的融合、创新。

2. 信息化背景下昌九一体化驱动的区域文化特色产业创新发展策略

在经济社会发展的新常态、新形态、新业态背景下，区域经济的发展成为经济社会发展的引擎，能够带动泛区域甚至整体经济社会的发展、转型与升级。在江西积极融入"两带一路"（长江经济带和一带一路）的驱动下，对昌九一体化区域内文化特色产业的发展提出了更高的要求。

（1）加强建构以创造力为核心的产业人才培养体系

人才是制约产业发展的瓶颈。在信息化背景下，文化特色产业的数据分析与数据挖掘人才显得捉襟见肘，严重制约了产业的发展与创新。作为经济欠发达地区，由于人才的短缺和流失，昌九区域对"互联网+"的理解和拥抱就显得力不从心。"互联网+"特色产业商业模式如何搭建，产业融合如何发展等，都显得茫然而无助，而一旦失去发展的黄金时期，后发如何制胜亦显得苍白无助。所以，在大众创新、万众创业的时代背景下，建构以创造力为核心的产业人才培养体系，实施产业与高校（或相关教育机构）互动的人才培养措施，培养创新、创造、创业型人才，为产业发展保驾护航，推动产业可持续发展。

理查德·佛罗里达认为，技术、宽容与人才是特色经济发展的三驾马车。信息化是技术，而技术的运用和发展离不开人才和积极拥抱差异的宽容社会环境。从某种程度上来说，三者都离不开教育，它们与教育的关系是正相关的，这也就是为什么我们要强调教育本身的创造力，否则，单纯强调人才培养体系的创造力就显得无助。所以，信息化改变的不仅仅是我们的生产、工作和生活方式，更包括我们的思维，不然，即使我们挖掘到了数据中的知识，也不可能将其创造性地加以利用。故基于人才培养体系的全生态产业链的建构，才是产业发展和人才培养的关键。"昌九高校一体化"为建构以创造力为核心的产业人才培养体系提供了契机，通过实施江西"2011 计划"和"协同创新"项目，昌九高校间的互动和优势互补效果立显，必将为产业人才的培养探索出一条可行之路。

（2）实施高度产业化的商业运营模式

在信息化语境下，"互联网+"的商业模式是文化特色产业创新发展的方向。目前，"政府主导型、企业主导型和社会主导型"是推动产业发展的三种主导方式。在昌九区域，由政府主导（或者引导）的高度产业化商业运营模式是切实可行之路。

在我国文化特色产业发展初期，政府主导型产业运营模式占据了主导地位，在推动产业发展的同时，也严重制约了产业发展的市场性、可持续性和创造性。在许多地方出现了政府主导一阵风式的发展现象，风声过后，满地狼藉。昌九区域由于经济本身的欠发达，所以必须由政府主导（或者引导）实施产业的高度商业化运营，这样既可以保证在政策上保持连续性，又可以使企业大胆创新，充分利用信息化等技术，使之与经济发达地区产业保持同步和竞争的比较优势，从而走出适合自身发展的商业模式。

（3）健全投融资渠道体系

包括文化特色产业在内的文化产业有高风险、轻资产、收益难以预期以及文化产业与资本市场之间信息不畅等特点和原因，长期以来，融资难一直是困扰文化产业快速发展的瓶颈。

早在 2010 年年初，文化部就启动了"文化部文化产业投融资公共服务平台"，该平台依托中国文化产业网，有效整合各资本市场资源，意在建设成集政府指导政策对外发布、文化产业投融资信息交流、金融业务在线办理、金融产品发行、项目咨询投资、产品展示交易、行业知识普及培训等各类文化产业投融资服务于一体的综合性公共服务平台。2011 年 3 月，中宣部、中国人民银行、财政部、文化部等九部门联合发布《关于金融支持文化产业振兴和发展繁荣的指导意见》，作为《文化产业振兴规划》的配套文件，这也是文化产业与金融业对接的第一个政策文件，深入探索推进与银行类金融机构之间的"部行合作"机制[3]。

在昌九区域，建设"昌九区域文化产业投融资公共服务平台"解决文化特色产业投融资渠道体系显得至关重要，一方面，可以通过该平台收集相关数据，利用数据分析行业发展的动态和了解行业包括在投融资发展方面的需要；另一方面，还可以通过平台来整合相关产业的融合发展，而且能够更好地利用互联网＋金融的发展模式，扩大产业发展的渠道。

（4）加快实施"双核"互动与融合

相关数据显示，南昌向南发展与九江向北发展的相背发展在很长一段时间里表现的比较突出，与昌九一体化的战略布局背道而驰。

九江特色文化资源主要体现在以下几个方面：红色文化资源、码头文化资源、名人文化资源、书院文化资源、非物质文化遗产资源、山水文化资源、宗教文化资源、青铜文化资源。南昌特色文化资源则主要包括：红色文化资源、码头文化资源、名人文化资源、非物质文化遗产资源、山水文化资源、冈上文化资源、陶瓷文化资源。二者在许多资源方面具有共性，所以，"双核"的互动与融合务必要加快，分散式、碎片化、区隔化是文化特色产业发展所必须摒弃的，集约型、集群性、融合式发展才是可持续发展所必需的。昌九资源的互动与融合不仅可以解决彼此之间的资源瓶颈，而且为"双核"相向发展提供发展的黏性，形成合力。"智慧城市""智慧旅游"不仅是信息化等的运用，更是昌九"双核"文化特色产业发展壮大不可回避的必然选择，一体化内的产业互动与融合，是保证产业做大做强的基础，亦是增强服务对象黏性的催化剂，从而增强区域文化特色产业的竞争力，使之在融入"两带一路"的道路上更具比较优势。

（5）加强对包括信息化在内的现代科技融合的力度

科技是第一生产力。信息革命从技术网络发展到社会网络是必然的趋势。所以包括信息化在内的现代科技必将在经济、社会、生活等领域掀起革命性的影响，信息化、云计算、物联网等现代科技彼此之间的融合及其与文化特色产业、制造业、服务业等的融合成为发展创新的趋势和动力。

加强对包括信息化在内的现代科技融合力度的目的，就是要建构文化特色产业的生态系统，以科技为保障，走现代文化科技融合创新之路，摒弃过去落后的、条块分割式的、碎片化的、原始的文化产业发展之路。通过信息化对产业消费对象进行分析，对产业发展趋势进行评估，对产业传播模式进行革新，对产业商业模式进行创新，对产业政策进行整合，从而保证文化特色产业健康可持续发展。作为经济欠发达的昌九区域，现代科技的融合显得更为迫切，因为只有依靠以科技为主的产业创新，才能在激烈竞争的市场中占据一席之地，才能将独特的地域文化特质更好的挖掘并创新，才能将有限的资源进行整合，走整融合发展之路。

信息化只是一种工具，运用的关键在人。在经济欠发达的昌九区域，信息化等现代科技的运用是产业发展的必然选择，也是市场主导、政策支持的发展方向。运用信息化的关键，在于对产业发展趋势的判断和在数据中挖掘产业发展的知识，在此基础上建构产业智能发展、生态发展、可持续发展的架构，促进文化特色产业在昌九区域内与相关产业合纵连横，为经济欠发达地区文化特色产业发展探索一条可行之路。

三、信息技术与文化产业园结构的互动

"互联网+"时代是一个互联网与任何行业都可以相互融合的时代，其蒸蒸日上的发展趋势带来了巨大的经济效益和社会效益，不仅是传统行业向互联网靠拢，就连新兴文化产业在诸多具体领域也找到了与互联网相结合的契机。"互联网+文化产业园"模式系文化产业园经营型和教学型网络虚拟平台，通过互联网与文化产业园的融合发展和产业链延伸，它将缔造文化产业园的新兴经营业态和服务业态。

1. 情景再造

随着互联网虚拟技术和网络技术的应用和发展，通过网络技术构建网络虚拟平台已成为可能，也为打造"互联网+文化产业园"虚拟运营实验室提供了技术支持。主要依托以下三个方面的技术支持：一是采用B/S体系结构：基于与网络技术的结合，用于构建文化产业园网络虚拟运营实验室的整体框架；二是3D MAX三维场景建模：针对文化产业园的真实大型场景管理运作的拓扑关系，通过3D MAX对产业园场景进行渲染建模和动画设置，构造文化产业园网络三维模式，实现文化产业园运营情景的再现；三是采用ASP+SQL Server技术：主要应用于文化产业园整体网站的开发。

通过对虚拟技术和网络技术的应用，把现实的文化产业园的业务搬到网络荧幕。文化产业园虚拟实验室将分为两种业态：其一是主要服务于文化产业经营行业，以经济效益为出发点，供产业园进行网络管理工作、产业园入驻者经营产品和提供服务以及消费者网络体验消费等。通过嵌入管理程序、开发网页板块、建立网站在线销售及体验服务消费，实现文化产业园经营情景再现，在三维空间中，达到一种身临其境之感，真切体会到体验经济所带来的精神享受和娱乐快感。其二服务于教育行业，以社会效益为追求目标，为科研教育单位提供文化产业教学支持，促进信息化校园建设，构建新兴文化产业教学研究和交流试验的平台等。

免费提供文化产业虚拟运营实验平台，情景再现文化产业园整体格局，展现文化产业整体运营模式，依照组织层级和管理结构打造虚拟教学实验室，应用于相关专业工作者及学生虚拟体验文化产业园的经营及运作模式。

2. 体验经济

约瑟夫·派恩认为，体验是人类发展史上第四种经济提供物，作为一种新的价值源泉，将会给社会及个体带来巨大的财富。体验经济的开展是以西方发达国家为首的，以其发达的服务经济为基础进行拓展体验经济，被称为继农业经济、工业经济、服务经济之后的第四个人类经济生活发展阶段，它是人类发展到一定历史阶段和经济生活不断提高的产物。"互联网+文化产业园"可谓之及其重要的互联网文化产业体验经济的新兴业态之一，那么体验经济究其为何？简言之，体验经济就是人们为了获得精神的享受和心理、娱乐方面的满足，愿意为"体验"付费，这种体验是建立在能够给体验者带来意义和快感的基础之上的，可以说体验经济是人们更高层次的消费追求。

体验消费并不是凭空产生的，也不是完全虚拟的，所以也要有实体体验的经历。之所以体验者愿意去体验性消费，是因为他们不满足于传统的服务项目，通过"互联网+"的新兴业态展现体验性消费，不仅带来极大便利，而且还能够在体验消费中得到一定的利益，那么体验经济顺势而为，固然在经济生活的变更潮流中，寻找到其自身的发展方向。"互联网+文化产业园"将为体验经济消费提供一个方便、快捷而且具有高效率的体验消费服务，这种虚拟体验总体具有互动性、存在性、参与性、娱乐性特征。在"互联网+文化产业园"运作过程中将会产生众多新的消费用户，开辟新的消费市场，并且也会拓展文化产业园经营业态，培育和产生更多著名的文化产业园，缩短了产业园与体验者的距离，使产业链更加完善、密集，使各个环节更加紧扣。

文化产业园的体验经济如何构造，这就要依托互联网虚拟技术将文化产业园情景再现，只有情景再现，才会致使体验者产生体验经济消费的欲望。

主要体现在以下几方面：首先是，管理者数字管理化的实现，通过三维结构对各部门及入驻文化产业具体行业进行资源配置、管理方案制定等，将极大提高文化产业园管理效率；其次对于经营者而言，"互联网+文化产业园"网络营销模式，给自己产品的生产和服务的提供开辟了新门径，作为独有文化产业园的官方渠道，免去了网络刊登信息的费用，并且还可以通过虚拟平台了解市场趋势，调查市场需求，及时更新产品，满足消费者需求；然后对于消费者而言，为满足自己对于文化产品和服务的消费需求，找到了一种便利的途径，足不出户便可以达到目的，满足自己的精神需求；最后是教育学习方面，网络模拟文化产业运作模式，并设置文化产业园各部门、其他行业市场、产品服务推广、生产产品和提供服务以及盈利核算等模块功能，实现体验性运营文化产业园，并加入特色开店板块，虚拟入驻文化产业园。

文化产业园虚拟体验是建立在真实文化产业园基础之上，并形成一种"超现实主义"三维空间，这种体验既是真实的，又具有虚拟色彩。文化产业的体验经济消费，在市场经济中，也往往由免费向付费的方向转变，通过开通不同的服务渠道，分划高端、中等、普通、一般的等级，进行不同的收费标准设定，进而满足不同体验者的不同需求，真正体现文化产业园体验经济消费存在的价值。

3. 跨界融合

文化产业园与互联网的跨界融合，将催生"数字文化产业园"的产生，就如同电视、音乐和刊物与互联网的跨界和交叉重组，形成数字电视、数字音乐和数字刊物等，这种产业链的延伸必然构建新的文化经济领域。中国信息通信研究院院长曹淑敏称，"互联网+"时代，是一个前所未有的跨界融合时代，它可以与各行各业之间相融合，将会重塑工业和互联网的生态。

"互联网+文化产业园"将产生一个大数字产业集群化效应，文化产业园涉及众多文化产业具体门类，例如特色产品屋、咖啡馆、书吧、科技工作室、工艺制作室、艺术家工作室等，通过先进的虚拟技术和网络技术与各个文化产业领域相融合发展，将会推动整体文化产业的发展和构造新型文化产业园运作模式，数字化网络平台将成为这些具体文化产业在网络上更直观、更形象的展现的载体。

"互联网+文化产业园"新兴业态的融合发展，将是文化产业与互联网的一个新的历史结合点，以互联网的思维发展文化产业，运营文化产业园，在这样一种网络虚拟平台发挥互联网思维的互动性和极致性，加强体验者与产品服务的互动消费和体验消费关系。利用互联网平台优势，开发文化产业园数据统计中心，对文化产业本身、经营者及消费者进行数据化管理，通过收集众多市场关联信息，整合发展"互联网+文化产业园"新兴业态[2]。当然，其融合发展也要坚持几个大方向：第一，要具有创新思维，精准巧妙，发展创新型文化经济；第二，要充分利用互联网资源，进行推广营销，实现其最大经济效益；第三，要迎合时代发展趋势，弘扬和传播优秀互联网文化，紧跟"互联网+"时代潮流，融合大众化、喜闻乐见、高品位的文化，注重社会效益。

"互联网+文化产业园"这一新兴业态的产生将会给社会带来诸多经济效益和社会效益：第一，体验经济的便捷性。

网络平台运行及虚拟平台的建立，无论是文化产业园的管理工作，还是体验者付费的形式都将发生颠覆性变化，增强了消费的及时性，告别以往文化消费的现场性；便捷的消费渠道方便了文化消费者的消费行为，其融合范围的扩展和产业链延伸，也不断给体验经济注入新活力；第二，教育行业的实用性。作为新兴行业的文化产业，面对专家对文化产业教育途径的不断探索的窘迫现状，随着"互联网+"时代的到来，给文化产业教育模式探索指明了方向，"互联网+文化产业园"虚拟运行实验室将形成综合性的文化产业运行模式，形成整个文化产业发展网络营销平台；第三，文化产业的补充性。"互联网+文化产业园"这一新兴业态，丰富了文化产业发展的内容经济，是文化产业体验经济的具体体现。"互联网+文化产业园"充分利用互联网优势，紧跟体验经济消费潮流，通过跨界融合，进行虚拟平台的情景再造和对文化整体的虚拟体验，不仅会提高文化产业现行运营模式的效率，增强再创新能力，也将是一种新的文化产业教育模式，促进文化产业新兴业态发展，从而促进文化产业大发展、大繁荣。

第五节　文化产业园区发展的形态模式

文化产业园区按产生方式有四种建设模式：一是利用原有建筑物改造成特色产业园区，二是以高校为依托发展特色产业园区，三是另辟新区打造特色产业园区，四是凭借传统布局建立特色产业园区。按照开发方式有四种建设模式：一是业主模式，二是政府主导模式，三是房地产商开发模式，四是专业机构运作模式。

一、文化特色产业园区按照生产方式有四种开发模式

1. 利用原有建筑物改造成特色产业园区

主要是依托旧厂房、旧市场等废弃建筑物，通过建筑空间改造、增建或扩建，使原有建筑物适应特色产业的实际需要。目前上海市75家特色产业积聚区，有三分之二以上是通过保护性开发老厂房、老仓库和老建筑等存量资源建立起来的，并逐步形成了区域产业特色。如杭州凤凰特色国际，核心区为原双流水泥厂，项

目距中国美院象山校区仅 2km，是杭州目前已建及在建园区中产业配套环境最好、环境品味最佳、物业品质最独特、建筑形态最丰富的国际性特色产业园区。该项目将打造成为集特色产业办公、特色产品展览展示、时尚消费与休闲等为一体的时尚新地标和特色产业制高点。

2. 以高校为依托发展特色产业园区

依托大学发展特色产业园区是特色产业发展的重要途径之一。它是以大学科研能力为发展动力，以产、学、研转化为中心的一个核心纽带，是集创业企业孵化基地、创新人才培训基地为一体的科技成果转化中心。它直接反映母体大学办学思维、办学宗旨、办学成果，是一个具有母体大学特色的大学校园的延伸，它必须把握好母体大学校园历史传承性和人文精神，把母体大学的优良无形资产转移到科技产业上并形成新领域的无形资产。如上海杨浦区赤峰路现代建筑设计街就是凭借同济大学规划、建筑、土木工程专业的人才技术优势而集聚起来的；长宁区天山路以时尚设计、服装设计、品牌发布为特色的时尚产业园区是依托上海市服装研究所、东华大学和上海工程技术大学服装学院而建立的；位于天山路和乐山路的天山软件园和乐山软件园区是借助上海交通大学的技术和人才优势而发展的。

3. 另辟新区打造特色产业园区

利用高新技术产业园区、经济技术开发区、风景名胜区或其它优势，全新打造特色产业园区。如浙江省文化特色产业实验区，坐落于杭州萧山的休博园内。一期面积 8 万平方米，同时囊括了广告设计、建筑设计、艺术和工艺品、时尚设计、影视传媒、表演艺术和出版等多种特色产业形态，目前已接纳 50 余家特色企业和个人工作室入驻。又如西溪特色产业园位于杭州西溪国家湿地公园，占地约 0.9 平方公里，建筑面积约 2.6 万平方米，共有 59 幢建筑组成。园区依托不同时期遗存的保留建筑，按照"生态化、功能化、差异化"的标准进行修缮、新建，是一个具有西溪特色的原生态的特色设计艺术庄园，目前已有 12 位文化名人、5 家文创机构入驻。

4. 凭借传统布局建立特色产业园区

依靠传统的布局，在现有产业结构的基础上建立相应的特色产业基地。如上海黄浦区的上海城市广场，地处的豫园商圈，历来是上海旅游中心和小商品、旅游纪念品的展示及交易中心。该文化特色产业园区不仅能够提升上海旅游纪念品的层次和质量，而且其特色设计可以迅速走向市场，同时增强自身的影响力和辐射力，进而形成特色与交易的良性循环。又如中国轻纺城特色中心，依托绍兴中国轻纺城，主要以纺织面料和纺织服装两个特色中心为集聚点，试图通过3~5年时间，逐步构建起国际纺织之都的时尚设计特色中心、时尚品牌培育中心和时尚商务贸易中心。

二、文化特色产业园区按照开发方式有四种开发模式

1. 业主模式

这是特色产业园最早的开发方式，由某个艺术家发现并开发利用，艺术家集聚而自然形成。这得益于艺术家们专业知识的储备，园区的文化艺术价值在开发中被深度挖掘并凸显出来。但是艺术家不是经济实体，开发力度十分有限，而且没有房地产开发和市场运作的相关知识，后期都需要政府的支持和实际运作中的帮助。

如杭州的LOFT49，目前占地52.4亩。最初由美国DI设计公司中国区总经理杜雨波发展起来的。作为优秀的海归族成员之一，在美国生活十年的他决定回国创业，非常渴望能在杭州拥有一幢像纽约苏荷区那样的个性办公楼。他选中了杭印路49号里一幢4层高小楼——一个原工厂晴纶车间3000多平方米的场地。就这样，浙江第一个LOFT特色社区诞生了，并迅速成为杭州著名的艺术聚集地。而上海的田子坊，上海特色产业的发源地。从1998年始，陈逸飞工作室、王劼音画家、尔东强艺术中心、郑炜陶艺工作室先后入驻。1999年，画家黄永玉为泰康路210弄提名"田子坊"，喻意艺术人士集聚地。2000年5月，打浦桥街道办事处，以盘活资源，增加就业岗位，发展特色产业为目标，利用"田子坊"老厂房资源招商，建筑面积2万平方米，吸引来自18个国家和地区的70余家企业，并形成了以室内设计、视觉艺术、工艺美术为主的产业特色。接着政府又启动了田子坊的石库门旧居改建项目，南到泰康路，北至建国中路，东临思南路，西止瑞金二路，7万余平方米的地块。卢湾区发改委联合同济大学国家历史文化名城研究中心和上海创集文化传播有限公司，编制集形态、功能、产业于一体的田子坊发展综合规划。

启动根据规划，整个改建工程将分三期进行：第一期重点是迎接世博会，完善以泰康路210弄内传统和现代里弄工厂为主的特色产业集聚地，打造以248弄和274弄为主的市井文化休闲地；第二期在居住功能不变的前提下，对原建筑加以修缮与保护，建设居住与产业结合的海派文化、生活方式和里弄风貌新型社区；

第三期通过注入文化特色、旅游休闲和技术创新等手段，使居民的居住生活条件得到改善。整个改建计划将于 2015 年完成。2008 年上海市首个特色产业园区管委会——田子坊管委会已正式挂牌成立。该管委会加强园区的公共管理和公共服务，拓展园区功能。政府在田子坊后期改造中，整体规划、功能定位、业态调整、环境的改善和建设方面做了大量工作，投入一定的资金。

上海的古北鑫桥则是由厂家自行开发，自发进行资产再利用。园区原为生产金兔羊毛衫的第十四毛纺厂，建筑面积 1.2 万平方米。闲置后被有着策划莫干山路 M50 视觉艺术产业园经验的华宇汉森公司看中，由华宇毛麻集团改建，厂房内部稍作整修保留其原生态，入驻公司再做进一步设计。采用滚动开发模式，开园之初为了引进一些能与园区共同成长的特色先锋企业，以建筑设计为主，因此对租金的门槛设得并不高，约 2 元 / 平方米 / 天，仅为当时附近写字楼的 1/3，但运营成熟后，年租金水平将提升 40%。虽然位于市郊，但交通便利，紧邻的中国商业特色街——虹梅休闲街，招商比较成功。

2. 政府主导模式

由政府牵头，成立管委会，从社会、经济及文化效益入手，以求各方面均衡，集中人力物力进行开发，尤其适用于"先天条件"不足的园区。但策划者和实施者往往不具备相关专业知识的储备，需要专家予以协助。

如上海同乐坊，同乐坊地处静安区高尚地段，西康路、余姚路、海防路合围而成的时尚三角岛。占地面积约 1 万平方米，建筑面积 2 万平方米。政府有关部门注意到正在消失的老厂房也是种宝贵的资源，并制定了有关政策，将年代悠久的老厂房加以保护，开发利用。2004 年 6 月起静安区委区政府开始对同乐坊地带进行整治。随着综合改造的开始，2004 年 12 月初，静安区政府成立同乐坊开发建设管理委员会，负责协调和管理同乐坊项目。2005 年 2 月中旬，本着政府搭台、市场运作的原则，实施"租赁，改造，经营"模式，招投标成立了上海同乐坊文化发展有限公司。在 2005 年初的人大会议上，同乐坊时尚社区改造项目被列为静安区 2005 年重点项目。2005 年 4 月 28 日，同乐坊成为了上海市经济委员会启动的首批上海 18 家特色产业集聚区之一。同乐坊项目的开发与未来发展由同乐坊文化发展有限公司全面负责，严格控制进驻公司质量，并"放水养鱼" 3 年。同乐坊文化发展有限公司是一个集资本经营、房产开发、商业策划于一体的企业。同乐坊将打造成为切合文化内涵，融合酒吧餐饮娱乐，与都市核心圈互动的时尚娱乐旗舰。

3. 房地产商开发模式

随着特色产业的蓬勃发展，近年来有不少房地产投资开发商把目光转移到地理位置相对优越、投资成本相对低廉的特色园区项目上来，并不惜斥巨资投入改建。开发规模比较大，操作方便，节省人力物力、效率高，但是这种模式往往追求单一的经济效益，以出售为主，具有一定盲目性，需要政府和专家引导。

如上海"海上海"，是一个占地8万平方米，总建筑面积23万平方米，由特色商业街、特色商居LOFT和特色生态居三种建筑形态组成。它由上实发展投资，旧厂房被彻底推倒，取而代之的是由玻璃幕墙做成的、有着非常现代外观的LOFT。而里面的挑高、意境却和老厂房、老仓库完全一致，采光、通风、采暖、内部装修等，则是现代的设计，完全按现代人的行为方式、办公规律来建造，是上海第一个打破商、住、办边界，打破事业和休闲边界，打破经营和学习边界的"梦工场"。"海上海"特色园区与其他特色园区的生态有所不同，它将"MO一族"作为地产项目的目标群体。MO（Mobile Office），又称为移动办公，是新近流行的一种工作体验和生活方式概念。与其他以租赁为主的特色园区有所不同的是，"海上海"的三幢LOFT是只卖不租。

4. 专业机构运作模式

政府提供运作空间，完全委托文化产业运营商进行规划、建设和招商。

如深圳田面特色产业园，该产业园占地面积1.5公顷，建筑面积4.969万平方米，总投资1.3亿元；田面——设计之都以"融·和·价值"为核心，主要吸引国内外特色设计知名企业和国际设计大师进驻，形成大师、名企、名家集聚地，意在发挥集聚效应，培育特色市场，打造具有特色设计、研发、制造、交易、展览、知识产权保护等一站式基地。运营者是灵狮公司。灵狮公司成立于2003年，承揽了多个政府文化产业重点项目的开发和运营；培育出了中国（深圳）设计之都田面特色产业园、太仓LOFT特色产业园、国家工业设计与特色产业（顺德）基地、顺德工业设计园、中国（江阴）国际特色港、中国国际品牌设计商年展（BDCI）、中国国际工业设计博览会等知名文化产业品牌，形成以打造特色联盟、文化产业项目投融资、特色产业园区开发运营、孵化便利独特的新产品推向国内外市场、专业型展会与高端产业论坛策划执行、品牌策划与推广及大型礼仪活动策划执行等六大核心专业业务。

第四章 文化产业园形象与特色的设计范畴

第一节 文化产业园内规划设计

文化产业园区的综合性、时间空间的延展性、意态的概念性、文化产业内容的丰富性,以及满足游客文化需求多样化的概念性,促使文化产业园区必须具有适合自身发展需要的文化形态,这就是文化产业园区概念性策划设计展示。文化产业园区概念性展示可以分为传统旅游文化和现代旅游文化,前者主要包括旅游者和旅游文化;后者则增加了旅游业文化和文化传播。文化产业园区概念性建设乃是现代旅游业发挥最大效益效能的新型经营管理思路。特色经济时代,各城市内部及地区间文化产业园区的竞争变得非常激烈,而品牌化发展则是提升文化产业园区核心竞争力的有效途径。构建文化产业园区品牌就是通过寻求产业发展的差异化优势,浓缩和提炼区域产业的经济与文化特色,将经济、技术、特色和文化融为一体,形成整体品牌的市场竞争力。文化产业园区品牌在营销过程中形成的晕轮效应、扩散效应和市场协同效应,能够带动城市资产的整体升值,促进区域经济社会的可持续发展。

1. 文化产业园区品牌概述

品牌是某一组织或个体在商品营销的过程中形成的,用来向消费对象传递潜在信息的价值媒介。从产权归属的角度,品牌可以划分成产品品牌、企业品牌和集群品牌,集群品牌是品牌发展的最高层次。也就是说,品牌的拥有者并不一定只属于一家企业,它也可以属于一群企业,即某一个产业集群,文化产业园区品牌就是集群品牌的一种类型。文化产业园区品牌是指许多与文化产业相关的企业和机构聚集在某一特定地域内,经过长期的共同经营而形成的一种能创造新价值的共有价值媒介。文化产业园区的发展是集群品牌构建的基础，集群品牌的构建又可以加快文化产业园区的升级，两者是相互依存、相互促进的关系。

文化产业园区品牌有着不同于一般品牌的独特内涵：一是品牌主体的多重性。它是特定区位内众多文化企业和机构的集体行为的成果，是它们整体绩效和形象的集中体现，园区内的每个文化企业和机构都是品牌的拥有者。二是非排他性。园区品牌一旦形成，园区内部企业享受品牌价值的机会是均等的，而且园区内的任何文化企业都不能排除其他企业从园区品牌中受益的权利。三是地域文化性。文化产业园区是在特定区域内的聚集，它的形成和发展都要受到区位特征的影响，这也造就了文化产业园区品牌独特的文化底蕴。四是整体资产性。文化产业园区品牌是知名度、美誉度和忠诚度的有机集合体，是一种无形的文化资产与精神价值，可以进一步创造出新的价值。

2. 我国文化产业园区品牌构建存在的问题

（1）对产品品牌、企业品牌和集群品牌的认识存在误区

在市场经济环境下，如果一个区域品牌没有强势的产品品牌与企业品牌作为支撑，其发展是不可能持久的。另一方面，如果没有一个强势区域品牌的扶持，产品品牌与企业品牌的市场之路也会格外吃力。在文化产业园区内，三者之间也是协同发展和相互促进的关系。我国文化产业园区的建设多是以政府为主导，至今很多地方政府还没有意识到产品品牌、企业品牌对文化产业园区品牌的支撑和强化作用。而且考虑到文化产业园区品牌强大的集聚效应和辐射效应，地方政府相对重视和偏向于文化产业园区品牌的建设，对产品品牌和企业品牌的创建支持明显不足。

（2）文化产业园区品牌的产权归属不清晰，建设主体不明确

文化产业园区品牌的产权归属具有多重性，它不属于某一个特定的企业，而是由政府、相关协会和园区内所有企业共同拥有，这就造成了园区品牌产权归属模糊。产权的模糊就会直接导致文化产业园区出现建设主体不明确、"公地悲剧"等影响园区品牌构建的因素，各种各样的利己主义就可能会给区域产业集群品牌带来风险，更会对整个产业集群的发展带来毁灭性的打击。在现阶段，我国文化产业园区品牌建设主要以政府力量为主导，相关协会和文化企业的力量没有得到充分发挥，三者之间没有形成合力，限制了我国文化产业园区品牌构建的进度和深度。

（3）文化产业园区品牌缺乏明确的定位和系统的形象塑造

国外成熟的文化产业园区的发展经验告诉人们，文化产业园区的建设不能急于求成，必须在根植于文化资源和细分市场的基础上来实现文化产业园区的定位。进入新世纪以来，我国出现了"文化产业园区热"，众多的文化产业园区往往在一夜之间就拔地而起，这种一哄而上、重复建设的现象，使我国文化产业园区在建立伊始就缺乏明确的定位，从而失去了自己的品牌特色。另外，我国文化产业园区的品牌化进程才刚刚起步，对园区品牌形象的塑造问题重视不够，理解也不尽充分和全面。而没有系统的品牌形象，又进一步影响了我国文化产业园区品牌的完整性。

（4）文化产业园区品牌的营销不力，维护不善

由于我国文化产业园区品牌主体不明确，这在一定程度上造成了文化产业园区在品牌营销的过程中存在营销方式单一和营销力度不够的问题，还停留在主要依靠当地政府来宣传园区品牌形象的阶段，没有采用整合营销的手段。而且目前政府和园区内的文化企业在文化园区品牌营销上的投入较少，致使其缺乏持续有效的资金支持，这也阻碍了园区品牌形象的传播。此外，由于文化产业园区品牌的公共性和非排他性，园区内部文化企业普遍忽略了对园区品牌形象的保护，也没有完全意识到品牌存在的潜在风险，完善的文化产业园区品牌风险防范体系仍未建立。

2. 文化产业园区品牌构建的策略

文化产业园区品牌的构建是一个系统工程，从文化园区品牌的分析、品牌识别，到园区品牌的定位，最后对品牌进行传播和保护，环环相扣，必须统筹兼顾，有序推进，从而形成一个循环的发展路径。

（1）战略品牌分析策略

战略品牌分析重点在于调查和研究目标受众的需求特点及其偏好，了解竞争园区的优势及劣势，为下一步的品牌识别及定位打好基础。一是目标受众分析。文化产业园区的目标受众包括特色企业、个体创作者、相关文化特色机构及普通大众。对特色企业及个体创造者，文化产业园应该分析其入驻园区的动机，对园区功能服务平台的整体要求，同时还应该考虑如何配置企业类型才能有助于园区内产业链的高效衔接。二是竞争对手分析。文化产业园区的竞争对手主要为区域内其他的文化产业园，但是也应该对国内外文化产业园区进行全面剖析，吸取经验，取长补短，避免进行同质化建设。文化产业园区必须清楚地分析对比自身和竞争对手在政策、资金、人才等方面的优劣势，知己知彼才能百战不殆。

（2）园区品牌识别策略

文化产业园区品牌识别系统是园区共有的统一形象，是园区品牌的具体化和形象化，其建立应该围绕"组织识别"和"符号识别"这两个主要内容来展开。对于文化园区品牌其本质上就是从组织属性的角度来建立的，所以组织识别为其主要的识别内容。创新是文化特色产业的本质，因此以创新来进行文化园区的组织识别就变得顺理成章。文化园区的创新主要体现为服务及管理模式的创新。文化产业园区品牌的符号识别体系是园区价值观符号化的表现形式，其主要包括园区名称、园区标志、园区象征图案等识别要素及其运用的载体，是对外传播推广园区理念最为直接、最具感染力的手段。品牌符号设计的关键是能够反映品牌的内涵，能使目标受众对园区品牌产生认同，从而形成良好的品牌关系。

（3）园区品牌定位策略

品牌定位就是让品牌在受众心里占据一个与竞争对手不同的有利位置，使品牌成为某个品类或某种特性的代表。品牌定位最常用的是"消费者——竞争者——品牌自身"定位法，定位的焦点在于目标消费者和差异性优势，具体包括以下五个步骤：明确和分析目标受众、确定竞争参照系、建立与竞争者的差异点、提出令消费者相信差异点的理由、陈述品牌定位。文化产业园区的品牌定位是一项涉及面广、牵涉环节多的系统工程，需要从时代背景、地域文化、产业属性等多个维度进行信息的收集，按照导入品牌定位、确立品牌定位、提升品牌定位这三个步骤来完成。基于前面的战略品牌分析结果，通过对消费者、竞争者和品牌自身等因素进行分析比较，提出品牌定位就成了文化产业园区品牌制胜的重要举措。

（4）整合品牌传播策略

整合品牌传播是一个整体性的传播策略，要求传播者以品牌为核心，从战略高度整合所有的品牌传播活动，整合与顾客及相关利益者的一切接触点的传播渠道，用这样的策略来经营品牌。文化园区的品牌传播根据目标受众的不同可以分为内部品牌传播和外部品牌传播。其中内部传播的对象是园区工作人员和进驻园区的特色个体及组织，以使其对所接触到的消费者产生对园区品牌认知的正面影响；外部传播主要是以普通大众、专业机构和政府等为目标受众，以使其对园区品牌真正产生认同感和归属感，争取长期的消费群体。文化产业园区品牌传播的手段主要有广告、公关活动、销售传播和人际传播四种，运用时需要时机的选择与各种传播手段的配合才能达到沟通的目的。文化产业园区品牌传播旨在通过信息传播活动将园区的差异化品牌形象传达给目标受众，以此改变其品牌认知，打造极具吸引力的园区品牌。

（5）园区品牌保护策略

园区品牌属于"公共物品"，为避免"搭便车行为"，导致"公地悲剧"的出现，必须对园区品牌采取相应的保护机制，以平衡园区内企业的竞合行为。如果园区建立了一套较为完整的危机处理机制，这样就能防范于未然，保护好园区品牌。政府可通过建立园区品牌质量认证体系，尤其是产品保真认证和产地认证，保证使用该品牌的产品属于限定的优势区位内，防止产业聚集区以外的产品滥用园区品牌、损害品牌形象。同时，通过政府进行有力的品牌和知识产权的知识宣传，促进园区内各经济主体品牌意识的提高，对品牌保护起到间接作用。除此以外，政府还可以给予对园区品牌做出突出贡献的企业一定的投入补贴，以激励园区企业发展和维护园区品牌。

第二节 文化产业园内建筑设计

1. 旧厂房建筑改造的文化产业园

如何把废弃旧厂房改造成为文化特色产业园，延伸出商业功能？在改造过程中，要注意哪些问题？通过从改造背景、构思与策划、规划布局、建设运营4大要点，解读北京方家胡同46号、成都东郊记忆、上海同乐坊、上海1933老场坊的成功改造方法，从而为改造型项目提供思路借鉴。

（1）北京方家胡同46号：文化特色提升产值与品牌

图4-1

①改造背景

方家胡同46号以"特色带动文化经济发展，推动文化、旅游、商业结合，建立品牌集聚区"来定位，打造文化特色产业集聚区。

在将旧有厂房改造并保护历史文化的同时，实现资源的最大化利用，同时在建设过程中，以点带面扩大方家胡同为特色商业街区的影响力。

图 4-2

②构思与策划

a. 整体构思：旧厂房注入文化特色，丰富旅游内涵

方家胡同46号院为胡同里的旧厂房注入了文化特色元素，为特色产业发展增加了空间资源，真正将传统文化资源与产业资源有机结合。除了扩大雍和宫、国子监地区的文化旅游范围外，更进一步地丰富了旅游内涵。

园区组成包含现代化特色的小剧场、猜火车电影主题文化沙龙、经济型酒店、文创企业、影视动漫基地、设计展示空间、特色小店、视听艺术中心和相关配套餐厅、咖啡厅等。

b. 改建策略：整体园区结构不变，保留部分工厂遗留楼宇

整体园区结构和氛围不变，保留部分有特色的20世纪七八十年代工厂的历史遗存楼宇，突出历史建筑特色，如水磨石工艺的墙面等。

通过对园区中心三栋主要建筑的改造，将旧有建筑特色保留，利用色彩和线条的结构展现现代感，实现建筑的历史与现代的完美融合。

图 4-3

c. 节点展示

建筑设计：红盒子似的剧场保留原旧厂房的主体结构，巨大的红色垂直钢条从四面向中心辐射，直线在表面形成轻微的凹凸感。

园区规划设计效果图

图 4-4

室内设计:所有的室内空间都尽可能保留旧厂房原有的结构,突出原工业厂房的原汁原味。

图 4-5

重点功能区设计:园区中心 400 平方米的公共休憩空间,设计之初设计为草坪绿化整体园区,后根据实际需求改为户外活动平台,可作为平日园区活动空间,同时增加中间电影文化沙龙的活动空间。

多功能厅设计展示厅:整体空间内部分成两个相对独立的空间,保留原厂房高挑的结构,墙面刷白处理,空间两侧和屋顶上通透的窗户兼备良好采光和绿色节能效果。

同时制作可活动式的白色大型展板作为整体空间隔断,能满足小型会议、发布会等空间的多功能使用。

图 4-6

③建设与运营

园区改造前的物业出租率很低,空间多为闲置,单位面积创造经济价值较低,租金水平也较低,改造后,通过一定的宣传推广和政策支持,园区整体的出租率提升,单位价格也提高。另外,特色企业创效能力远高于原有的旧厂房,整体园区的品牌效益提升,租金水平也有所提升,可收回改造所投入的投资成本。

④小结:项目成功改造借鉴

a. 传统人本、天人合一居住理念,营建了胡同院落式的厂区空间,提供了独特的再特色、再利用的胡同生态和人文底蕴的空间平台。

b. 现代化特色小剧场、视听艺术中心和相关配套餐厅、咖啡厅等高品位特色功能内容。使其中心厂区建筑及空间规划设计,在内容和形式上都得到了高品质的定位、跨越式的内涵与环境的提升,同时使该园区在内容和形式上建立起系统独立运行方式。

c. 在业主与设计师的通力协作下,通过对园区中心三栋主要建筑的改造,将旧有建筑特色保留,利用色彩和线条的结构体现现代感,实现建筑的历史与现代的完美融合。

(2)成都东郊记忆:始于音乐,集合多元文化

图 4-7

①改造背景

原红光电子管厂为目前成都中心城区内遗留的具有规模和历史的工业建筑群。包含了 20 世纪 50 年代前苏联援建的办公楼到 20 世纪 90 年代初修建的各类

厂房。

成都活跃的文化娱乐活动、成熟的音乐产业环境也为东郊记忆提供了坚实的市场支持。

②构思与策划

a. 整体构思：一基地、多名片

"东郊记忆"将从以前的"音乐产业聚集园和音乐文化体验园"定位，调整为"一基地、多名片"。成为集合音乐、美术、戏剧、摄影等文化形态的多元文化园区，和对接现代化、国际化的成都文化特色产业高地。

b. 业态策划

以音乐产业为核心集聚相关视觉艺术、表演艺术等艺术门类，并建设相关的配套服务设施。

③交通组织

园区内道路基本按原厂区道路布置，宽度为6~9米。主要的两个人行及车行的入口和广场均设在东侧和西侧的城市支路上，并在用地范围内专设出租车停靠站；

东侧规划路处开有地下车库的出口，以及人行与地下车库的入口；

规划地面汽车停放数量为2477辆，地下停车1230辆，自行车地面停放3990辆。

④建筑改造

通过对园区各建筑的充分调研，结合目标和规划定位的要求，制定了各栋建筑改造的导则。其总则的关键词为："保留、融合、对比、细节。"

a. 类建筑：有特定历史感，外观有保留价值的建筑。其改造方法分为两种：①在保证功能使用前提下，尽量少改动外观，配合抗震加固，稍加调整或复原即可。②新旧对比：在不影响保留建筑整体形象的前提下，适当加入时尚元素。

b 类建筑：外观没有保留价值的。采用新旧融合的方式，将外观改成具有历史感和工业特征的"老工业建筑"。也可采用新旧对比的方式。

c. 类建筑：新建建筑。采用新旧融合方式：新建筑的设计与老建筑的风格、肌理协调融合。

建筑空间和室内：应尽量减少改动，灵活布置功能，保留有价值的细节。

总体风貌的色彩节奏：不同时期修建的原厂房从形体、肌理上已有很大差别，为保证建筑风貌总体协调，各有差异的特征，特定色彩节奏的变化导则。

d. 环境设计

保留原有植物：遵循规划原则，保留了园区内大部分的树木，对被新建建筑占其位置的树木，实行园内移栽处理。

声、光环境：由于园区大量的业态为音乐类，可能会对周边环境造成噪声污染，规划中要求各栋建筑必须在室内实施声音屏蔽；对都舞台的露天演出，要求必须在晚上十点钟之前结束。

e. 公共设施

成都东区音乐公园是一个开放的音乐基地，目的性人流和通过性人流都较大，根据国家旅游局"AAAA级旅游景区"的基本标准，在园区内进行景区设施配置，设置园区咨询中心、医疗点、报警点和公共厕所，以及公共导向系统等。

⑤小结：项目成功改造借鉴

a. 在秉承保护、传承现代工业文化遗产理念的基础上，规划设计确定了"保留为主、新旧协调、品质至上、特色时尚、注重现实、多样呈现"的改造总则。

b. 园区"多业态"的现实呈现与"多名片"的需要有超越具体文化艺术门类的抽象表达，东郊记忆提供进入者较大的想象空间。

c. 总体风貌的色彩节奏，不同时期修建的原厂房从形体、肌理上，为保证建筑风貌总体协调、各有差异的特征。

d. 重温工业时代的情感记忆，加强与建筑的融合，小品利用原厂旧物，表现音乐时尚，植物保留原生，补充野趣。

e. 规划设计把厂区的保留建筑比作古董，设计看作古董的基座，综合保护嵌入新功能、新元素全面提升园区的文脉与时尚特色。

（3）上海同乐坊：文化、休闲、特色为导向

①改造背景

始于1928年，在近80年的发展演变中，同乐坊已经成为上海变迁的最好见证。同乐坊是首批上海18家特色产业集聚区之一。定位为一个兼备时尚娱乐和文化休闲产业的消费场所，代表上海新城市风尚的形象建筑。

②构思与策划

整体构思：与其它以设计类、建筑类为主的特色产业集聚区不同，同乐坊是以"文化、休闲、特色"为导向，"国际化、文化性、互动性"为一体；拥有别具风情的酒吧，精致典雅的餐厅，标新立异的概念零售店，艺术前卫的画廊，文艺实验的小剧场等等。

③规划布局

a. 业态布局

时尚餐饮 （30%）	俱乐部 （50%）	零售概念店 （20%）	其他
香啡缤 好友咖啡 老灶店 你好，维也纳 (奥地利餐厅)	Sky Club Muse Club J'S Club Kento's Live House 宝马会	阆风艺术画廊 杰奎琳画廊 张钢宁钢琴坊	芷江梦工厂 (剧场)
单个面积约几百平米不等	单个面积在1000－2000平方米左右		1000-2000平米左右

图 4-8

西侧 5-6 层的厂房多改为 LOFT 办公，集中了影视、杂志等文化传媒类企业。

图 4-9

餐饮和俱乐部主要面向南北两广场分布，易于聚集人气，多为 1-2 层旧厂房改造。

b. 建筑改造

改造宗旨："整旧如旧＋后现代设计元素"的运用。

主要手法：拆除破旧水泥厂、保留钢制框架和人字形、众字形、齿轮状等带有当时工业机器时代标志的建筑构件，再加以鲜亮的色块、大面积的玻璃幕墙和质感的金属装饰。

④建设与运营

酒吧面积均在1000—2000平米之间，可以容纳1000余人；内部利用原厂房的结构，结合玻璃等现代元素运用形成两层以上的高挑的空间；除饮酒、跳舞、音乐外，还可以利用宽敞的空间举办各类晚会、公司聚会等。

利用闲置厂房改造办公场所，吸引多家媒体企业入驻，包括第一财经、理财一周、东方之星等；与这些媒体展开合作，利用户外广场，经常性地举办各类时尚活动。

⑤小结：项目成功改造借鉴

a. 以酒吧＋俱乐部为休闲商业的主打特色，锁定时尚人群。

b. 与媒体合作，定期举办各类时尚发布、访谈等活动。

c. 区别于其它以设计类、建筑类为主的特色产业集聚区。以文化、休闲、特色为导向，建造一个兼备时尚娱乐和文化休闲产业的消费场所、上海新城市风尚的形象建筑。

总之，旧厂房改造型文化特色产业园特点，核心功能是商业休闲，特色办公仅最为点缀；商业业态比较丰富，包含商业零售、餐饮休闲、文化娱乐等多种形态；商业比重高于50%。

2. 新型商业区建筑的文化区域打造的文化产业园

在我国经历了从工业园到高科技园区建设的高速发展阶段后，文化的产业化、园区化成为文化产业发展的趋势，文化产业园旨在将文化资源以产业运作方式进行协作整和以达到资源规模化及资源利用率最大化，实现经济效益和文化资源的共同促进和发展，是后工业园的重要表现形式。与发达国家相比，我国文化产业园发展历史较短，处于起步后的成长完善阶段，但发展速度快，文化产业园区数量迅速增加。从全国范围看，文化产业地区发展不平衡。江西省，文化产业及产业园建设起步时间和发展规模滞后于经济发达地区。通过居民人均文化消费占全国比重情况和全国文化产业集群程度可以看出江西省文化产业仍然存在居民文化消费比重低、文化产业集群程度不高等问题。发展文化产业集群式园区建设可以为江西省文化产业提供一个平台，能将政府、企业、科研院校有机整和，形成产业群落，保护资源、协同发展；还能促进同质企业的公平激烈竞争，深化产业链中上下游企业的劳动合作分工实现规模效应；此外还可以有效降低交易成本，方便供应商、生产商信息收集，缩短消费者产品和服务获取时间，提高其文化产业消费的积极性。因此，保持江西文化产业园集群式发展能在很大程度上优化文化产业结构，改善文化人文环境，带动全省经济、文化、生态各方面的可持续发展。

（1）明确具备比较优势的园区可持续产业定位

①合理规划布局

文化资源是文化产业园设立的依托，是吸引产业链条中上下游企业积聚于某一物理地块的重要依据，是文化产业园的灵魂；需求和消费市场是实现产业园经济目标使其保持可持续运作和发展的不可或缺的要素。在文化产业园的整体区位布局上，可以综合考虑地块优势、文化内涵和市场支撑等多种因素，对于新建的文化产业园应避免再次出现野蛮开发、盲目模仿等一些产业园已经存在的问题。江西省文化产业资源以绿色生态、古文化、红色革命、动漫、影视为主，文化产业园区通常不能满足所有条件，因此，各地产业园区应依据资源禀赋的不同突出特色，差异化经营。江西自然条件优越，在地理位置上位于长江中下游南岸，县市能够直接与浙江、福建、广东等沿海发达省份相邻，交通便捷，利于吸引投资与客源。有的地区同时具备独有的传统文化渊源，这些地区本身经济不太发达，当地居民消费能力低，以外部客源为主的休闲度假区、民俗文化博物园等文化产业园在这些区域具有均衡分布的条件；井冈山、南昌、赣州等地具备红色文化资源；动漫、影视类园区在国内竞争压力大，园区需要人才智力支持，宜设立在教育、人力资源较为发达区域。此外，人均文化消费能力的强弱也会影响到城市文化产业集群的经济效益保障。江西还可以借鉴其他省市的一些成熟做法，将城市内文化产业园的规划和运营与旧城改造、拆迁开发、地铁建设等项目有机结合起来打造不同主题的生活特色产业园区。形成核心城区的生活特色、城郊制造文化、外围旅游文化园区的三层级分布。

在单个文化产业园内部布局上兼顾功能性与环境。充分论证，立足长远，合理设计利用现有空间，考虑后期规划扩展空间，在初期整体规划的指导下，分阶段、分层次、分重点实施建设，实现园区环境优美、建筑层次分明、设施设备共享、园区企业经营成本分摊。

②发展优势园区类型

目前，国内外对文化产业园的类型划分尚未形成统一的定论。国外有研究将文化产业园按照区位特征的不同分为四类，分别是：提供设计产品、视听、电影、服装和时装的产业文化园区；以产权转让模式展示地方文明文化的机构文化园区，如葡萄酒节；以公共政策模式推广的博物馆文化园和以剧院、电影院、餐馆、画廊为代表的都市文化园区。国内有学者将文化产业园归为创造型、消费型、复合型、都市型、原生态型等。这里将江西文化产业园按照资源基础型、制造型、生活特色型进行了划分和竞争力分析。资源基础型文化产业园依托的是当地的自然资源、旅游资源、历史资源、民俗资源等，因本地资源具有明显地域特色，这类产业园具有良好的区分度和不可复制性。制造型文化产业园主营业务为文化产品制造，典型的是景德镇陶瓷商品研发设计产业园、文港文化用品产业园，主要由当地传统手工艺发展而来，还有部分企业为文化旅游产业制造纪念品、配套设备，包括体育用品、文化用品、美术用品等。生活特色型文化产业园主要涉及文艺创作和艺术设计，如影视作品、文学作品、动漫作品的创作、广告设计、工业设计等。由表1可知，江西省的这三种文化产业园类型中，资源基础型与制造型文化产业园数量较多，生活特色型文化产业园区数量较少。通过前期研究中基于层次分析法和模糊法对江西文化产业园竞争力四个外部竞争因素指标（集成密度、发展规模、基础设施、经济效益）和四个内部竞争因素指标（管理能力、创新能力、服务体系、社会效应）进行专家打分和数据分析，江西各文化产业园竞争力总的优先分数的排序为：S资源>S制造>S生活，资源基础型文化产业园的优先分数最高，其竞争力最强，其次为制造型文化产业园，最弱的为生活特色型文化产业园。其中，江西省生活特色型产业园主要由企业和民间组织自发形成，具备相对高的经济性和自由性，其建立和发展主要随市场供需关系影响而调整。文章认为，规划发展江西文化产业园的类型定位选择上，资源基础型文化产业园最具发展竞争优势，但因其数量多，在今后的核心文化价值定位和运营策略的选择上应注意避免同质化将导致的恶性无序竞争；制造型文化产业园虽然排名第二，但竞争力指数相差不大，在品牌培养和规模扩大等方面具备很大空间。

　　对于三种不同类型产业园而言，共同之处是整合可持续的园区产业链并突出其核心价值。江西的资源基础型文化产业园主要基于旅游文化资源，由政府主导广告推广、提供外部环境和服务支持，配合行政手段实施环境保护；旅游企业和中介网络则将包括导游、餐馆等旅游服务和旅游工具、景区纪念品等旅游商品推向市场。在这条由政府、景区主管、中介企业、服务企业、旅游商品制造企业构成的内部产业链外，产业链的外延尚有欠缺，辐射范围还可扩大化，旅游文化园区之间存在集结联盟、联合开发、整合营销的潜力。制造型文化产业园的产业链与文化产业园区最为接近，从文化产品的设计到产品生产、物流运送、广告营销、售后服务，用价值链理念审视江西此类园区，区内企业更多集中于生产制造环节、规模小、需要以市场为导向，向特色设计等价值链上下游的高附加值环节延伸，通过合并入股的方式打造领头企业，产生品牌效应，注重衍生产品的利用，泰豪动漫产业园、江西出版产业园可以借鉴这种运作模式。生活特色型文化产业园在江西处于起步阶段，餐饮、娱乐、游艺、休闲由各行业企业自发组成，国外经验值得借鉴，如柏林在新的城市空间设计中，以社区为单元，集聚时尚、媒体、建筑、设计、摄影等产业，定期举办摄影节、研讨会等文化活动，吸引了大批文化消费者。

（2）重视影响江西文化产业园竞争力的关键因素

从竞争力指数分析的结果来看，在八个指标中，创新能力、服务体系、社会效应在专家打分权值上排名前三，是影响园区可持续发展的关键因素。

①促进创新和品牌建设

江西文化产业园起步晚，部分园区只是简单借鉴了其他省市较为成熟的园区主题和运营模式，在产品和工艺、管理、运营业态等方面缺乏创新意识。改善这种情况，具体应：首先，在思想上认识到创新能力对优化资源配置、促进产业升级、促进经济增长、提升园区竞争力所起的决定性作用。其次，在机制方面，一是建全政府投资、园区企业投资、社会投资的科研经费投入保障体系，拓展园区企业融资渠道；二是完善人才引进机制，完善产、学、研协同创新的人才培养模式，通过激励制度引进有出版、会展、演艺统筹、文化特色、文化营销、经营管理经验的高素质人才，通过校企合作确定适应的人才培养方向，合作开发新产品、新技术，加强园区管理者以及企业员工的在职培训，携手地方政府的图书馆、博物馆等基础设施建设；三是强化知识产权保护，有针对性地制定知识产权保护管理办法，鼓励有条件的文化产业园区设立知识产权部门。

文化品牌能够将文化产品附加值扩大化。在品牌建设上，一要打造区域品牌、二要扶持企业品牌，此外还要培育产品品牌和服务品牌。区域品牌来看，江西拥有以庐山、鄱阳湖为代表的生态自然文化资源品牌、以景德镇为核心的陶瓷资源品牌、以南昌-井冈山-瑞金为轴线的红色文化品牌等；企业品牌则要求园区企业合理定位，集中精力能力培育实力雄厚、有龙头引导作用的领头企业，培育核心文化企业和核心文化商品，通过特色服务和运营带动其他企业的集聚，带动园区整体业务，引入优秀的品牌代理机构。

②强化园区服务体系建设

完善的园区服务体系是交易成本最小化不可忽视的重要方面。文化产业园的运行机构需要为园区企业提供全方面的服务保障，包括成立具有综合协调和服务功能的管理机构、构建完善的园区规章制度、提供政务服务、物流服务、基础设施服务、金融支持服务、信息平台服务。例如：在政务方面，提供银行、海关、工商、税务等部门的一站式服务；物流服务上提供物流仓储平台，发挥园区规划选址的交通网络优势，与物流配送企业联手合作；通过金融支持保证园区企业资金链正常运转，保障科研创新成果经费并使其能够及时转化为产能；信息平台使得企业和消费者实现信息共享，有利于降低文化商品和文化服务销售推广成本、降低企业运营成本。

③引导居民文化需求并发挥社会效应

与传统产品价值与稀缺性成正比不同，文化产品越普及，文化价值越突显。随着江西城镇化进程和新农村建设的推进，居民生活水平日益提高，消费趋向由单纯的物质消费转向物质、精神、享受的多层次消费，但是江西居民的文化消费意识与发达地区比较仍然存在差距，文化产业消费需求有广阔的发展空间。因此，文化产业园可以选择传播范围广泛、社会影响力大的媒介，做好前期文化消费引导，提高文化产品普及率，使门类繁多、内容多样、层次丰富、独具个性的文化娱乐消费品服务于大众。这样，一方面可以发挥规模优势和集聚影响力，实现文化传承，为社会规范、社会价值起导向作用，对居民的生活态度、消费习惯、情感体验起到潜移默化的影响，提升居民的幸福指数；另一方面有利于调整江西产业结构，优化第三产业比重，扩张文化消费市场容量，实现经济与文化的协同发展。

第三节　文化产业园内道路设计

文化产业园区的道路设计是文化产业园区的特色体现，是衡量文化产业园区环境优劣的重要指标，通过结合国内外文化产业园区的实例，强调文化产业园区的道路规划应遵循功能性，生态性，文化性三者的统一整合，从而使道路成为文化产业园区流动的风景线。

一、文化产业园区道路设计概念、现状及内容

1. 当代文化产业园区设计的概念

传统工业的发展往往对环境造成极大的破坏和污染，工业成了人们避之而唯恐不及的瘟疫，工业区给人留下的印象是恐怖而荒凉。随着进入后工业时代，现代工业也同时产生了根本性的变革。当代的文化产业园区以高科技产业为主。高科技产业集中了新技术，新材料，新工艺，并始终处于不断的发展中，高科技产业的研究与生产具有同样重要的地位。技术和创新上的要求，想法和思路的创新以及准确精密的生产工艺，成为现代工业的灵魂和标志。在这样的背景下，文化产业园区（industrialpark）应运而生。园（park）就意味着有花园一般的环境，是文化与自然的交流场所，是纯真的，理想的艺术场所。

2. 我国文化产业园区道路的现状

（1）文化产业园区道路单调，很多时候没有专门的道路设计；

（2）由于交通便利一般会有与道路交叉的高架桥，交通比较复杂，但是处理都很简单；

（3）厂区建筑及内部布置对道路的影响考虑很少；

（4）有和文化产业园区气氛不符的建筑形象，建筑形象比较混杂，缺乏统一的控制导则；

（5）电线杆等道路设施缺乏统一规划和处理，标识系统没有经过统一设计。

3. 道路设计内容的历史演化

在中国的古典文献中就有对道路规划的记载。据周礼记载，公元前5世纪，周朝由首都至洛阳的道路上种有许多列树，来往旅客可以在树阴下休息。公元前221年，秦始皇修驰道（国道）东穷燕齐，南极吴楚，江湖之上，滨海之观毕至，道广五十步，三丈而树，厚筑其外，隐以金锥，树以青松等等。唐代李涛有落日长安道，秋槐满地花之句；宋代杨万里也有荫作官街绿，花开举子忙等句。这些都是道路的雏形。

道路真正作为设计出现是在19世纪后半叶，在一些发达国家设计师开始注意街景，同时产生了道路的概念。1907年，美国开始组织道路工程师和园林建筑师协作设计道路。因此，道路的设计包括从道路布线到街道设施，内容很广泛。

二、文化产业园区道路的规划原则

现代文化产业园区对环境的认识和重视达到了前所未有的高度。以美国硅谷为首的现代高科技园区彻底改变了传统文化产业园区的形象，高质量的绿色生态环境一方面是由于高科技产业高精度的生产制造行为对环境的高要求，另一方面也表现了高层次人才对环境的精神需求。因此,文化产业园区的也不仅仅局限在满足功能和视觉美感的层面上,更深入到对于生态环境的保护和园区文化,企业文化的表现。因此,当代文化产业园区的道路就应立足功能需求、生态原则、文化特征三位一体的整合。具体说来,物质是载体,生态保持是法则,文化内涵是目标,互相作用叠加一起,共同实现文化产业园区道路的现代。

1. 满足功能性需求原则

（1）文化产业园区道路的特点

一般来说工业用地周边情况的道路会比较复杂,有高速公路、快速路、铁路、高压线等过境,区内道路则也根据实际产业分布的不同而要求不同,因此在设计中就要针对不同道路的特点来进行设计来满足要求。比如南京附近的江宁开发区的道路绿化就是按一路一树、一路一景、一路一个特色的要求,创造出总体统一、主次分明、特色突出、高品位的城市道路绿地。文化产业园区的道路交通主要是车流,并且以货运为主,这就决定了在文化产业园区的道路规划中应该更重视动态,重视道路绿地的建设,并且根据不同道路上的行车速度不同,感受不同来决定的设置和规划。以天津经济技术开发区西区的道路来看,

由于围绕用地的都是高速公路及城市快速路沿线,观赏者大多处于高速行驶状态,在这一状态下人对于客体的认识只能是整体概貌和轮廓特征。就道路本身而言,应力求做到道路边坡、分车带、绿化等软、硬质具有连续性,平滑性,自然且通视效果好。对于工业用地内部的主干道和次干道,由于观赏者的浏览速度减慢,道路的设计就应该放在形的刻画上。路体本身体态,形象设计,绿化植物选择和造型等都给予了充分的考虑。

（2）道路绿地的定义

道路绿地由两部分组成,一部分是道路红线内的绿化带,另一部分是道路红线之外沿道路的绿化带,该绿化带的宽度即为绿线宽度。

①道路红线以内的绿地:城市道路红线内绿地率应满足城市道路绿化规划与设计规范中的规定:红线宽度大于50m的道路绿地率不得小于30%;红线宽度在40～50m的道路绿地率不得小于25%;红线宽度小于40m的路绿地率不得小于20%。

②道路红线外绿地:建议规划道路绿线宽度不小于5m。

2. 道路绿地规划措施

（1）在道路交叉口视距三角形范围内和弯道转弯处的树木不能影响驾驶员

视线通透,在弯道外侧的树木沿边缘整齐连续栽植,预告道路线形变化,诱导行车视线。对于文化产业园区来说,由于交通运输中货运占有一定的比例,故在道路的一定宽度和高度范围内的车辆运行空间,树冠和树干不得进入该空间。同时要利用道路绿地的隔离、屏挡、通透、范围等交通组织功能设计绿地。

(2)对于新建文化产业园区,树木的生长是一个动态的过程,因此绿地规划设计要有长远观点,栽植树木不能经常更换、移植。近期效果与远期效果要有计划、有组织地周全安排,使其既能尽快发挥功能作用,又能在树木生长壮年保持较好的形态效果,使近期与远期效果真正结合起来。

(3)种植打破单调的行列式布局,以组团式、条块式为主要配置特点,乔、灌、地被结合进行复合混合式立体绿化,形成富有层次感和韵律感的生态走廊。突出以人为本,以绿为主的设计思想,考虑车行与人行的时空关系及其过程中人的心理、视觉对变换的感受,创造符合行人视觉与行为心理的绿色。

(4)树种选择上突出地方特色,适当增加常绿树种以弥补冬景的单调与萧条,同时注重常绿落叶相互衬托,不同树种相互间植,突出四季效果。乔木与灌木比例,应以乔木为主,一般占70%。

(5)落叶树与常绿树比例,由于受地区气候和立地条件的影响,又因落叶树一般生长较快,应以落叶树为主。常绿树一年四季有良好的绿化效果和防护功能,华北地区一般常绿树占30%~50%,落叶树占50%~70%。

3. 保持生态性法则

道路绿化带属于塑造的一种绿廊,直观上看,这个廊道的树冠阻挡了阳光直晒和风沙吹袭,造成了微观环境的改变,实质上它承担着人流、物流、能流的运输通道的积极保护作用。绿化形成的植物绿廊,既能很好地改善道路周边环境,也有利于行车交通安全,这在生态学中可视作是绿廊特有的分割、屏障过滤和连通性能的反映。

以苏州文化产业园区为例,在核心区的道路设计中,强调与区内实际环境特点相结合,利用有生命的植物软化硬质环境,将区内道路和河道绿地建设成为总体统一、主次分明、特色突出、高品位的现代都市(绿色生态廊道)。例如苏州文化产业园区星华街和苏胜路的道路设计。再如吉林通化张家生态文化产业园区在规划中也充分考虑了道路生态廊道的作用。根据天津泰达西区的规划实践总结来看,主要通过以下几点来实现:

(1)积极建设道路绿地,改善道路及其附近的地域小气候生态条件,降温遮荫、防尘减噪、防风防火、防灾防震。一行树冠浓密的大树，沿道路的建筑2~3层可以降低12dB。特别是对于工业用地占绝对比例的文化产业园区来说，道路绿地特有的生态功能，是城市其他硬质材料无法替代的。规划设计中可采用遮荫式、遮挡式、阻隔式手法，采用密林式、疏林式、地被式、群落式以及行道树式等栽植形式。

（2）道路作为生态网络（ecologicalnetwork）中廊道（corridor），应把对自然的影响降到最小。道路绿地遵循生态学的规定，根据道路的宽度，地块的大小，绿化规定一定的宽度来保证它的生态效应。对于未来建设的生态工业园而言，道路也是形成生态园区的不可缺少的框架。

最近20年来欧洲国家和澳大利亚，开始补偿大范围铺设道路带来的生态影响，力求保护生物多样性，减少物种丧失。其中，荷兰的回避—减轻—补偿模式，以其对自然生态网络和自然过程的保持和恢复以及生物多样性的良好保护，而成为较经典的道路和自然保护规划，生态网络与道路网络叠加，遵循零损失原则（nonetloss），即道路建设造成的自然过程和生物多样性的损失，由增加同样的生态价值作以补偿。

（3）文化特征性体现

现代工业精神的建构文化性在逐渐失去个性的今天，逐渐成为重要的议题。比如美国硅谷创造的就不仅仅是一个园区，更是一个文化，是一个标志。在设计中，结合园区文化，创造有文化意蕴的道路来美化环境，反过来这种优美的环境又可以令人心旷神怡，陶冶人的性情和情操。我国比较成功的文化产业园区——苏州文化产业园区的规划中，就很注重当地文化的维系和保留，从而创造富有自己地域特色和文化特色的文化产业园区。

第四节 文化产业园内绿化设计

改革开放以来的很长一段时间里，由于无序的发展使得我国环境污染严重，人们也开始认识到仅仅发展经济而忽视环境是一种相当错误的做法，在文化产业园区进行绿化规划设计，就是为了在实现经济发展的同时也保证生态环境的完整性，达到生态环境和经济发展齐头并进的目的。

一、文化产业园区绿化规划设计的原则

1. 技术与艺术相结合原则。

技术是的物质构成和精神构成得以实现的基础，先进技术对来说，虽然不是充分条件，却是必要条件。它使得现代规划设计的要素在表现手法上更加宽广与自由，材料的选择上也更加灵活与丰富，同时也突破了传统的空间向度和时间向度。文化产业园区绿化设计是技术与艺术完美结合的产物。

2. 动态原则。

动态的设计原则主要体现在园林植物的生长变化和生态恢复的动态过程。生态美学理论认为，植物元素是具有生命的，植物的季相变化，草木的四季枯荣同样是的一部分。而荒野保护和野生植物的创建也体现了生态恢的变化过程。因此，一个好的文化产业园区的规划设计不是短期建设就能完成的，设计师应该运用生态的技术，将的营造视为一个长期的过程，动态的过程。

3. 协调性原则。

文化产业园区的规划设计一方面要充分考虑其所在城市的环境氛围，确定文化产业园区的定位。另一方面还要根据其自身的区域特点，确定的形式、形态、平面及立体尺度，形成和谐的量、度关系，构成主景、配景、近景、远景的丰富变化。这样，才可能达到整体性的效果。

4. 地域特色原则。

植根于地域特色的文化产业园区规划设计并不是一种抽象的、形而上学的空间概念，实际上，它是具有普遍意义的公共性设计法则，因为设计项目从来都是具体的、有针对性的。不论在北京还是上海，在中国还是在国外，文化产业园区规划设计一定要与其所在环境的总体风貌相联系，并以环境个性的存在作为资源和文化价值的重要体现。

5. 自然生态原则。

文化产业园区的规划设计应体现自然生态的设计理念，以保护生物多样性为前提，尊重地域的特色，并尽量模拟自然状态下的植物群落，充分挖掘地区的种植潜力，适当增加并引进优良的植物新品种，以乔木、灌木、藤本、草本植物的合理配置，形成稳定的多层次、多结构的植物群落，保护园区生态系统和绿化的稳定性，实现文化产业园区的可持续发展。

6. 安全防护原则。

安全防护原则是针对文化产业园区绿地的生态防护功能和防灾避险功能而提

175

出的。随着文化产业园区规模的扩大和人口的过于集中,健全园区防灾系统已成为一项不容忽视的任务,而绿地防灾就是一种既能为文化产业园区提供自然又有助于防灾救援的有效手段之一。此外,园区内大量的防护绿地也对文化产业园区内的工业污染起到了阻挡、净化的生态防护作用。

二、文化产业园区绿化规划设计

文化产业园区规划设计应着重从如下几个方面采取措施:

1. 文化产业园区绿化规划设计要有独特的风格。

工业园绿化规划设计是以工业建筑为主体的环境净化、美化,要根据工厂的规模、行业特点、建筑格局所处的环境、厂区使用的对象、布置的风格和意境等因素综合考虑,体现园区绿化特点和风格,表现出企业的精神风貌。另外,还需要注意文化产业园区的绿化规划设计要与整个城市的基调保持一致、要与当地的文化相融合。

2. 生态防护体系的规划。

工业企业在生产过程中,往往伴随着多种环境污染问题,而规划合理的生态防护林带,不但可以增加文化产业园区的整体绿量,提高绿地率,还可以净化空气,吸收有害气体,杀菌、除味并且阻隔和吸收工业噪音。此外,大片的防护林带也对改良土壤的理化性质和提高土壤的稳定性有很好的作用。

3. 增加绿地面积,提高绿地率。

园绿化面积的大小,直接影响到绿化的功能。园区绿化应充分利用可绿化的地段,见缝插绿,增加绿地面积,提高绿地率。工业园绿化设计是建设现代化工厂的重要组成部分,是保护环境的重要措施。一般来说,一片设计合理的绿地,面积愈大,其减尘、降噪、吸收有害气体及二氧化碳的作用就越大;因此,在可能的条件下,争取多一些的绿化面积,对防止污染、改善工厂的工作环境是必要的。由于工厂的性质、规模、所在地的自然条件以及对绿化的要求不同,绿化面积差异悬殊。为了保证工厂实现文明生产,改善厂区环境质量,必须要有一定的绿化面积。一般来说,重工业类企业绿化面积占厂区总面积的20%,化学工业类企业绿化面积应占20%~26%,轻工业、纺织工业类占40%~60%,精密仪器工业类占60%,其他大工业类占26%。

4. 视觉形象塑造。

视觉形象的重要性是不言而喻的,文化产业园区的形象,一方面要反映园区鲜明的特色和大众的审美需求，另一方面，要为人们提供舒适、高效、方便、卫生、优美而富有特色的区域环境，以求提高生产者的生活质量，增强投资者的认同感、归属感，促进文化产业园区经济的全面发展。

5. 园区游憩系统规划。

文化产业园区游憩系统规划是文化产业园区规划设计中非常重要的一环。它塑造舒适化、人性化、生活化的文化产业园区环境的有效途径，是为紧张、忙碌的人们提供了丰富的户外游憩体验空间的重要手段。文化产业园区的游憩系统规划涉及到园区游憩空间的各个层面，在具体的游憩空间结构建立中，我们不仅要依照各游憩空间的价值，划分成若干层次与等级，还要根据各种原则确立在整个体系中处于主导地位的游憩空间，对之进行组织完善，对园区各种游憩空间的分布进行调整，建立起层次分明、衔接有序的整体结构。

6. 其它文化产业园区规划设计措施。

①办公楼前绿地。主要标记厂标，边缘以石镶边，中间可根据情况种植花卉或整形绿篱。标志一边可以为大片的模纹花坛，另一边可以为梯形的小的铺装广场，广场上可以设置墙，上面可篆刻企业文化或企业历史，其前可设立棋杆。内部乔灌草花相结合，大的色块为主导，清晰明了地突出企业文化。

②厂区内停车场。停车场以绿篱、小乔木围蔽，大乔木点缀，内铺以嵌草砖，以提高绿地面积。落叶乔木的点缀，使夏天车辆不致招致爆晒，冬天又可以见到阳光。适当的围蔽，使其不显凌乱。停车场外到围墙是铺装地，可设围树椅，又可从停车场直接通向宿舍，方便人们通行。

③生产区。生产区与厂区道路绿地相结合，可以以植物群落布置为主，选择适宜的植物，乔木、小乔木、灌木、草地相结合，注意常绿与落叶搭配，高低错落，形成一定韵律感，看起来整齐利落。

④注重文化产业园区道路的规划设计。道路文化产业园区主要的交通路线，除了保证其交通功能外，还应使道路具有休闲娱乐的功能，可以将园区道路设计成休闲步行林荫道，在保证步行空间的前提下，沿路硬质铺装与软质铺装结合，把耐荫草坪、地被、灌木球、铺地、花坛、雕塑、座椅、路灯、垃圾箱、电话亭、指示牌、文化墙等一体化设计，形成游憩休闲、小型聚会、交谈的小型花园。

第五节　文化产业园内导向设计

标识系统是文化产业园区设计中不可缺少的部分，它可以直接影响人们在游览园区时的心情，对整个园区的设计品质起着重要的作用。在欧美一些发达国家及日本文化园区设计里，标识系统已经做为一项独立的学科被研究了很长时间，它在设计当中的应用也得到了足够的重视，但是在国内真正意识到它的重要性仅仅才刚刚开始，许多设计师不注重环境标识的设计，仅仅把它作为设计方案的附属物，不把它作为整个设计作品的一部分来对待。

一、文化产业园内导向设计理念

今天社会在进步，信息化时代已经到来，人们的生活需要更加的便捷和高效，需要更加的自主和独立。作为一位当代的文化产业园区的设计师，我们要在原有的专业基础上，完善我们的设计，把标识系统作为设计的一部分，为人们提供更好更便捷的生活环境。

1. 环境标识系统的概念

环境标识系统是将环境设计和标识系统相结合的产物，它不是单纯的对环境空间功能、流线导向、平面标识形态的研究，而是以这些为基础，更加注重人们的体验和感受，注重彼此的互动性，不单单只是视觉上的引导，它还应该有触觉、听觉、嗅觉等多种人体感知。让标识系统与环境相融合，让人们有多元化的体验。大到一个城市的规划建设，小到一座公园，一个小区都有它的可识别性问题，而文化产业园区的标识是体现可识别性的重要因素。这也说明，不能把标识系统当做完全独立的设计来做，而让其融入园区的大环境中，并为之服务。所以得出这样的基本概念，环境标识系统设计是指在特定的环境中能明确表明内容、性质、方向、原则及形象等功能的，主要以文字、图形、记号、符号、形态等构成的视觉图像系统的设计，也可通过嗅觉、声音、触觉等五感来引导人们的行为，它是构成整个环境重要的组成部分。把环境功能和形象工程融为一体，重点解决环境管理和梳理秩序，为人们的物质和精神提供更贴切的服务。

2. 环境标识系统在设计中的重要性

在古代园林的设计中，基本没有什么专门的标识系统，一般都是通过道路、溪水、植被、亭台楼阁等作为标识，引导性相对较弱。但是随着城市的快速发展，开放程度的提高，人们对设计中的标识系统的要求越来越高，因为他能够最大限度地满足人类对陌生环境的认识，是人与环境之间能够最直接沟通的桥梁。所以标识系统是现代城市中重要的信息系统组成部分，也是一座城市现代化程度的体验。设计近几年随着城市现代化程度的提高得到了很大的重视，同时带动了其快速的发展。大道城市的整体规划、城市道路、自然风景区的规划设计，小到公园、住宅小区、私家庭院等设计作品不断地活跃在大众的眼前，已成为人们生活中不可缺少的生活元素。当我们自由行到一个陌生的城市体验不同的人文气息时，当我们在自然风景区里享受自然风光时，当我们在城市广场上游走时，当我们在自家小区里散步时，我们试图找到最佳观景点，捕捉最美的风景，我们需要最快最便捷的到达我们想去的地方，找到我们需要的功能及场所。但是我们经常会有这样的困惑，景色近在眼前却无法靠近，因为找不到入口；急着去下一个地方却找不到出口；想去洗手间时，却看不到它在何处；想来次漫无目的的行走，却怎么也绕不出身边这两三个景点。往往因为这些问题的出现而打扰了我们游玩的兴致，影响了我们的心情。造成这种尴尬场面的原因就在于环境标识含义模糊，形态隐蔽，不成规范。因此，标识系统是设计的重要组成部分，同时也体现出其现阶段的不完善性。

3. 环境标识系统分类

标识系统在设计中的应用存在多种形式，大类可分为显性标识和隐形标识。

（1）显性标识

显性标识是较为直观的接受信息的形式，主要对视觉起到引导作用，主要由以文字、图形、记号、符号、形态等构成，通常被称为导向性标识系统。导向性标识系统一般有三种分类方式

①按性质分

说明性标识：指表现对象的名称、内容、特性、精神等方面的标识。如景区景点介绍牌、各类文物景点的文物等级评定碑牌等。

引导性标识：指用于告知标识使用者被标识对象与其所在地的位置关系的标识。如景区景点指示牌中的道路方向指示、导游图等；景区公共设施符号牌对公共场所的提示，如公厕、小卖部、游客中心等。

限制性标识：主要用于表达禁止、警示、指令等意图，体现景区人文关怀的

标识。如景区警示关怀牌，提示游客注意安全及保护环境等。

②按表达方式分

标识的表达方式其实先后出现在标识的产生与发展的四个时期，即：实物、图形、文字、综合等各种方式。

③按被感知方式分

标识的使用对象是人，因而根据人体器官的感觉能力进行分类，即：可视标识、可听标识、可嗅标识、可触标识。这些特殊标识的分类一般应用于针对弱势群体游玩的风景区内，如上海辰山植物园内的盲人花园。、

（2）隐性标识

隐性标识的含义在别的资料里是这样定义的，是指除视觉以外的，对其他感知器官如嗅觉、肤觉、听觉等知觉器官的刺激下，从而间接地感知信息的形式。我个人认为隐性标识不能完全离开视觉的传导，有些时候是人们先看到了这个物体，这个物体的形态，质感等会给人们以心理暗示，从而达到预期的效果。例如：人们一般看到篱笆围起来的东西，就会认为是不可进入的区域。看到图1这样的小品，虽然没有明确的表明他是可以供休憩的座椅，但人们往往想以舒服的姿势躺在上面。如果你要去一个景点"百花园'，前面没有显性的导向标识，但是这两条路你会选哪一条来走，很显然是有花卉的那条。如果你要去熊猫馆，遇到了岔路口，一条园路两边种满了竹子，另一条则是普通的植被，一般人都会选有竹子的路前行。人们有一定的定向思维，看到竹子会想到熊猫，听到水声就会想到小溪、喷泉、瀑布等。其实其他生物也有趋向性，比如花多的地方蝴蝶就多，动物喜欢呆在水源丰富的地方，飞蛾的趋光性等等。生物的趋向性也是一种隐性的标识系统。在设计中，我们应该很好的运用这种隐性的标识，它能完全融入到景色当中，又有引导作用。而且这种隐性的设计不仅表现在对人的服务，也应用于其他生物，目的是保证生物的多样性，从而使格局得以完整，人和自然能够和谐共处。

4. 环境标识系统设计原则

（1）人性化设计，满足人们的心理需求

环境标识系统的人性化设计是指在保持标识的科学结构和合理功能的同时，在设计中注入情感的、心理的、历史文化的、与环境特色和谐的因素，从而使设计在发挥标识作用的同时，能给人带来或轻松愉快或亲切温馨或超出预期的心理感受和体验，让冷冰冰的标识富于生命感和人情味。一方面，在标识的制作时要

充分考虑游览者的感受，在游览者获得信息时尽量减少行政方面的宣传标语，注意避免以管理者的身份要求游览者该怎么做，不要怎么做，应以服务者的身份引导别人该怎么做，提醒不该怎么做，努力营造一种轻松、舒适的环境氛围。另一方面，在具体内容上，不应只限于景点介绍、路径指引，而应增加标识内容的知识性、哲理性和趣味性，体现出环境的特色。

（2）范化设计，方便游览者活动的完成

①主题鲜明，位置突出

主题设置上，标识牌传达的信息必须准确、清楚，文字表达简洁明快易于理解和记忆。色彩清晰舒适，易于辨识。在位置选择上，标识牌应设置于交通流线中，如出入口、交叉口、标志性景点前等人们的必经之处，方便看到。标识牌的设置应有最大的能见度，使人们在一瞥之间就能捕捉到所需要的信息，做到鲜明突出。

连续性与统一性

标识系统应连续设置，使之成为序列，引导旅游者顺利完成景区内的旅游活动。同时，标识牌的设置应统一，有利于美化景区，提高美观性。另外，统一的风格能强化整体形象，使信息能够更为有效地传播，给人们留下深刻印象，易于记忆，增加了地方特色。

②便于维护和更新

标识通常设于户外，应在使用过程中便于使用、维护和信息更新，这既涉及到标识的表达方式又涉及到标识的制作材料。

⑤融入自然，既景既标识

把标识和设计融为一体，用植物、水系、雕塑、声音等来作为人们以及动物们行为的引导，使设计更加的环保，更加的融入自然。

在全球化的今天，标识系统应该是一种超越国界、文化、人种、阶层、受教育程度等限制的共通的信息交流方式，是全人类通用的标识语言。环境标识系统的建立在国外已经成为一门独立的学科，在中国对其的研究还处于探索阶段，还很不完善。但是它与我们的生活息息相关，影响着我们的衣食住行。作为一个当代的文化产业园区的设计师，必须清楚地认识到标识系统的重要性，应把它融入到文化产业园区设计当中去，为树立园区形象，美化生活环境，提高生活品质而努力。

二、导向标识在文化产业园区设计中的应用

　　导向标识的设计和应用，当今演变为衡量国家设计水平和国际化程度的一个重要指标。一个国际性的大都市，其设计的导向标识设计一定是国际化的，并被认知的。作为人们生活与工作的环境的，被人们使用最多的是一个城市中的公共环境，公共环境利用效率的高低直接影响到整个城市功能的发挥．良好的导向标识设计在当今时代成为城市公共环境的使用进一步提高了利用效率。同时为了人类精神层面搭建了桥梁。导向标识最初的定义是为了辨别场所，提供说明和注意事项而设计的标识体系，即'Sign'。导向标识设计是一个多元的信息传达媒介。以二维导向信息及符号为主体的标识导向在文化产业园区环境空间中，不仅在引导和指向方向，同时也在设计空间环境中扮演着划分空间功能，再造分割小空间的功能角色，并且具有很强的功用性，使得人们可以便捷的，连贯的达到设计中浏览的直接目的。另外，从设计的角度来看，导向标识设计涉及到的不仅仅是视觉传达领域它还跨越了环境艺术学甚至是建筑学和设计学领域。由于学科交叉与融合已经成为当今社会发展的必然趋势，导向标识设计会在这样的大环境中必然能够得到更全面的发展，体现学术价值和社会价值。

　　在文化产业园区环境中，导向标识设计已成为园区设计中流行的"设计语言"。通过导向标识起到的作用，人们既可以了解园区设计在此区域内的形式，又能就此引起视觉思维，并且认知建筑的象征性表述。导向标识符号本身是一个抽象的概念，是一种具有表意功能的表达手段。视觉符号是一种艺术符号，也是表现性符号，相对推理性符号而言，视觉符号没有自己的体系，任何视觉符号都有一定的文化内涵，在建筑环境中，人们对所处环境氛围的感知是通过特定的符号信息来传递的。特别是在设计中，有设计师设计的区域，符号信息的重要性尤为凸显，因为设计师要考虑多方面的和导向标识对其的应用。并表现出视觉符号是建筑环境和设计中不可或缺的表现和认知元素，研究设计中的视觉符号语言对当代的环境艺术设计具有普遍意义。而当我们成为使用者时，站在区域内导向图前，可以明确自己所处的位置．并可以寻觅到景区中心区各主要道路景区景点．购物、餐饮、娱乐场所及旅行社、主要建筑等。对于旅游景区和公园等区域来说除各景区景点逐步完善各种具有便利性设施外，在市区增加以服务游客食．住．行．游、购．娱等目的而设计的旅游导向设施更好地为游客起到导向作用。此外．在市区各国道、高速公路出口处，都应设立景区指导项提前标示各景区景点的走向，方便自驾游游客。

第四章 文化产业园形象与特色的设计范畴

例如：在对一些地区文化产业园区的调研中，科院充分体会到，导向标识设计体现在人的视觉、味觉、嗅觉、触觉、听觉，并通过这五种感受接触外界所传递的信息。而我们接触外界信息的时候其中有视觉设计占了很大一部分，视觉图形是表示信息的载体，需要准确地表达信息内容。为便于沟通语言、习俗不同的乘客，从20世纪70年代开始，导向图形逐渐走向国际化，用图形来展示意义成为了一种有效的传达方式，它具有超越国界和语言障碍的优越性。在确定设计内容后，再设定表示文字的字体，大小，底色与文字颜色之间的关系等。导向标识设计中除了用图形表达各种设施、内容外，还需要表示到达这些场所的方向、路线，箭头是一种很好的方法。它的表达方式和形状多种多样，能够表达前、后、左、右、斜向、转弯、升降等，但在二维空间用箭头表达三维空间方向则有一定难度。使得导向标识设计在设计中应用时得到或多或少的不够规范的应用和后期没有得到很好的维护。最终使受众人群失去对设计区域的兴趣和进一步的了解。也可以说导向标识设计是一个优秀设计通往平凡人的桥梁，景中人和景外人看待是不一样的，前者是的表达，而后者是的印象，这个时候导向标识很准确的作为一个桥梁衔接着我们和眼中的景象。因为导向标识设计是内在者与周围环境相互调和，相互适应的过程。我们需要明确受众主体是参观，体验的每一个人，而人类是符号的动物，导向标识则是一个符号传播饿媒体，是有含义的。导向标识设计的重要性不言而喻。

我们从室内走到室外的过程同时会被各种各样的导向标识所影响，我们会看道路的方向，或通往用餐地点的距离，或走向公园的入口以游览，我们或多或少的主动或被动的影响着。深刻的记得北京大学俞孔坚老师说过一句让我记一辈子的话，'间接地书本学习永远代替不了真实自然存在的体验。'其力量使我内心得以成长和撼动。导向此时的作用是使我们直观的体验和感受其，达到成长的意义。在导向标识设计中若使视觉信息有效的传递于置于文化产业园区中的受众人群，不仅需要对视觉导视信息内容中各构成元素进行系统性的整合，还应综合各客观环境因素及对受众人群的行为特征与实际需求的分析来系统的解决。达到全面的共应效果。同时设计是一个永无止境的创新过程，导向标识设计是这样，文化产业园区设计也是这样。我们在沿用保留现行导向标识设计在应用的同时，应多加思考整个行业乃至整个社会的未来和前途，从小导向小标识做起，从文化产业园区单元中的导向标识设计做起，提升整个文化产业园区的形象。

第六节　文化产业园内特色的营造

一、文化产业园内特色的艺术设计

1. 艺术型文化特色产业园的社会功能及特点

（1）艺术型文创园的社会功能

文化特色产业园区作为后工业时代的一种产业集聚形式，按照产业链的模式形成利益共同体以创造竞争优势是其最基本的经济功能。与此同时，艺术型文化特色产业园还具有更重的文化事业色彩，其社会功能包括：

①培养、保护艺术人才。

艺术人才是艺术创作中最活跃、能动性最强的因素，在艺术型文创园区内保持艺术人才层次的多元性有助于艺术人才业务能力的培养和提升，艺术门类的不同有助于彼此间相互借鉴，年龄层次的完整性有助于实现继承与创新，从整体上促进艺术家群体的孵化。园区内沙龙、展览和研讨会的定期举行能够促进艺术家之间的交流与学习，其他业态的存在也帮助艺术家成长。园区服务平台可为维护艺术家的人身权利和经济权利提供法律咨询和保障，尤其是知识产权保护方面。

②平衡、繁荣艺术生态。

艺术型文创园的社会价值并不是体现在能够成就几位艺术巨匠，而在于这些或成功或平凡的艺术家们独特的生活方式、高价值的精神创作可为园区及周边区域营造浓厚的文化氛围。园区能够帮助艺术家摆脱单纯创作的桎梏投身于完整的艺术生态链条中，在比较和学习中直观地审视自己的作品，在"往复上升"的过程中获得教益并继续创作。

③提升城市品位，增强国家软实力。

艺术型文创园作为艺术家集聚的场所，是城市中艺术类人才和文化设施的高密度区域，有完整的艺术家培养及推广机制，文化艺术氛围浓厚，能够对城市居民起到艺术熏陶和审美教育的作用。园区在一定意义上代表了城市艺术发展的现有水平，塑造城市形象的同时也为城市旅游业提供了一个新的增长点。当下，现代艺术占据着中国艺术的高地，我国传统的艺术门类和艺术特质在逐渐被消解，艺术型文创园可以通过繁荣艺术事业增强国民的文化认同感和自信心。

（2）艺术型文创园的特点

①艺术、特色氛围浓厚。

艺术型文创园起源于艺术家们对群聚以及艺术乌托邦的渴望，在与产业结合的发展过程中不断成熟。由于园区汇聚着大量艺术家和文化从业者，以艺术品的创作、展示和交易为内容，园区本身也多由工业遗产改造而来，这里的艺术、特色氛围浓厚。艺术家们利用园区内的厂房建筑挥洒着自己的创造才华，将艺术融入建筑及周边环境。以798艺术区为例，落有致的工业厂房，管道纵横，砖墙斑驳，另类的当代艺术作品与过时的生产机械等历史遗迹相映成趣，艺术小店彰显特色，艺术活动精彩纷呈。

②具有旅游吸引力。

知名的艺术型文创园因其艺术氛围浓厚，展现城市文化魅力，能够吸引各地游客，拉动所在城市乃至周边城市的旅游业发展。现在旅游观光客正趋向越来越年轻化、富裕化和受教育程度更高化，与自然观光相比这些游客更倾向于文化观光。文化特色产业旅游应运而生，它是以文化特色产业构成要素为依托，以各类园区为物理空间载体的一种全新旅游模式。据798艺术区管委会信息，园区每年举办的各类展演、时尚发布以及文化艺术活动可超2000场次，到访宾客超过200万人次，其中境外人士超过30%。

③艺术资源保护需优于产业发展。

艺术型文创园是以特色文化资源或艺术家群体为依托的，与娱乐型、消费型文创园的发展模式不同，部分艺术资源具有不可再生性，比如建筑特色、工业文化、艺术家等，要持优先保护的原则防止极度的市场开发。艺术是一种自为的存在，并不肆意接受外力的干扰，应该严格控制非艺术业态的比重以保护其文化纯度，可利用与政府互动合作的机会获得一些特殊政策，鼓励艺术家群体在此生存下来。

2. 展现艺术氛围

（1）运用多元化的艺术语汇

艺术型文创园内的公共艺术作品比比皆是，这里的一切景象和印记，无不彰显艺术家们的艺术品位与独特视角。每一种艺术思潮和艺术形式，都为设计师们提供了可借鉴的艺术思想和形式语言，其中以当代艺术思潮的介入最为常见，比如装置艺术、大地艺术、概念艺术、极简主义艺术和涂鸦艺术等。参观者徜徉在园区，常会惊喜地发现大面积的涂鸦墙或角落里的小雕塑，获得视觉上的愉悦和心灵上的启迪（见图2）。经装置艺术家们对场地材料改造而成的小品散落在公共空间中，带着对园区历史的记忆，凝结着工业时代的文明气息。

（2）讲究要素的细节

①建筑立面

建筑立面是园区公共空间的主要界面，是体现园区文化特色和艺术特色的重要视觉元素。建筑立面的艺术化处理可分为三种价值取向：以保护为核心、以时尚为核心、以个性化为核心。就具体建筑而言，价值取向可以是多元复合的。建筑立面的风格化改造通常基于某种艺术潮流，常见的设计手法有简约主义、结构主义和后现代主义，这三种方式都很容易与旧工业建筑原有形态相协调。

②地面铺装

特色的质感、丰富的色彩、多样的构形，铺装所表现的韵律及象征意义能为公用空间赋予活力与个性。运用隐喻、象征的手法来表现某种文化传统和乡土气息，引发人们视觉的、心理上的联想和回忆，是铺装构形设计中创造个性特色的常用手法。在铺装设计中还经常运用文字、符号、图案等细部来突出空间的个性与时尚感。

③局部绿化

艺术型文创园公共空间中植物的最大特色就是对"恣意"和"规整"的充分表达。恣意是任植物的枝叶以自然状态生长，保留原有和后来栽植的均有，可以显示公共空间自由、不拘束于特定规矩的特性；规整是对植物形态进行人为的规划和控制，使其成为亮点和视线焦点，与公共空间呈现出的"设计感"相匹配。在具体手法方面，攀爬植物的运用可以带来一种生活气息，为硬质立面增添色彩与活力。小型的盆栽经过艺术家的个性化处理，能成为新的装饰。

④小品

小品既包括公共雕塑、设施小品还包含大量的公共标识，是最容易汇集艺术家和设计师艺术特色的环境元素，一件特色的小品就能令人记住一个空间甚至一座城市，同时，小品的易更新性也便于艺术家们将时尚特色不断释放到公共空间中。通过与园区精心设计的公共设施的接触，使用者能获得更多的精神享受和艺术熏陶，体验到"艺术生活化，生活艺术化"的魅力。

艺术型文化特色产业园作为城市文化生态主动脉和城市形象新名片，值得更多学者对其进行关注和研究，其公共空间的设计是体现园区特色氛围和艺术气质的重要阵地。在系统设计理论的指导下，经过规划师和入驻艺术家群体的联合设计，定会对园区的生态效益、经济效益、社会效益起到积极作用。

二、文化产业园内特色的灯光设计

"文化产业园区既是一种外在的、可视的艺术运作和存在方式，同时在整体上又是一种蕴涵丰富社会精神内涵的文化形态。它是艺术与整体的纽带，是社会公共领域文化艺术的开放性平台，也是当代政府公众社会和艺术家群体之间进行合作与对话的重要性领域"。文化产业园区美学的研究范畴，具有多元性、艺术性、文化性和生态性。

园区照明的发展建设在我国起步的较晚，改革开放以来，一些大城市在文化产业园区照明发面形成先驱，认识到开发文化产业园区照明的重要性并得到不断的发展和完善。进入21世纪，灯光早已超出了单独的泛光照明的范围，在国内外越来越受到人们的重视，现代都市中，人们的生活越来越丰富多彩，夜生活的时间也会随之拉长，各种照明设施延续了白天的时间，夜晚所呈现出美丽的灯光作为一种展示城市形象的"名片"展现在市民面前，开发城市夜晚对于凸显城市个性、提升城市形象、发展艺术文化、美化城市环境就显得越来越必要。如北京长安大街及王府井照明的工程；重庆"光彩"工程等等。这些成功之作，对以后的照明工程起到了启示的作用。从单一的视觉刺激发展成为包括听觉、视觉、动感甚至味觉等全方位的感受体验。城市现代化的重要标志和城市繁荣的特征之一就是美丽的灯光夜景。设计者是依据自身的艺术修养和科技知识而创作，灯光的调度设计也应随环境及意境而变化设计，它不仅注重周围空间环境所产生的美学效果及由此对人们所产生的心理效应。因此城市照明由理念跨入艺术领域，一切居住、娱乐、社交场所的灯光环境均应满足主题的表现和视觉的舒适性要求，使人们在现代都市中照明技术与艺术相交融中体验到高品位视觉享受。

灯光设计体系包括两部分：灯光体系和体系。以安徽六安皋城广场的灯光设计为例：皋城广场是六安人民社会活动的中心，用于休闲、聚会集散、交通、商贸交流等。同时也是作为城市的开放空间展示着城市的人文环境空间，在进行广场的设计时应从形象、功能、环境等综合考虑。广场以各种灯光为主要媒介，既要考虑细部的照明也要考虑结合街区的大环境，与周边的各种建筑物融合、互相渗透，共同来体现夜景的氛围效果，以塑造六安这个中等城市的公共空间的夜间形象，也是六安城市系统中的重要组成部分。通过对中灯光的设计，可以达到与外界在时间空间上的延续，提高城市的风貌及艺术的内涵。皋城广场的设计与周边的环境具有连续性，有道路、建筑、庭院、小品等，它们与皋城广场共同存在，在设计时进行了整体的考虑，同时灯光是作为引导人们进入广场空间的指示性存在而设计的，利用灯光的不同颜色、色性，突出光色影效果与主火炬融合的综合体现。并在广场里重要节点设置灯光，用以延续行人步行空间及广场空间。作为市民主要休息与休闲的夜晚，一个舒适的灯光是至关重要的。同时限定广场空间的形状及空间序列以加强中灯光设计的效果。灯光类型的选择和设计中所运用的布灯方式，以一种艺术性来达到中的灯光装饰效果。体现了皋城广场的空间风格特征，增加整体环境的美感和意境，符合人们的心理和生理的需求。

灯光设计不仅体现艺术上的审美性，更重要的是包括实用上的功能性，，无论是硬质还是软质都是灯光设计所创造的空间以及其表现的依托。硬质主要是指能够体现城市的休闲、娱乐、购物、工作等各个方面的机能，主要是人为的构筑物；而软质主要包括河流、城市绿地、自然山体、湖泊等自然。另外，还具有人文特性，不同的地域、不同的生活习惯所能构成不同的城市人文。从城市艺术审美设计的角度来说，灯光体系包括灯光的色彩和亮度则是由灯光的光色系统及观赏空间组成。在设计时要做到主次分明，体现主光源的同时，也要兼顾好辅光的效果。创造整个公共空间的灯光气氛时，需要既能显示出视觉焦点的中心，又能够更好的突出了设计的主题和主体，因此先确定主题的色相设计，光色设计时应根据整体空间的特征、形态与性质等的要求，再来确定整体的氛围，同时其运用也要考虑起伏的变化，全面考虑色调的运用做到冷暖、明暗、繁简，来配合烘托空间的体现，通过不同的色彩层次组合，获得一种立体的空间光感。和谐的搭配是使空间的氛围渲染、的艺术形象更有感染力，又能使人产生愉快的感觉。而如果使人产生眼花缭乱、头昏目眩的感觉，这就失去了最初的灯光带来的意义。

在文化产业园区中展现空间中对象的变化特点，要求灯光设计通过光的亮度变化、色彩的变化来表现，设计时需要结合具体对象的使用功能、风格特点、材料、周边环境等情况来综合考虑，还要考虑其的整体性、层次感以及要与周边的环境相适应，力使整体公共环境设计有良好的积极的氛围。德国专家博士曾指出优良照明需要遵循的八条基本指导方针，对照明设计具有一定的借鉴意义。城市中的灯光设计不仅与城市的经济发展相协调，还可以创造出健康、美丽、舒适夜晚环境。

同时还对整个公共空间的光污染进行净化，减少甚至消除光污染与光干扰，从而使人们有个更舒适的生活环境，创建和谐社会。建筑物的外观在夜间利用灯光的投射加以表现，其取得的效果与白天的感觉会有相当的差异，所以在灯光的设计上我们不一定需要取得和白天一样的效果，重要的是将建筑物的特色表现出来。人是灯光设计中主要的服务对象，因此为提升品位，首先注重"以人为本"，并且灯光设计对人们的生活环境、工作学习等产生一定的影响，因此在进行设计时首先需满足"以人为本"。现代计算机的辅助设计、灯光的集中管理，激光艺术等装置照明科技和产业的不断发展，为灯光设计的不断发展提供更高技术支持，都为城市的光环境设计的不断发展提供了充分的条件。如何做到广场中灯光的协调与让城市生活更美好？人类活动与自然环境是融为一体的，首先灯光设计要与周边环境的协调、融合。展现公共空间中的人文魅力，展现出人类发展的历史和智慧。为体现现照明技术在灯光和人文上的进步，应尽量运用绿色照明技术。我们应该在设计中倡导一种运用最少的光，创造出最精彩空间的思想。尽量选择使用节能环保的灯具及绿色生态的能源，从而推进灯光设计的和谐、生态发展，使人们养成自觉的意识，使节能成为设计中亮度的一种属性。

　　文化产业园区设计中灯光的审美既是光色的传达，在公共环境中，也离不开艺术灯具的造型设计。文化产业园区中灯具类型主要有装饰性、功能性和两者兼具的类型，要纳入一定区域，融合在整个大环境之下，与环境的布局相协调，以表现不同区域的空间特点，要通过灯具的装饰艺术性的功能体现，既满足人们的精神享受及功能上的需求，又形成独特的风貌。在的表达方面，不同的灯具种类、不同的布灯方式，可以起到空间限定的作用，不仅对不同的区域性质进行划分，还对人们的行为加以限定和引导。

　　目前灯光设计也存在一些问题，如照明的目的就是让园区亮起来，但过度则导致亮度失衡，认为"城市越亮越好就越现代"，结果是城市亮度过高和能源的浪费，光污染问题日趋严重。由于目前我国各地电力不均现状，亮度失衡容易引起视知觉的心理影响和能源的损耗。过高的亮度不仅达不到审美的需求，还会造成光的污染和能源的浪费，并导致视觉中心和亮度的层次缺失。避免盲目的照抄照搬，我们应认识到，灯光设计表现的载体是以城市设计本身为载体，我国许多城市的灯光处于发展个性与特色建设阶段。设计者应如何把特色放在第一位，不滥用彩色光，以灯光的自身表现为要素魅力，目前的发展阶段，缺乏必要的规划和设计，与公共环境中整体的风格设计特征不协调，很多设计均采用各种各样的彩色光，设计的效果极其混乱，只重视唯美，缺乏对人性合理化的需求。

　　随着文化产业园区"亮化"的迅速发展，使园区夜也亮如白昼，光污染问题

189

日趋严重,成排的灯箱广告及各种灯光标志,商业区的霓虹灯、灯箱广告越来越多,扰乱了人们的正常生活。在一些城市的公共空间环境设计中,一味的要求"亮"、"光"而忽视了园区中作为主体"人"的感受。现代城市的文化产业园区建设是城市形象重要的外层表现,公共艺术的作用尤为突出,能够凸显城市个性、提升城市形象。灯光设计是城市公共设计中的重要组成部分,高度艺术化的灯光设计是现代化设计中灯光运用的必然趋势,是体现城市形象、经济发展的内涵要求,也是人们文化素养和审美心理越来越高的具体表现,有利于居民在与夜晚城市灯光中相互影响,形成人们心理上的归属感与认同感。

三、文化产业园内特色的色彩设计

色彩在文化产业园区设计中有着重要的作用,设计出创新性的建筑是建筑设计的基本原则,使产业园区也具有思想情感,丰富建筑的环境。在文化产业园区的设计过程中,要将色彩应用到文化产业园区中,为文化产业园区带来不一样的意境。

1. 色彩在文化产业园区设计中的表达

文化产业园区实际是将环境和生态环境融合,通过科学和艺术的研究进行规划、设计和修建环境的一门学科。基于建筑设计的理念,就是对各个相关学科的整合,最终表达出色彩的结果。色彩作为我们可见的元素,能唤起人们的感觉神经,将它应用到建筑中能有效激起人们的视觉效果,带来直观的建筑景象。

2. 色彩在建筑设计中的应用

(1)利于辨别

在众多的建筑物中,通过色彩对建筑物进行区分,这是色彩的辨别功能。利用这种方式来突出建筑物的存在,也能突出各个建筑物间的层次感,使人们清晰的知道什么色彩代表什么建筑物。这就突出了建筑色彩的引导作用,它有效引导了人们对建筑物的认知度。如果在建筑物的风格形体都相差很少的情况下去辨别一个建筑物,光通过建筑的外形是不能看出来的,如果建筑物有色彩,这样就很容易辨别,色彩能给人们的视觉带来冲击力,这时候人们在建筑物的辨别上就很轻松,看到色彩就能知道建筑物的功能特征。此外,色彩还能起到对建筑物风格进行改变的作用,通过色彩就能一下辨别出建筑的功能。比如医院的建筑几乎都是白色,象征着安静平和。

(2)美化建筑造型

建筑造型上的美化，一般都是体现在建筑的造型上。通常情况下，构成建筑艺术感的两大因素就是造型和色彩，建筑的造型与色彩是相辅相成，密不可分的。换一种说法，假如建筑的造型是建造的身体，色彩的应用就是建筑的衣服，那么这两者相结合，就能够充分的体现出建筑所具备的特点和意义。在建筑设计中，色彩不仅能有效的调整好建筑造型的比例，还能够演示建筑造型的不足。由此可知，色彩在建筑中占有一定的主导地位。除此之外，色彩所具备的明度差异，还能够有效的调节建筑物各个部分对人们视觉上的冲击力，从而改变建筑的各个部位的比例。

（3）建筑的物理功能

物理功能主要表现在建筑热的功能。色彩主要通过光来进行传播，光的本身就有一种能量，所以色彩和光之间有一定的联系。就像我们日常所了解的，深颜色会比浅颜色吸收更多的热量，这其中的原理便是深颜色对光的反射比较低，相反，浅颜色反射光的能力就比较高。比如某学院的建筑物，楼层外表都是白色的涂料来进行墙面装饰，因为当地的夏季特别炎热，运用白色的涂料粉刷外墙，能有效降低光的折射，减少对光源的吸收，达到室内降温的效果，这样减少了空调的使用率，既能够节能环保，又减少了对环境造成的污染。因此色彩在建筑中的作用不容小觑。

3. 色彩在文化产业园区设计中的应用效果

（1）突出建筑物主题

色彩应用于建筑物的设计中，要与建筑物的功能相符合，使建筑物的建筑使用目的和色彩搭配协调。现在很多的建筑物，在建设时和使用的功能都有了变化，在不推倒重建的前提下，人们通过对建筑物的外观进行合理的色彩装饰，来突出建筑物使用的功能，而不要把眼光局限在建筑物的内部。建筑物的外观装饰就和我们人一样，即使内在情况再好，外在的效果特别差，那么这个人也不会得到外界人士的重视，甚至引来众多的议论。建筑物也一样，内在的装饰和外在的装饰同等重要，这就突出了色彩在建筑设计中的重要。比如，烈士纪念馆的建筑，外表就应该使用庄重大方的色彩去装饰，没有使其尊严丢失，还有一定的亲和力，这样的建筑物就应该采用单调一些的色彩进行装饰，色彩的纯度还不能太浓重花哨，如果太花哨就会与烈士纪念馆的意境不协调，还会导致一种亵渎烈士的感觉。而对于娱乐场所来说，建筑物的色彩就可以花哨一些，采用色彩饱和度高的色调去装饰，不光能给人们带来视觉上的冲击力，还可以将人们心中的激情唤醒，增加人们憧憬色彩的直观感受。这样合理的色彩应用，能衬托出建筑物的时代效果，还可以让人对建筑物的功能特性一下就辨别清楚。

（2）美化建筑物环境

好的建筑设计是将建筑造型与色彩相结合，建筑是因为环境的衬托，才显得更加的有魅力，由此可见，环境对建筑起到了画龙点睛的作用。在城市建筑中，也要考虑到周边环境与建筑的相互映衬。建筑物的环境美化，首先就是建筑物与其周边自然环境的协调性，如果建筑物与其周边的环境不协调，还会给建筑的美观带来一定的负面影响，通俗的说，建筑与其周边环境的协调性，就相当于人穿衣搭配，只有搭配协调才能够体现美丽，搭配不协调，反而会起丑化作用。建筑与自然协调最忌讳的就是使用互补色彩，这样反而使建筑在自然环境中，显得像个配角。其实，当建筑在自然界中建立的时候，其本身就是非常的耀眼夺目的，根本就不需要再去用色彩让其更加的突出来。例如：使用无色彩的涂料去装饰建筑物的外墙面，这样就能轻而易举的与周边的环境形成鲜明的对比，如果想要更加醒目一点的效果，那么可以采用一些色彩作为外墙装饰的重点色，这样就可以达到预期的效果。

（3）和谐共存

建筑就是供人们工作和生活使用的，满足人们的衣食住行。由此可见，建筑的中心就是以人为本。怎样才能将城市的建筑色彩进行和谐统一的构建，这是当前值得思考的一个问题。其实，在很久以前就有和谐城市的例子，但是并没有什么人去重视这个问题，然而，城市依然能够规划建设的很好，是因为当地的地理环境所致。当前，很多城市在建设中，不但建筑的形式一样，而且连建筑的色彩也相同，因此，没有表现出各个不同城市的地理文化和风土人情，但是去体现了和谐共存的现象。

将色彩科学合理地应用到文化产业园区设计中，不光能突出文化产业园区的功能所在，还能提高人们对建筑的需求程度，满足人们的日常生活，使人们能感受到文化产业园区带来的视觉舒适感和心理上的安逸感，丰富了人们的生活。色彩在文化产业园区设计中带来的美感和艺术的效果，不是简单的设计理念，要想在设计上有所突破，就要在以往的设计经验中不断探索新的创新理念，完善色彩的设计效果。色彩能使文化产业园区有特殊的表现形式，也能代表一个城市特有的人文风情和地理常识，为社会的和谐带来了新的体验。

四、文化产业园内特色的材质设计

随着我国城市化进程的不断推进，文化产业园区建设也随之迅速发展起来园区铺装作为园林设计中不可缺少的重要元素，其在提升文化产业园区品质上具有关键作用。

1. 文化产业园区中铺装材质的分类及特点

（1）石料

石料通常为从自然界取得或人工合成，经过物理打磨或直接应用的材质的总称。存在形状以块状、条状居多。从获取手段上，我们可以将石料分为天然石料与人工合成石料。

基于园区设计的特殊性，国家没有出台关于园区铺装所用石料的尺寸规定，这样可以保证园林设计的独特性，但是对于园林铺装所用石料的强度及承重能力做了一定的要求。石料的厚度要在 3~10cm 之间，对于机动车可能行驶的区域，要根据标准的上限进行考虑，承重荷载一般为 4t。在非机动车接触的区域，则可根据具体情况进行石料的使用。在使用的过程中既要注意承重荷载，也要注意美观得体。

（2）砖

砖是建筑工程中常见的，也是最廉价的材质。在园林中使用最广泛的是广场砖，这种砖可以根据实际的要求设计出不同的几何形状，经济实惠，美观大方，是园林设计中最普遍的选择。还有其他种类的砖如小块的像马赛克等，也是经常能够在园林铺装中使用的。

（3）卵石

卵石是我国传统的园路铺装材料。其色彩丰富，可随意拼铺出各式花纹图案，深受人们喜爱。卵石的规格非常丰富，直径一般为 15~60mm，还有更小的直径为 3~15mm，则称之为豆石。

（4）木材

人类对木材的使用，可以追溯到远古时期，那个时候人们就知道用木材搭建房屋，随着时代的发展，木材的应用也越来越普遍，从简单的搭建房屋，到后来的修建亭台院所，木材在一个时期内是不可替代的。由于木材的质量照比钢铁材质低很多，而强度又相对高，而且易于取材，价格便宜，它一直伴随着人类的发展而存在。

2. 如何有效进行文化产业园区铺装材质设计

（1）以质感为原则

采用质感调和的设计方法，可根据实际情况来选择使用同一调和或者对比调和。同一调和即采用质感相似的铺装材料以达到协调柔和的艺术美感。如混凝土与碎大理石、鹅卵石等组成大块整齐的地纹，由于质感纹样的相似统一，易形成调和的美感。质感对比调和的方法铺地，也是提高质感美的有效方法。

（2）以色彩为基调

园林铺装色彩一般是沉着的，所以在其材质设计上应该稳重而不沉闷；鲜明但不俗气。材质色彩过于鲜艳，则会喧宾夺主，导致园林整体气氛混乱；过于沉闷，则不能最佳的衬托景色。所以，在材质选择、设计上一定要遵循色彩与环境相统一的原则，在体现舒适、自然的基础上，迎合环境热烈、安定、野趣等多种风格。

（3）以尺度为基础

这里所说的尺度指的是铺装材料相对环境的尺度，并非园路相对环境的尺度。一般而言，大空间采用的铺装材料和图案在设计上要粗犷些，这样可使人感到稳重、沉着、开朗。并且，粗糙的材料可以吸收光线，避免整个场地过于明晃、耀眼。相反，细滑给人以轻巧、精致的感觉，因此在小空间中，尺度小、细致的铺装则会带给人以精美、柔和的感觉。相反，在小尺度的场地中运用较为粗犷的铺装材料，则会带给人以应付了事的粗糙感。所以，在实际的应用中，如广场的铺设，可将粗糙与精细结合使用。这样不仅形成材料的质感对比，还可使整个广场粗中有细，带给人不乏精致之感。

（4）以环境友好为理念

随着构建资源节约、环境友好型社会建设的不断推进，绿色友好理念也逐渐的渗透到铺装材质设计中。铺装设计不是单纯的技术问题、而应当是技术结合人文、历史的多层次的整合，其必须是与环境紧密结合的。所以，在铺装设计中需要借鉴设计成果来自环境、生态开支作为评价标准、设计结合自然、公众多与设计、为自然增辉等原则和方法，实现整个设计系统的各个子环节都为无污染环节；施工过程中要节约能源、节省材料，充分利用再生资源；材质要符合国际潮流，受人青睐、物美价廉，实用性强，使用方便，融入国际环保的大趋势。

铺装材质设计的效果贯穿于文化产业园区建设全过程，其设计效果在很大程度上影响着文化产业园区的品质。相关建设、设计人员要在不断借鉴国内外铺装材质设计理论和实践的基础上，结合我国实际市场经济条件下铺装材质设计现状，勇于探索、创新成功有效的铺装材质设计方法。只有这样才能更好地适应我国社会主义市场经济发展的需要，推进我国的文化产业园区的发展。

第五章 塑造具有个性魅力的文化产业园形象

第一节 文化产业园艺术精神的风貌

发展特色文化产业集群,能够传承区域特色文化,打造特色文化品牌,汇集多种资源,促进区域经济发展。但特色文化产业集群在发展中面临着政策支持多而不实、产业集群实力不强、产业链不完整等问题,因此需要完善政策支持,整合特色文化资源,打造特色文化品牌,提高特色文化产业竞争力,促进特色文化产业集群的发展。

一、文化产业园地方文化与生态环境风貌的保护

地方文化产业经济增长速度较快,贡献不断增大其总体经济规模不断扩张,成为新的支柱产业经济效益不断提升,促进了产业结构优化吸纳劳动就业能力不断增强,促进了和谐中国的建设影响不断扩大,带动了相关产业的发展。

1. 文化资源开发保护存在的问题

由于对于文化开发和保护的关系尚未形成正确的认识,目前我国的很多地区在进行文化遗产资源的开发和保护的过程中,存在着许多现实问题,有些问题非常突出的,对于文化遗产资源的保护和可持续发展都提出了非常大的挑战。具体表现为以下几个方面。

(1)对物质文化的破坏物质文化遗产和遗存是文化的形象化体现,其经济价值往往最容易被认识到。在开发过程中,物质性文化遗产和遗存往往是开发的重点。正因为如此,物质文化遗产和遗存的开发也存在着不少问题。

①盲目兴建各种基础设施和辅助设施。

限于认识上的局限性，许多地方在进行物质文化遗产和遗存开发的时候，往往将各种基础设施和辅助设施的建设置于一个非常重要的地位，有时候其重要性甚至超过了物质文化遗产和遗存本身。从表面上来看，畅通的交通线、标准舒适的旅馆和酒店、有一定规模的停车场等设施在为游客和观光者提供便利的同时，当然会吸引更多的旅游者和观光客。这对旅游业的发展将起到非常大的促进作用。但是，这种建设必须建立在科学的评估规划之上，并以不损害物质文化遗产和遗存作为前提。而在许多实际的开发案例中，这样的原则并没有得到很好的遵守：高标准的道路修建破坏了原有的形象，规模巨大的停车场极大地影响了古建筑的整体观感，占据了重要位置的数量众多的酒店和旅馆则与整体的环境格格不入，这样的例子屡见不鲜。

②游客数量过多造成的开放性破坏和环境污染。

数量庞大的游客，代表着一个地区旅游业的旺盛。对于许多试图以文化开发带动区域经济发展的地区来说，这毫无疑问可以视作是成功的标志。但是，过多的游客往往会对物质文化遗产和遗存造成破坏，如有些游客故意损毁古迹的情况时有发生。而由于游客活动所来的环境污染同样造成很大的危害，以敦煌莫高窟为例，由于过多的游客进入参观，使得莫高窟内部的温度和湿度都发生了变化，对于窟内珍贵的壁画造成了极大的破坏。

（2）非物质文化面临的冲击

近年来，随着文化开发和保护的观念不断进步，许多地方都意识到了非物质文化的重要性和开发价值。一些地区更是将非物质文化作为本地区旅游的主打项目吸引游客。然而，在进行开发的同时，非物质文化同样也遭受了巨大的冲击。

①过度商业化的民族文化和区域性文化展示。

这主要包括富有特色的民族舞蹈、民间戏曲以及其他各种民俗传统的展示。这些非物质文化展示，也成为了当地进行文化开发的重要组成部分。然而，过度的商业化开发，已经使得一些展示形式出现了变质的现象。例如，某些以前只在特定日期举行的民俗活动，为了满足文化开发的需要，几乎是常年举行表演。此外，某些民俗展示活动中，已经掺杂了越来越多的商业开发和包装的成分在里面，变得庸俗化和娱乐化，实际上稀释甚至歪曲了非物文化的理性内涵。

②商业化浪潮对于民族性、区域性文化传统的冲击。

随着开发的进行，当地的社会环境将发生巨大而深刻的变化。从数量众多的外地游客带来的各种文化符号，到商业化运作带来的新鲜资讯，以及由于文化开发的成功而带来的各种周边产业的繁荣，当地社会环境的变化对于民族性和区域性文化传统所造成的强烈冲击几乎是无法避免的。尤其是强势的外部文化伴随商业化的浪潮，其影响往往更为明显地作用于当地年轻一代身上，从而引发文化传统断层的危险。

（3）文化遗产造假和伪民俗

文化遗产具备着稀缺资源价值、不可替代的精神价值、构建国家文化实力的价值、在国际上展现中华文明独特性的价值等多重价值；它既体现着不同时代和地域的人的主体性、创造性和特色性，又体现了人与自然的协调性、互动性和共生性，在当代社会运营体系中的低消耗性与节约性，因此，它在保持人类文化多元性及互补性，在保持人类过去、今天及未来的和谐与平衡发展方面，特别是在以文化、知识、生态为导向的人类文明发展趋势中占有无法取代的地位和意义，文化遗产事业本身也就由此构成了"科学发展观"与"和谐社会"建设大业中的重要组成部分。由于商业利益的驱动，使得一些商家甚至是地区政府产生了伪造文化遗产资源的冲动。这种冲动，转化为实际的商业或者政府行为，往往会产生非常恶劣的影响。

①物质文化遗产造假。

近年来，地方政府将开发文化旅游资源视为发展地方经济的"法宝"。然而，文化遗产资源本身带有特殊性、地域性以及不可复制性，在这样的矛盾之下，物质文化造假的事件层出不穷、形式多样，不仅仅有仿制、仿建古文物、古建筑、古遗迹而宣传为当地自有的文化遗产，甚至有将当地原有古迹拆毁而重建、另建甚至是仿建的所谓"毁真造假"的行为。更令人啼笑皆非的是，这些从事物质文化造假的当事者，往往缺乏基本的文化素养，花费了大量资源所假造出来的东西往往粗制滥造、与当地历史文化背景和自然条件格格不入，其中的绝大部分最终只能成为文化垃圾、建筑垃圾。

②伪民俗。

不仅仅物质文化上存在造假现象，作为非物质文化重要组成部分的民俗也存在着造假的现象，其具体形式包括伪造民俗表演、伪造民俗制品等等。更为让人难以理解的是，有些地方在进行民间文化开发的时候，将自己地区独特的民俗文化弃如敝履，而非要引进、移植其它地区的民俗进行开发。但是，这种伪造由于缺乏社会环境和历史传统，也往往显得粗糙、肤浅、不真实，很难被旅游者和观光者所接受。

（4）文化保护工作的误区

由于有了这种热闹的文化开发的场面及其带来的经济收入，许多原本因为各种原因不受重视或者缺乏资金进行保护的文化遗产资源有了获得保护的可能，尽管这种保护仍然是基于一种经济的、而非文化本身的原因。这当然是一种进步。但是，作为承担着维持文化保护和开发平衡的重大职责的文化保护工作，显然还存在着许多的不足之处。

①对已经开发的文化遗产保护不足。

文化产业通过对文化产品或服务的商业价值开发实现经济利益，但是这并不意味这种商业化开发是无限度的，更不能以文化遗产的破坏作为地方经济发展的代价。不少珍贵的历史遗物暴露在旅游观光之中而无任何保护措施，观光游客的多次触摸、随意拍照等对文物造成的损害甚至不可弥补。文化遗产开发当局不能只坐收经济收益而无视文化遗产的保护，否则这种行为无异于杀鸡取卵、涸泽而渔。还有商业化过于严重的地区，围绕遗址观光旅游的酒店等服务设施的纷纷上马，例如周庄，已经丧失了许多原本朴素本真的东西，现代的店铺夹杂在古道中，新修的仿古建筑混迹于掉色的风雨楼阁，"变了味儿"的文化遗产的价值正在悄然丧失。

目前，很多地方的文化保护工作依然没有处理好与文化开发之间的关系。往往是文化保护工作的目的是为了更好地进行开发，而文化保护一旦与文化开发之间遇到冲突就不得不向文化开发让步。这种文化保护的经济导向性，使得文化保护工作难以落到实处，对各种违规开发、破坏性开发也无法起到约束作用。

②文化遗产资源保护缺乏整体观整体和系统观。很多地方的文化保护理念，依然停留在对于具体的、特定对象的保护上。根据这种理念的指导，文化保护工作往往非常重视对于那些特殊而具体的物质和非物质文化遗产的保护，但是，这种文化保护的效果并不理想。文化本身是一个整体，不仅仅包括具有特色的建筑物、街道、风景区等物质性文化，也有民间歌舞、戏曲等非物质文化。一个地方的文化与当地的社会环境和自然环境存在密切的联系。片面地进行文化保护，只能保护文化的外在形式，却不能保护文化本身的活力。这也是为什么很多地方花费了大力气进行文化保护却最终失败的原因。

在文化保护与开发中缺乏统一规划，并不是所有的文化遗产的价值都已经得到了认可和保护。由于经济能力或其他因素尚未得到有效保护的文化遗产真的被"现代"遗忘甚至破坏，这种现象在经济条件不足的地方尤为严重。例如为了扩建场地或者修路，具有历史价值的文化遗产尤其是古建筑被无情的拆除和破坏。如果我们对于古雷锋塔的倒掉发生在那样兵荒马乱的年代而无可奈何，那么在社会经济发展和平的今天，地方当局没有理由不加大对文化遗产的保护力度。更何况，除了人为因素，自然因素的侵蚀破坏也不同程度的存在，对于受限于目前的科技水平，没有能力保障的文化遗产，不开发甚至是上策，例如吴王阖闾在斜塔下的水下剑池墓地至今封存没有打开。

2. 文化遗产资源产业保护与开发的生态战略

文化遗产资源产业化发展需要妥善地处理各种相关的生态关系才能实现良性循环和互动，不合理的开发利用会导致资源的耗竭甚至系统的崩溃；不同于其他生物系统，文化产业生态关系的平衡和发展更依赖于人在其中发挥的作用。产业的开发不仅仅关乎产业内部的资源利用，还需要从产业集群的角度思考区域产业的发展，建立在充分利用资源的基础上，尽量降低对生态环境的破坏，协调自然、人文、社会、经济的生态关系。因此要从生态战略高度认识到开发与保护的基本原则。

（1）文化遗产资源的开发要以保护为根本宗旨

从人类的整体利益、长远利益来说，文化遗产资源的开发利用和保护具有本质上的一致性的，保护是前提和基础，只有文化遗存的存在才谈得上旅游等开发和利用。而合理、适度、有序的开发利用对保护的作用也是不可忽视的。永远不开发利用的文化遗存是没有价值没有实际意义的。开发利用不单是经济增长的问题，更体现了和谐社会的理念，要使全社会的成员都能分享

到遗产保护的益处。当然，这种利用不是急功近利的，而应该从人类整体利益、长远利益，可持续发展、资源节约等角度考虑问题，促进文化遗产的保护和开发利用的辩证的和谐统一。保护是前提，也是实现传承、永续利用的基础。我国的文化遗产资源是中华民族的文化基因，蕴含着中华民族的思维方式和精神价值，体现着中华民族丰富的想象力、创造力，是民族智慧的结晶。保护文化遗存、保持文化传承，对于凝聚中华民族的民族精神、增强自我认同与民族自豪感以及维护社会的稳定有重要的文化基础意义；同时，保护文化遗存也是保持文化多样性的基础，是维护文化多样性和创造性，促进人类共同发展的前提。

（2）完善文化生态空间的公共性与商业性的互补性

文化事业和文化产业两者的分途发展源自两者的不同侧重：文化事业的公共性趋向社会效益，文化产业的商业性趋向经济效益。文化事业和文化产业是互相

依存的关系，两者的协调发展是保证文化产业健康生态关系的重要因素。

首先，文化事业可以为文化产业的发展营造优越的人文素质环境，图书馆、博物馆以及其他公共文化活动不仅可以为大众提供较低的知识信息获取渠道，可以在更大范围上满足大众的精神和文化需求；更重要的是，文化事业的优劣水平直接影响着大众的文化素质，其发展程度反映出一个国家或地区的经济发展水平和文明水平，这对于创造优越的文化产业发展环境是至关重要的。其次，文化事业和文化产业具有互补发展关系。并不是所有的文化产品都适合被商业化开发而纳入到文化产业的体系中去，要加强文化遗产资源公共管理与行政干预，并引入社区参与管理机制完善市场开发带来的种种弊端。

（3）分类指导，贯彻文化遗产资源开发的科学与可持续发展观

文化遗产资源建设应该注意分类指导原则，一类是可以转化为商品的传统文化资源，应用市场的机制进行整合，以实现民族文化的资本化运作。另一类不适宜转化为商品的传统文化则应以保护为主，将它们作为文化的表征保存下来。其实质就是处理好局部利益与整体利益、眼前利益与长远利益的关系，就是一个科学发展的问题片面追求经济效益，把珍贵的文化遗存看成是"摇钱树"是一种狭隘的错误的观念，其实是文化产业中的一种病态。但反过来，认为开发就是破坏，也是一种错误的比较极端的"遗产保护的原教旨主义"的观点。"遗产自身的价值，是一切价值的基础和载体，是根本，是保护的对象。因而，保护是遗产事业的基础，是原则。然而，保护不是唯一的目的。我们的目的是要让遗产在得到妥善保护的基础上充分实现它的社会价值。而且，这也是遗产的最大价值。也只有在遗产的社会价值得到展现的过程中，它的经济价值才能够得到实现。经济价值，又是现阶段遗产保护的物质保证。所以，只有以科学发展观为指导，遗产的自身价值、社会价值和经济价值才能够在实践中得到很好的统一。"

（4）加强文化遗产资源开发生态集成与民族生态文化村建设

对文化产品多维开发的可能进一步提供了区域经济集成生态，产业集群是提高产业竞争力的有效手段，有利于结合区域优势资源，辅以政策支持进行适度开发。除了文化产业园，对于具有原生态特色的地方民族区域，建设民族生态文化村也是未来的理想选择。目前，不少人对发展的理解停留在"发展等于经济和社会的发展加保护"的阶段，实际上并没有真正地理解科学发展观对文化遗产的开发利用与保护的重要指导意义。因此出现了要强调发展还是强调保护的争论。我

们需要将经济发展、社会发展、文化进步以及遗产保护、环境改善视为一个个因素紧密联系、相互影响、相互作用、相互促进的复杂系统来综合考虑，以求得协调、可持续的发展。在发展中，生态系统的核心是以人为本，从文化学的角度看，人的观念是文化的核心，是文化的深层结构，人的观念的发展变化必然引起整个文化的发展变迁，以人为本就是开发利用和保护都必须以人为核心，最终目的是为了营造一种更为丰富多彩的更适宜人生存和发展的人文环境，更为丰富的精神世界。

二、文化产业园的建筑艺术风貌

建筑风貌是一个文化产业园特色的主要表现，影响文化产业园建筑风貌的因素有很多，做好文化产业园建筑风貌规划非常必要。我国有着十分悠久的历史，并且地域广阔，不同地区具有十分鲜明的地域色彩，形成了丰富多样的园区建筑风貌。在现代文化产业园建设中，人们往往会只侧重于其中一个部分，或者只注重现代化的设计，丢失产业园本身所具有的历史文化特色，或者太过注重历史文化风貌的继承和打造，忽略现代化建筑风貌的特色塑造。

1. 文化产业园进行建筑风貌规划的重要性分析

（1）文化产业园规划的具体体现

建筑风貌规划建设是一个文化产业园总体规划的重要组成部分，同时也是文化产业园规划的具体体现。文化产业园的总体规划是在产业园某一个特定时期和特定阶段内，人们综合各方面的条件和情况对其做出的发展蓝图以及部署。在以往传统形成的做法上，对文化产业园的总体规划往往只从大的方面去进行设计和指导，比较少去关注文化产业园中的自然资源以及人文历史资源在规划新城过程的协调发展和整合作用。实际上，文化产业园的建筑风貌规划对于文化产业园的总体规划具有具体化的补充完善的作用，对于文化产业园的发展来说至关重要。

（2）改善城市的环境

满足人们对于物质和精神的双重需求文化产业园的建立和发展历史体现了人类在原始的自然环境中生存和发展的过程。人的基本需求包括了对于衣食住行、就业、医疗、教育等方面的物质需求以及对于文化、艺术、社会参与程度以及自身认可等方面的精神需求两个层次的内容。而与此同时，文化产业园建筑风貌的规划，有利于提高文化产业园的整体风貌，满足了人们的精神需求，有利于整个文化产业园精神面貌的形成以及提升。

（3）继承和发展优秀的历史和文化

人类文明的形成和发展的历史依托于文化产业园发展的历史，文化产业园是人类文化的寄托和依赖。在进行文化产业园的建筑规划时，将重点放到对建筑的风貌进行规划工作上面来，就是将人类在这个文化产业园中长期发展所形成的文化与历史内涵体现到具体的物质和空间形态之中。建筑规划应作为城市规划的主体，有利于延续文化产业园在长期的历史发展中形成的优秀文化，。

2. 文化产业园打造有特色的建筑风貌的措施

（1）对文化产业园建筑风貌的结构特征进行详细分析

首先，应对文化产业园区与以及周边地区之间建筑风貌的关系进行分析。文化产业园区的建筑风貌特征一是要包含城市所在地的自然环境特征，第二还要包含文化产业园标志性形象的特征。其次，应全面分析文化产业园的空间特征，根据其空间结构上的特点进行分类规划。再次，应针对特定的空间结构上的要素。

（2）遵循规划原则

按照建筑风貌类型分区进行设计与规划在划分建筑风貌的类型时，需要遵守两个方面的标准：一是建筑本身发挥的功能和建筑的高度，二是建筑在文化产业园中所处的空间位置。城市一般由明显的分区，对于相同风貌类型的建筑，在规划时应强调其整体性和协调性。

（3）发挥文化产业园特色

不同地区的文化产业园地区不同，因此，新区风貌规划中应该注意发挥文化产业园本身的特色。按照建筑类型的不同分要素进行规划建筑的要素包括建筑的材料、色彩、外形、体量等。在进行建筑风貌的规划时，对于不同类型的建筑，分析其要素方面的不同功用和特色来进行设计和规划，是比较可行的一个方法。

近年来，我国文化产业园新区建设开始大规模展开，因此，对文化产业园区建筑风貌规划非常必要。因此，作为文化产业园规划工作者，应该结合实际情况研究和开拓关于文化产业园风貌规划的措施和手段，推动我国的文化产业园建设工作的质量更上一层楼。

三、文化产业园的人文风貌

根据文化产业园区设计中的实践和经验总结，文化产业园人文风貌设计是文化产业园环境系统的美学特征元素之一。文化产业园人文风貌塑造，要体现文化产业园功能的完整性和可持续发展；要体现人文特色和美化效果；要注重传承历史文化；要融合文化产业园的山水名胜。

1. 文化产业园人文风貌塑造，要体现文化产业园功能的完整性和可持续发展

目前，许多文化产业园在设计时，不仅忽视了对人文风貌的塑造，更谈不上对文物建筑的保护，这对文化产业园形象产生了很大的负面影响。文化产业园规划设计注重体现文化产业园特色和内涵、有发展脉络并体现人文特色的元素。虽然有关部门早已有了深刻的思考，也有了实际的行动来进行文化产业园的人文环境保护，但离我们所期待的和谐人文文化产业园环境还相差甚远。文化产业园规划建设的设计，要向世界上最有吸引力的文化产业园学习借鉴。我国的文化产业园规划建设要根据各文化产业园的实际情况，并结合我国的传统文化以及美学原理，因地制宜，不搞"拿来主义"；文化产业园规划设计不能千篇一律，要真正体现"百花齐放"的思想，打造宜居、宜商的美丽和谐文化产业园。我国有许多优秀的设计师，但是设计师的思想往往得不到管理部门的认可，很多情况下，老板和领导的意志左右了设计的思想，在一定程度上阻碍了我国文化产业园建设事业的发展。这是值得我们深思的。其实，这一点我们可以学习日本的经验，他们在施工审美方面的优点是值得我们借鉴的。

2. 文化产业园人文风貌塑造，要体现出人文特色和美化效果

文化产业园的发展离不开文化产业园形象设计，更离不开人文风貌的衬托。文化产业园人文风貌的建设，不仅要坚持可持续发展，还要体现文化产业园功能的完整。近年来我国各地兴起了大规模的文化产业园环境建设和整治，对文化产业园形象产生了很大的影响。

首先要有新的思路，坚持可持续发展，坚持实事求是，不断地推动"三化一园"（即工业化、城市化、市场化、后花园）战略的实施。在文化产业园规划设计之前，要因地制宜，不搞一刀切。其次，要考虑文化产业园建设与本土环境、文化产业园形象的关系。要通过文化产业园环境的规划、设计和建设，体现城市的美观和自然生态的优美，维护城市功能的完整性，使城市环境适应未来社会生活发展的需要，而不是以掠夺自然和损害自然生态、建造奢华的文化产业园形象工程来满足人类发展的需要。文化产业园建设，规划设计是龙头。我们应在保护自然资源和自然生态的同时，**修编**好文化产业园总体规划，编制详细的规划，做好城市环境设计。只有这样，才能设计、建成一个可持续发展、功能齐全、综合效益好且生态良好的文化产业园，一个有朝气、有活力、又实用的文化产业园。

3. 文化产业园人文风貌的塑造，要融合文化产业园的山水名胜

文化产业园人文风貌设计，要与城市中的山水名胜相融合，有关部门要高度重视环境设计。我国一些文化产业园的风貌建设在很多方面存在不足，例如近年来不少文化产业园，不分地域特色、不分文化产业园大小、不顾经济承受能力、不管自然环境等客观情况，相继实施各种破坏性建设行为，把河堤、沙滩、山坡等适应植物生长的自然形象一律铲除，改由人工形象取代，这其实是对文化产业园形象设计的误解。事实上，自然风貌是文化产业园风貌建设的有机组成部分。因此，要高度重视对文化产业园自然风貌的保护和建设。

文化产业园应具有以下几个特征：文化产业园应以人为本，服务于人；应是由健康的人、健康的环境、健康的社会有机结合发展的文化产业园；亦应是生态文化产业园和高科技文化产业园。人类社会一直是向文明、进步方向发展的，人工环境对社会的进步和发展、对人类素质的提高、对社会风尚的改变、对文化产业园的变迁都有着直接的影响。所以，科学合理地规划设计文化产业园人文风貌是十分必要的。

第二节 赣文化特色的产业园的营造

一、赣文化特色的产业园的营造基础

1. 赣文化

江西区域文化因江西的简称而被称为赣文化。它是以越文化为发展主线，先越文化发展到古越文化，同时接受了中原文化、楚文化、吴文化等多种文化的影响，既吸收其进步因素，又不断保持和发挥自身的优势，在交汇融合的过程中加以改造创新，逐步形成的富有浓郁地方特色的文化体。赣文化的发展历程大致可以归纳为：先秦古越文化（融合中原移民后）魏晋 侯文化—（再融合中原移民后）江右文化。赣文化在两宋时期到达其巅峰，到明代，凭借着南昌宁王的势力和赣人的聪慧，达到了赣文化的另一个高峰。明中后期以后，赣文化开始逐渐衰弱。

（1）赣文化的形成环境

赣文化的形成环境主要从以下几个方面来体现：

①自然环境因素

江西南窄北宽，整个地势南高北低，由周边向中心倾斜，形成一个东、南、西三面山地、丘陵环绕，以鄱阳湖平原为底部的向北开口的巨大盆地。一方面它北临长江天险，三面高山阻隔，使它显现出一种特有的安全感，广阔的沿河平原与滨湖平原又形成一种内部回旋余地相当开阔的环境。正是由于这样优越的自然环境，为保存和发展正统的中原文化提供了相当理想的基地。中原的先进技术、工具和先进的中原文化思想，随同中原人源源进入江西，并在江西这片土地上得以发展与弘扬。另一方面，江西的自然环境也给这个文化系统的发展带来许多制约因素。东、南、西三面以及东北、西北均被群山堵隔，仅正北鄱阳湖一个水口通长江、连中原，这样的地理环境像是一块山环水绕的大盆地，这样就造成江西人民心理上的盆地态势，因此阻碍了江西人的视野。而且，江西作为内陆省份不靠海，离文化中心北京又远，周围又几乎是等距离地散布着七八座极具活力的经济重镇，江西人在与其商业交往中往往感觉到强烈的冲击，使"赣人"产生了边缘人的心态。再者，江西的"鱼米之乡"美誉，也导致了江西人自恋情结的产生，容易满足和小富即安。同时江西优越的自然生态环境，使境内民众的生活无虞，逐渐积淀成一种安于现状的生活习性与比较凝固的思维方式，长时期小心谨慎而害怕动荡，加之封闭的大环境，造成了江西人民缺少了一种追求更高层次的生存生活条件的动力机制，也形成一种自然生产心态与文化心态的狭隘与自满。而中原文化过早地南下所形成的强大冲击力，又使江西上古时期萌生的较为脆弱的本土文化未能成为独特的文化形态。从历史传统来看，人文昌盛，但是传统观念根深蒂固，历史包袱过于沉重，和新思潮、新观念又显得格格不入。

②人文地理因素

中原文化对江西的渗透早于先秦，并有相当程度的融合。秦始皇开拓南疆，导致不少秦军驻守江西，丌垦新区。东晋开始，江西境内出现了侨置郡县，安置北方南迁的流民。唐朝至宋朝期间，更有许多族姓辗转入赣，大批儒化程度较高的中原缙绅之家进入江西定居下来。与此同时，封建国家的经济重心南移；大庾岭干道拓宽，打破了地势的封闭阻塞，成为中原与岭南沟通的要道；江南西道观察使的设立，使得江西辖境的郡县合成为一个行政统一体；所有这些为赣文化的形成都提供了有利的条件。明末清初，随着一批又一批的人口迁入，江西的客家文化造成文化在冲击之后的融合发展，日益扩充它的内涵和能量。事实证明，每一次移民潮，都给赣文化带来了当时较先进的文化，使得赣文化不断地整合更新，最终形成富有区域特色的文化体系。到了近代，我国工业首先在沿海兴起，全国经济和交通格局发生巨变,铁路和海运日益兴盛,内河航运地位日趋下降。鸦片战争之后,先是五口通商,不久又开放了10处口岸,各国船舰可以自由进入长江,上海取代广州成为中外交通贸易的首要港口,赣江在中国的南北运输枢纽地位丧失,江西在全国经济地位沦为相对落后,加之大规模人口迁移的平息,赣文化的发展也进入了停滞期,由移民文化产生的优势逐渐失落,赣文化日见衰落。此时由于江西"老表"总是陶醉于历史功绩之中,以"老革命"自居,不注意对现代科技文化与经济文化的吸收,致使本土文化走上了愈落后就愈封闭,愈封闭就愈落后这样一种恶性循环的歧途。赣文化因此失去新的文化刺激而走向衰落.封闭性带来保守性的加重。一种文化,如果没有新鲜血液的不断补充,依热力学的熵定律,它就将进入热寂状态,而失去活力。近代的赣文化逐步成为中古时期中原文化的"博物馆"。与此同时,沿海地区却得风气之先而后开放,吸收了大量的外来文化,显现同新月异之势,而赣文化则沦落为边缘文化了。综上所述,赣文化是在江西独特的地理环境的影响与制约下,在多种因素的作用下逐渐发展形成的。赣文化中厚载物、兼容并蓄的传统,仍旧是今日赣文化发展壮大、海纳百川的基础。要努力发掘赣文化积极向上的内涵,同时也要寻找它的消极的、具有负面性的文化积淀,激浊扬清,和合创新,着力塑造江西人"求新思变、开明开放、诚实守信、善谋实干"的新形象和适应改革开放和社会主义市场经济发展要求的新时期的赣文化。

(2)赣文化的内涵

赣文化根据文化区域范围来分由"临川文化,庐陵文化,客家文化,浔阳文化和豫章文化"这四个文化子系统组成。临川文化是以抚卅I地区为代表的文化体,从宋朝至明朝,随着中国政治、文化中心的南移和江南经济的开发,在抚州出现过一个辉煌灿烂的文化昌盛期,涌现过全国第一流的政治家、诗人、词人、古文家、哲学家、戏剧家、地理学家、医学家、历史学家。他们在各自的领域所达到的巨大成就和对华夏文化所做出的巨大贡献,造就了今天的临川文化的核心。庐陵文化以"士文化"为中心,庐陵历代状元有16名,占全省的近三分之一。历代进士3000多人。"隔河两宰相"、"一门六进士"、"百步两尚书"、"五里三状元"、"十里九布政"、"九子十知州"、"父子探花状元"、"叔侄榜眼探花"都是庐陵"士文化丹的最好写照。客家文化是中原汉民的南迁引起的南北文化的大碰撞,从而引发的多种族群、多种文化间长期斗争的结果。本土文化和外来文化的冲突和交流,强势文化和弱势文化的碰撞。随着历史的发展,实现了本土文化和外来文化的融合，弱势文化在被有选择性地吸收的基础上与强势文化融合成一种全新的文化，这就是今天所说的客家文化。即：客家文化是一种移民文化和本土文化的结合体。浔阳文化是指以九江为代表的文化。中心的浔阳区位于江西省北部。古代因"南开六道，途道五岭，北守长江，运行岷汉，来商纳贾"，历来为国之州、郡、府、道之置地。浔阳，是历代文人墨客游历之盛地，留有丰富的诗文和佳句，亦有"九派浔阳郡，分明是画图"之美誉。浔阳，曾以中国的"四大米市"、"三大茶市"之一而闻名于全国。浔阳古城为现今人们展示着厚重的历史和灿烂的文化千年佛都、儒贤圣地在这里汇集一身，三国的呐喊和水浒的笑声在这里前后呼应。"赣文化"就是由这几个文化组成，其实质是以中原传统文化为主体的外来文化进入江西后，在江西独特的地理环境背景下经过交汇、融合、改造，创新而发展形成的一种亚文化形态。赣文化的内涵就是：在江西区域范围内形成和发展起来的具有自己明显特征的一种文化形态，它表现为江西人民的价值观念，精神理念以及以此为核心形成的行为规范、道德准则、生活信念、工作作风等。

（3）赣文化的特征

赣文化是中华文化不可分割的组成部分，在中国文化地理分区中属鄱阳文化区。它博采众长，既受到中原文化的影响，具有朴实奔放之概貌，又具有南国文雅秀丽的风格；既受荆湘文化巫风的熏陶，又兼备吴越文化精巧细腻之长，是富有浓郁地方特色的文化系统"。主要有以下几个特点：

①赣文化的包容性

文化都有着一定的包容性，但是赣文化的包容性显得尤为突出。从历史上看，江西从未在经济与民族成份上形成独立的封闭系统，也从未形成独立的割据势力和稳定的政治中心，决定了赣文化易于吸收异地文化，特别是中原文化的长处。地理环境的优越，使得江西这块土地成为历史移民的首选之地。随着移民的到来，中原文化的涌进，赣地本土文化和外来文化的交流和融合形成了今天的赣文化的特征。

②赣文化的高尚性

赣人素有"文节俱高"之美德，无论为人还是处世，均能"养吾浩然之气"，"临大节而不可夺"。文天祥将文节升华到爱国主义高度，在威逼利诱、生死抉择面前，明道重义，激发出无比的人格力量，做到了"留取丹心照汗青"，树立起不朽的英雄风范。更值得一提的是生长、壮大于江西的革命文化。方志敏等人在五四运动不久，以江西为革命舞台，导演了一场提倡民主、科学的新文化运动。八一起义，开创了中国共产党革命文化的源头；井冈山革命根据地，孕育了井冈山革命精神的生长；中央苏区，是人民共和国的摇篮，也是苏区革命文化的诞生地。红土地上的革命文化是赣文化中尤为重要的部分，也充分体现了赣文化的高尚性和先进性。

③赣文化的开拓性 江西人善于开拓学术领域，创获新的成果，开宗立派，有很强的独创精神。王安石的"天变不足畏，祖宗不足法，人言不足恤"的改革精神；黄庭坚"脱胎换骨"、"点石成金"的诗风，发展成"江西诗派"蔚为大观；汤显祖的戏剧，挣脱封建礼教的镣铐，创造出高歌人性美的"临川四梦"；宋应星《天工开物》，总结了17世纪时期我国农业手工业生产技术，是一部百科全书，在世界科技史上树起了一座丰碑12。中国客家在江西，道教净明教、天师教的摇篮在江西，理学及其分支心学的摇篮在江西，禅宗杨歧宗、黄龙宗的摇篮在江西，革命的摇篮也在江西。这些都是赣文化开拓性的体现。

④赣文化的保守性

"赣文化"依附于中原文化所形成的正统性的弱点也是毋容置疑的。江西地域文化以江西人民的生产实践为基础，农业文明是其核心。江西人长期保持着维护国家统一，与皇朝中央保持一致的传统，有强烈的政治向心意识，恋土意识和安分守己观念胶结不分。这种文化以传统儒学为核心，以封闭的小农经济模式为基础，因而往往偏于滞缓和保守，它只能在封建制度和自给自足的农业经济环境中生存和发展，而当社会发生深刻历史变动时，它因为固守传统的观念和矜持于正统的尊严，便往往持一种固执的观望的态度，不大愿意接受新的文化观念乃至科学技术的影响。具体表现在：一是盆地心态，封闭、保守、孤立、窝里斗；二是边缘感觉，觉得置身于主流之外，什么都没自己的份，因而以冷漠淡然的态度对待一切；三是自恋情结，容易满足，不思进取，怯懦内向，敬畏外来文化。这恰恰成为了江西文化在近代以后迅速沦落的重要原因。

二、赣文化特色的产业园的途径

1. 发展思路

（1）指导思想。

充分发挥文化及产业在调整结构、扩大内需、增加就业、推动发展中的重要作用，以市场化、社会化、产业化、现代化为方向，以效益为中心，以项目为抓

手,突出重点,培育品牌,逐步形成的产业配套合理、专业分工清晰、集群效益明显、功能配备完整、资源共

享充分的文化特色产业集群发展格局,提升我省经济社会发展软实力。

(2)规划目标。

①产业链目标

主打文化及特色市场品牌,面向市场为中高端中外消费人群,追求高品位、高质量生活的时尚人群;通过对文化的挖掘与整合,逐渐成为向世人展示多元文化特色和商务共融的窗口。大力推进江西文化资产兼并、重组、整合的,培植一批跨行业、跨媒体,具有品牌竞争力和战略投资力的产业集团,提高我省文化市场的集中度,夯实产业价值链,提高江西省文化产业竞争力。

②市场目标

每年打造10~20个文化及特色产业品牌产品;2015年基本建成与社会主义市场经济体制相适应、有力支撑创新型社会建设的文化及特色产业体系。

2．主要任务

(1)重点方向。

积极推动文艺演出、娱乐休闲、文化旅游等传统文化产业以及软件信息服务业、数字广播影视业、数字动漫业、数字媒体与出版、数字艺术典藏、数字影音、数据服务业、远程教育、网络内容增值服务和移动内容增值服务等产业发展,形成区域差异化的核心竞争力;推动关联产品、衍生产品的商业化开发,通过产业链延伸,带动高端产业的规模化经营。

在文艺、教育、广电、出版等相关产业链的决策、组织、制作、发行、培训等环节形成竞争优势。加快数字信息技术的渗透,积极推动文化特色产业的融合、转型和提升,大力发展工业设计、动漫产业、软件服务等产业。将江西历史文化内涵与现有旅游资源相结合,设计出具有吸引力的产品,加快文化与旅游的融合。

充分利用全省各地特色园、动漫产业园、影视基地、设计平台等发展基础,促进和引导产业链条式发展,尽快形成产业链条长、集中度高、专业化水平高、科技含量高的产业集群。

(2)发展布局。

依托铁路、公路、水路等交通干线,培育和壮大沿京九、浙赣、昌九、沿江、环鄱阳湖为主轴的生产力布局,逐步形成赣东北、赣中南、赣西三大文化特色产业体系集聚区域,构建全省点线面相互支撑、相互促进的综合文化特色产业空间

格局。

（3）主要任务。

大力发展文化艺术传媒、特色产业设计、软件及服务外包和动漫四大产业。

①文化艺术传媒等传统文化产业。以市场需求为导向，深度开发丰富多彩的文化特色产品和服务，形成以演出为核心的多元产业链；整合资源，积极引导和扶持出版特色业做大做强。

专栏1：文化及特色产业布局

"六大基地"：重点打造南昌、景德镇、九江、赣州、萍乡、抚州六市文化及特色产业基地。着力构建共青城影视基地；南昌市综合型特色产业基地及传统书画艺术基地；赣州民间工艺特色基地；景德镇陶瓷艺术特色基地；萍乡网络游戏与动漫基地；抚州传统工艺基地。

"配套区"：依托各设区市中心城区，建设科技、金融、信息、物流、生活等相关服务配套基础设施，重点发展教育培训、博览旅游中心、金融中心、信息中心、物流中心和居住社区，着力打造集生产、商务、教育、生活、娱乐为一体的产业城市。

②特色设计产业

重点发展工业设计、广告设计，大力发展建筑设计、工程设计、平面设计、工艺美术设计，积极培育服饰设计、咨询策划；支持共性技术和关键技术研发，加快特色设计产业公共平台建设。

专栏2：特色设计发展重点领域

工业设计：打造工业设计服务平台，重点在南昌、九江、景德镇、新余等制造业相对比较集中的区域，建立适合经济发展，与制造业协同共生的工业设计基地。

广告设计：促进江西广告资源的合理流动和科学配置；积极开发广告新型媒介，促进多元化经营，提升广告产品的科技含量和特色水平；发展一批实力雄厚、技术先进，参与全国和国际广告市场竞争，年营业额超亿元以上的综合性广告公司。

建筑设计：发展建筑设计、城市规划、城市设计、房地产开发和销售策划、室内装潢设计业；整合现有资源，引进高端人才，扶持一批在国内外具有竞争优势的建筑设计单位。

时尚设计：加大时装、饰品、奢侈品、新潮消费品原创设计产业发展，培育不同类型的时尚设计街区和集中区，形成品牌竞争力，鼓励发展礼品、服装、鞋帽、饰品、发型、美容、形象和运动设计等。

③软件及服务外包产业

加强我省软件产业的规划引导和合理布局，以南昌市软件业为品牌和龙头，建设特色明显，适度集中的软件产业基地，充分发挥产业集聚优势，使江西软件产业研发和产业化程度达到国际先进水平。

专栏3：软件及服务外包

软件产业：重点发展网络平台软件、数字媒体软件、嵌入式软件、行业应用软件及软件产业关联产品，形成具有独特优势的软件产业集群；全力推动服务外包产业发展，带动我省软件产业的跨越式发展。

到2012年全省软件销售收入将达120亿元，形成4个以上软件年销售额超10亿元的龙头软件企业，10个以上软件年销售额超5亿元的骨干软件企业，16个以上软件年销售额超1亿元的软件企业，培育两个以上国内著名软件品牌。

把南昌市建成国家级软件产业基地和服务外包基地城市，培养50个软件和服务外包出口能力企业，形成5-8家具有国际竞争力的龙头国际化软件企业、4-6个具有国际竞争力的核心软件产品。

④动漫产业

重点建设南昌、九江、萍乡、新余等动漫产业基地，加大动漫产业研发创作基地、生产制作基地和发行播出平台的建设，推动动漫产业做强做大；鼓励原创动漫创作及生产，大力开发动漫游戏、图书、报刊、音像、玩具、服装、演出等衍生产品；打造若干个实力雄厚、在全国具有知名度和影响力的动漫龙头企业。

专栏4：动漫产业

动漫孵化器：鼓励发展动漫创作、网络漫画及杂志、玩具等关联产品；支持和促进动漫产业"产学研"一体化，重点建设南昌、萍乡、赣州、新余等动漫产业创业孵化器及公共服务平台，打造若干个在全国具有影响力的动漫龙头企业。

强化自主创新：充分利用赣文化资源，研和制具有民族性、原创性动漫及游戏产品；关注手机、电视游戏等新兴市场开拓；开发具有自主知识产权的网络游戏通用引擎技术。

人才培养：大力培养动漫高端人才，鼓励有条件的院校设立动漫专业，构建动漫专业发展需要的人才培养体系。

3. 相关措施

（1）加大政策扶持力度

出台鼓励文化及特色产业发展的各项政策，重点扶持一批有自主知识产权的企业和项目。鼓励企业和个人的文化特色活动、专利申请、商标注册、软件著作权登记，降低市场准入条件，拓宽准入领域，支持鼓励和引导非公有资本进入文化特色产业。

（2）建设公共服务平台

建设文化特色产业园，加快公共技术服务平台建设，为文化特色企业提供信息服务、金融服务、品牌和市场推广、成果展示和交易、版权评估、特色设计培训和辅导等服务，营造良好的产业生态环境。

（3）鼓励国内外交流

鼓励支持举办各类大型文化特色活动，设立高校文化特色产业相关专业，建立人才互相交流平台，方便国外专业人员来我省、省内专业人员去国外从事专业活动，推动我省与国际、国内广泛对话与交流。

（4）大力引资引智

利用我省商务成本低的优势，辅以优惠政策，吸引国内外知名的企业及高端人才落户南昌，发挥特色园区的集聚和引爆效果，抓住入世后我国服务业市场全面开放的机会，吸引国际知名特色企业在南昌等地设立机构。

三、赣文化产业传承与发展的对策研究

文化产业属于第三产业范围，在21世纪属于"黄金产业"，高效和低耗是其产业特点，这是其他产业无法比拟的。江西省历史悠久，具有深厚的文化底蕴，拥有的文化资源独特性极强，拥有绿色和红色文化以及"多彩"的古色文化。对江西文化产业发展进行研究有助于对江西的经济发展发挥显著的推动作用，并能够积极的影响到江西社会的进步。在当前的经济趋势中，产业呈现下游化状态，而在各国国民经济中，文化产业以独特的魅力开始以外围的位置逐渐内聚到中心，并在国民经济发展推动产业中占据支柱型地位。党的十六大召开后，在国家工作的重要战略中就一直坚持文化建设，实现统一建设物质文明和精神文明，把科学发展观的落实重要指标放在文化的大发展大繁荣上面，从而实现协调发展文化和政治、经济和社会，充分发挥先进的文化功能，运用其对党和人民发挥的引领作用，从而使中国特色的文化发展之路得到不断推进。

1. 传承和发展赣文化产业的意义

党中央的号召得到全国各省市的积极响应,"文化强省"和"文化强市"发展文化产业战略被纷纷推出。而江西省具有悠久的历史和深厚的文化底蕴,文化魅力独特,拥有绿色和红色文化以及"多彩"的古色文化资源。文化资源的丰富确保了赣文化产业的发展,但是并不是具有了文化资源,自然而然的就会把经济效益和利润以及社会效益自动的直接带来,进而影响到社会。而实现文化资源价值的唯一途径就是开发与利用得到合理化和科学化。这里立足全面和系统的视角对当前赣文化产业的现状进行分析,针对赣文化产业发展优劣势,把发展对策提出来,这对于赣文化产业发展体系实现进一步完善其理论与实践意义都极为重要与深远。

2. 文化产业的特征

具有密集的知识和特色是文化产业的主要特征,而且无污染属于生产投入要素特征,资源具有非不可再生性,同时文化产品源自物质层面,文化服务源自精神层面,这两者属于文化产品的内涵。文化产生价值关键取决因素源自产品和服务业的文化内涵。因此,在不断消费产品过程中,虽然损耗了产品,但消磨其文化价值的状况却不存在。同时在不断地批量生产和重复使用文化产品过程中,将会在人们的思想里深深地烙下其内在的文化价值烙印,是人们掌握和运用它的基础。人们对文化产品的接受实质就是对其文化内涵进行接受,这种情况下,也会因人而异使新的思想和理念以及文化被产生,进而推动文化产品价值向更加丰富、意义向更加深刻方向发展。

3. 赣文化产业发展现状

(1) 文化产业的规模小,总体发展水平偏低

用如火如荼描绘今天的文化产业发展状态可谓再精辟不过了,许多国内外企业已经做大做强了自身的文化产业,对市场运行规律已经完全适应,并能够把规律为我所用推动自我发展。而美国的迪斯尼等国外许多大型跨国文化公司对中国市场纷纷看好,相继抢滩。而就江西省文化产业发展来看,时间并不长,经济水平不高,而其文化产业发展水平还远远落后于其它省份,中小型企业为主要的省内文化企业,很少有大型企业,并多在热门行业集中。

(2) 文化产业结构不合理、区域发展不平衡

赣文化"相关文化产业层"在2009年产业增加值超过"核心文化产业层"很多。文化产业极具特殊性,它的发展会深深的影响到社会政治和价值观导向以及文化道德等因素,尤其是从出版发行和版权服务的角度影响到"核心文化产业",会

213

严重影响到广播和文化艺术服务业等。因而政府坚决把控主导与控制影响社会程度极大的"核心文化产业"权利，政府为对产业市场进行控制，实现产业门槛的提高，采取了行政审批等特殊政策，同时带来一定的负面影响，就是在管理和运行"核心文化产业层"方面行政色彩极浓，对市场化运作产业和有效提升企业竞争力造成阻碍。不能充分的突出"核心"的力量，对发展各种文化产业规模会造成直接影响，并对相对应的文化服务等行业也会起到阻碍作用。

（3）企业的融资渠道单一、金融支持体系脆弱

江西省发展文化产业时间不长，而且文化基础设施滞后，因此就发展江西文化企业而言，最为关键的环节就是经济上的支持。长期以来，我国文化产业政策体制主要还是以政府投入作为产业投入方式。而只有音像业和娱乐业文化产业项目对一定的社会资本进行了吸收，依靠政府财政投入还是大部分项目维持生存的方式。投资渠道的单一性，使消极的影响出现许多。首先，政府应加大投资，建设公共文化基础设施，提倡开展全民学习与健身活动，促进农村文化市场的进一步活跃。其次，注重产业发展成果优势在城市文化中充分的发挥，建立城乡合作模式，实现城带乡，城乡的共同发展，把发展农村文化产业紧密联系考核城市发展的绩效，把文化企业向农村文化市场进行开拓给予更多的政策支持。最后，对农村的文化资源进行深入挖掘，注重对特色产业的打造。在江西人口中农村比重优势明显，如傩文化等特色文化资源很多，这些宝贵的资源应充分的利用起来，实现多渠道开发产业，如注重构建江西特色民俗村、学习"云南印象"模式、结合傩舞和弋阳腔等，充分的发挥传统文化优势，构建由农民组成的，具有原生态特征的农民大型歌舞剧等等。

4. 赣文化产业传承与发展的策略

（1）合理利用资源，提高资源利用率

就产业发展而言，必须与时俱进，适应社会的发展，及时的转变观念，传统的生产方式为粗放式已经不能适应社会的需要，需要及时的转变为集约式生产方式，生产模式实现资源密集型转变为技术与人才密集型。因此，政府应注重从宏观方面对资源进行合理配置，防止过分集中或分散资源现象出现，同时合作和战略重组以及并购等途径也是企业充分的利用他人资源优势，促进自身发展的有效手段，从而实现优势资源的充分利用，达到双方的共赢。同时企业还必须对已有的资源进行深入挖掘，在最大限度内利用资源，如在江西陶瓷产业上可大做文章，不仅注重生产和销售陶瓷工艺品，还应大力发展陶瓷古都旅游等，并可利用

陶瓷的一些特性把相关产品研发出来，还可把陶瓷工艺充分的结合现代美术和现代科技，开展研发产品，进而达到把产业链条拉长的目的，使新的市场被开拓出来。4.2 树立特色品牌

增强消费者信心和保障，提高产品附加值，创造企业高利润，向社会传播文化的最佳手段就是依靠品牌战略。就品牌而言，"品"是"牌"的基础，"牌"是"品"的升华，因此说确立品牌的基础就是产品和服务质量，而一个产品和服务要想达到"口口"相传必须依靠好的质量和较高的品质，这是最终品牌形成的唯一途径。一个企业趋于成熟，能够在激烈的市场竞争中获得优势的唯一途径就是树立品牌，因此突出重点，把品牌的培养作为着力点，这是文化产业发展过程的重中之重。

原创是打造品牌的基础，也是不可或缺的条件，是文化产业生命的源泉，是角逐文化市场的核心竞争力。因此江西省企业应充分的认识到这一点，把自身拥有的深厚文化资源充分利用起来，虽然文化资源是无形的，但可实现向生产优势的有形化进行转化。在中部其他省份，已经形成了十分强烈的品牌意识，而树立品牌最为关键的就是宣传产品，应根据产品的不同类型，在宣传方式的选择上也应不同，文化产品通俗易懂，运用广告宣传的多种形式，不俗的成效就可获得，而文化产品内涵层次较深，与日常文化生活联系不大，则宣传就必须深入，从而让消费者对产品内涵和价值进行了解，进而提升他们对产品的忠诚度，把眼光放在长远利益上。

江西不具备较多的特色品牌。因此江西的当务之急就是注重特色品牌的树立，加强江西特色文化的传播，促进赣文化产品附加值的增加。建立和维持品牌的过程需要很长的时间，而且政府和企业的高度重视也是不可或缺的条件，并且离不开全体社会成员的积极参与。

文化产业被纳入第三产业之中，在21世纪属于"黄金产业"，其产业特点高效和低耗，是其他产业无法比拟的。在国民经济主导产业中，文化产业紧随工业和农业以及信息产业之后，这是从发达国家发展经验得到的证明。当今人类在石油和金融等多重危机的威胁下，能耗减少和就业率提高，以及构建和谐环境和发展国民经济，就成为历史赋予文化产业的使命。

第三节 高科技、低碳、环保理念下的文化产业园的营造

低碳建筑体现了"科学发展观"、"以人为本"、"和谐社会"等多重理念，符合人类社会发展要求，顺应了时代潮流。我国低碳建筑的发展现状可表述为前途光明，但路途坎坷。目前，绿色建筑、低碳建筑在中国的推广还是刚刚起步，好多问题等待我们去解决，去探讨，需要设定对应的部门，才能保证政策的落实。低碳的概念其实和节约型社会的概念是连在一起的，这也正符合我国可持续发展的需求。它本身不仅仅是指建筑环保，而是将能源的消耗、环境等各个因素整合起来的一个概念。低碳主要是指减少整个社会的能源消耗。因此低碳是大环境下的低碳，只有在整个大环境下实现低碳，才能真正做到可持续性发展。还急需加大低碳减排的宣传力度，使得社会各界都来积极关注低碳建筑和低碳人居，使绿色成为每一个普通居民生活方式的重要内容，才能从根本上推动我国绿色人居的进程。

一、低碳环保的概念

低碳环保是以低能耗、低污染、低排放为基础的经济模式，是人类社会继农业文明、工业文明之后的又一次重大进步。低碳环保实质是能源高效利用、清洁能源开发、追求绿色 gdp 的问题，核心是能源技术和减排技术创新、产业结构和制度 创新以及人类生存发展观念的根本性转变。发展低碳环保，一方面是积极承担环境保护责任，完成国家节能降耗指标的要求；另一方面是调整经济结构，提高能源利用效益，发展新兴工业，建设 生态文明。这是摒弃以往先污染后治理、先低端后高端、先粗放后集约的发展模式的现实途径，是实现经济发展与资源环境保护双赢的必然选择。而这一理念也必将 成为以后文化产业园发展的目标，而实现这一幕边必须从文化产业园的规划设计开始，文化产业园的规划和设计优势其中最重要的一部分。而目前文化产业园的规划和设计更多的 是对资源的浪费和环境的污染，而这些都是低碳环保型文化产业园的规划设计所必须克服的。

同一般设计相比，低碳环保设计有以下4个作用：第一，低碳环保建筑能耗显著降低。据统计，建筑在建造和使用过程中可消耗50%的能源，并产生34%的环境污染物。环保建筑则大大减少了能耗，和既有建筑相比，它的耗能可降低70%～80%，在丹麦、瑞士、瑞典等国家，甚至提出了零能耗、零污染、零排放的建筑理念；第二，低碳环保建筑产生出新的建筑美学。一般的建筑采用的是商品化的生产技术，建造过程的标准化、产业化，造成了大江南北建筑风貌大同小异、千城一面，而环保建筑强调的是突出本地的文化、本地的原材料，尊重本地的自然、本地的气候条件，这样在风格上完全是本地化的，并由此产生了新的建筑美学。环保建筑向大自然的索取最小，这样的建筑，让人在体验新建筑美感的同时，能更好地享受健康舒适的生活；第三，低碳环保建筑可适四季之景。传统建筑与自然环境完全隔离，封闭的室内环境往往对健康不利，而环保建筑的内部与外部采取有效连通，对气候变化自动调节，建筑如小鸟的羽毛，可根据季节的变化换羽；第四，环保理念贯穿始终。传统建筑多是在建造过程或使用过程中，考虑到环境问题，而环保建筑强调的是从原材料的开采、加工、运输、使用，直至建筑物的废弃、拆除的全过程，环保、环保理念贯彻始终，强调建筑要对全人类、对地球负责。

二、低碳环保的文化产业园设计理念

1. 低碳环保设计的原则

低碳环保型文化产业园将是未来一大趋势，而其规划要从自然生态和低碳生活两方面着手．创造一个能充分融合低碳技术和自然的人类活动空间，具备 优美环境，能诱发人的创造力和生产力。提供高的物质文化生活水平的文化产业园，而且有具有节约资源，保护环境和可持续发展的能力。具体来说，低碳经 济型城市住宅应具低碳、节能、环保三个特点，具体表现在以下几个方面：首先文化产业园低碳化，在于充分使用新能源和生物能源。建筑设计的空间的充分利用以及低碳型建筑技术和建筑材料的充分利用。其次低碳环保型文化产业园的规划设计要注意节能。使能源在使用中及交通上节能，使用高效空调、照明及节能家电。同时要是能源以及文化产业园的资源可以循环利用。最后，低碳环保型文化产业园要迂回的设计增强空间层次感，文化产业园要多以水为主题建设园林形象。低碳文化产业园的规划与一般的文化产业园规划是截然不同 的。区内主干道应采取迂回形式而不是画十字，打格子，为道路景观提供变化。区内小路则以幽径为主，以减低汽车流量、噪音及保持空气清新。同时要充分利用水 资源不但提供有品位的生活，也使耗能少和低碳成为现实。

2. 因地制宜实现地毯环保

低碳环文化产业园环境规划要突出结合自然进行规划设计的基本原则。结合自然设计是指结合建设基地的太阳辐射、热、光、阴影、降雨、水文、风、植物地形等自然条件，在人类与之接触的过程中与自然合作，充分利用自然提供的潜力（当然也包括限制条件），促进、适应自然过秽，使建筑融人自然，与周围自然环境 协调发展.保证建筑及其环境与更高层次环境的平衡与协调。目前文化产业园的绿化建设，不论原址如何，一律先填淘、推山、平地后再进行规划设计。这样既抹掉原有自然的情趣，又给施工带来不便，使文化产业园千篇一律，缺乏特色，因此文化产业园绿化在规划布局时，要充分利用自然地形和现状条件，尽量利用劣地、坡地、洼地及水面作为绿化用地，以节约用地。对原 有树木特别是古树名木要加以保护和利用。同时要通过适当的建筑体形和空间组合、建筑朝向定位、建筑材料、表面色彩等选择来满足人体舒适感，同时要充分利用低碳建筑材料和低碳技术。控 制阳光辐射、空气流动是结合气候设计的重要内容，对于炎热地区，遮阳、通风、隔热是提高建筑空间舒适的重要手段.形成了深檐、骑楼、敞廊、通透、架空等设 计；对于寒冷地区，则以保温、纳阳为上，形成了双层墙窗、日光廊道、围护结构蓄热、封闭等设计。设计可因地制宜利用水.在建筑环境中引人亲水设施，增添人 们可接触的水，可起到调节空气温度、降温的作用，创造理想的微气候：设计中可利用建筑岸顶、水池暂时蓄存雨水.然后缓释到地下或再利用，提高建筑室外环境 的渗透能力.或采用透水性铺装等，顺应水循环过程，达到防洪、减少洪涝与侵蚀的作用。

3. 总体设计中的低碳环保原则

文化产业园低碳绿化的一个重要组成部分是合理的植物配置。首先要提高对植物品种的认识，构造具有乡土特色和城市个性的绿色景观；其次要慎重而有节制地引进国外特色品种。低碳环保型文化产业园与外部的交通联系依靠文化产业园道路系统实现，同时文化产业园内部建筑单体也是通过道路交通系统而构成一个相互协调、有机联系的招 体。因此，文化产业园内部道路交通系统是低碳住宅区发挥正常功效的基础内外通畅、人车分流。在住文化产业园内部建立完善的步行或自行车系统包括无障碍系统，避免交通 干道穿越住宅区，消除车辆与行人的冲突，文化产业园中心应布置适当的公共活动场所，如在建筑平台或屋顶开辟屋顶花园、商店、咖啡馆等，并用连廊将这些公共活动 场所连接起来，不仅可减少人们出行量．而且增加了使用可达性，还创造了一种新形象。因此，道路设计不能仅考虑交通、容量、设计速度、等，要综合考虑上述要求。道路设计还应与绿道蓝道也即生态支持系统建设结合起来，尤其是车道和自行车道．使之有更多的自然特性，展示自然 环境之美，吸引人们回归步行道中，丢下汽车，重新发现骑自行车或步行的悠闲与愉快．促进从车回归到人的新标准的建立。

文化产业园设计中的低碳环保乃是大势所趋，做好低碳环保设计，对于节约能源，建设节约型社会，实现我国经济的可持续发展都有重要意义。

第四节　未来文化产业园的发展趋势

一、发展前景预测

文化特色产业被认为是 21 世纪全球最有前途的产业之一，有着巨大经济效益和社会效益，世界各国政府都对这一产业的发展给予了特别关注和高度重视。

作为文化特色产业规模化、集约化发展的重要途径和载体，近年来，我国文化特色产业园建设势头强劲，至 2014 年已有近 2000 个文化产业园建成，还有近万个正在筹建或直接更名的产业园区。但是在各地文化特色产业园区快速发展的背后，一些问题也随之凸显出来。如园区太多、资源分散；建设模式雷同，房地产色彩浓厚；园区定位不明确，产业结构雷同；园区之间相互分离而自成体系，缺少必要的分工与合作；园区耗费巨资建成后，租金高，企业入驻率低，难以吸引特色阶层，文化气息淡薄等。尽管目前特色产业暴露出了各种问题，但从整个国际发展趋势来看，未来特色产业仍有广阔前景。因此政府目前暂停审批特色产业园，可以看作是一个调整改善过程，未来即将继续加大特色园区的开发和建设，但与此同时政府管理将从严，向着适合社会产业需求的方向引导。中投顾问发布的《2016-2020 年中国文化特色产业园区深度分析及发展规划咨询建议报告》分析认为：近年来，中央和地方政府都加强对文化特色产业的统筹规划，加快推进国家级特色产业园区的规划建设，培育和推广一批具有自主知识产权的龙头企业和文化产品。在积极的产业政策推动下，特色产业园区也将迎来美好的发展前景。

二、文化产业园未来趋势分析

1. 更加"泛在化"

在"新常态"下，转型升级进入攻坚期，旅游业、工业、农业、商业，尤其是地产业的发展都将面临巨大的挑战。在这种情形下，以文化特色为核心推动力，或者是借文化特色之名，进行融合式发展成为很多企业的选择。

2. 虚拟园区开始快速发展

在移动互联概念的热炒下，怎样结合线下的实体园区，做好线上的虚拟园区运营，形成线下线上相互补充、互相促进之势，成为很多园区思考的问题。同时，一些门户网站也在思考推出虚拟园区板块，为园区和园区企业服务。

3. 国际化探索涌现

2014年，随着国家对对外文化交流和贸易的重视，我国的一些文化企业开始在美国、韩国等地建设文化特色产业园区，并取得了一定的效果。2015年，在国家的重视和这些企业的带动下，将会有更多的企业和园区探讨在海外建立文化特色产业园区，成为中国对外文化交流和贸易的平台。

4. 与金融合作更加深入 2014年，文化特色产业成为资本追逐的热点，尤其值得注意的是很多实业资本也关注并投资文化特色产业。在目前的文化特色产业园中，60%左右都配备有园区孵化器。2015年，文化特色产业园与金融的结合将更加紧密，开发更多、更新的金融产品，主要体现在三个方面：第一，银行和金融机构与园区之间将通过授信、融资等方面提供的支持，促进园区自身的规模化、品牌化、平台化发展和建设；第二，给园区企业提供更多的金融服务支持，如知识产权融资服务、结算、网络银行、自助银行、帐户管理、POS消费等；第三，给文化特色的创新、创业者提供个人金融服务支持。通过这种深度的、全面的金融合作，可以更好地改善文化特色产业园区的发展环境。

5. 融合化发展加速

融合化发展是文创3.0时代的主要特征，2015年这种融合趋势还会得到加速。中投顾问发布的《2016-2020年中国文化特色产业园区深度分析及发展规划咨询建议报告》对于文化特色产业园区的融合来说，新的趋势将出现在以下三个方面：

（1）与城市发展相融合。文化特色产业园区发展一般经历：从文化产业开发区，发展到文化特色产业园区，然后是城市文化特色街区，最终发展到城市文化和特色城市融合。目前我国的文化特色产业园区基本走过了文化产业开发区阶段，经过近几年来文化特色产业园区的发展，面对当前的经济和社会发展形势，各个城市都亟需建立符合自己城市文化特色的文创街区，这既是文化特色产业从业者的要求，也是城市市民生活的需求。因此2015年，一些文化特色产业发展要素条件比较成熟的城市，将开始着手打造城市文化特色街区，使之城市市民的休闲娱乐中心，游客的地方文化体验中心，城市产业升级的特色驱动中心。

（2）与商场融合。目前国内知名的文化特色产业园区很多都是利用老建筑、老厂房改造而成，这些园区投入小，见效快，既能满足文化特色类企业对环境、空间的要求，又与他们的支付能力相匹配，还与园区管理企业的运营能力相适应。2015年，随着移动互联的发展，面对以淘宝为代表的电商的冲击，传统的商场必将面临更大的生存压力。因此一些商场开始思考与文化特色产业相结合，利用原有商场的建筑、区位、商业等优势，建立特色商业文化产业园区。

（3）与农业融合。随着城镇化的发展，加上近几年农业逐步得到资本的青睐，一些有条件的城市开始思考怎样利用城市周边的土地，建设特色农业园区，把生产、生活、生态发展有机融合，打造集休闲、娱乐、观光、旅游、体验为一体的新型农业文化综合区，使城镇化的同时相关产业也发展起来。

6. 众筹园区出现

2014年众筹成为国内火热的概念，仅2014年上半年，国内众筹领域发生融资事件1423起，募集总金额达到18791.07万元。作为互联网金融的一种新方式，类似"团购模式"募集资金的众筹模式迎来了快速发展期。2015年，随着国家对创新创业的鼓励和扶持，面对互联网时代大众创业、万众创新的形势，如何构建面向人人的"众创空间"等创业服务平台，激发亿万群众创造活力，将是2015年社会思考的热点，在这种背景下，众筹园区将成为一种载体和形势出现。

7. 围绕文化特色产业生态体系建设

经过近十年来的发展，面对新进入者的挑战和更加激烈的市场竞争，一些成熟的文化特色产业园区面临着管理和运营升级的难题和挑战。在目前的环境和条件下，这些园区的最好出路在于：根据各个园区自不管以上的趋势是单个出现，还是组合出现在某个园区，我们的文化特色产业园区发展方向在于：建立创新的环境和氛围，产生新的思想和产品，培育创新企业，用感性的园区，塑造情感的商业，回归温暖的人文主义。

参考文献

［1］颜士锋. 文化经济学［M］. 山东大学出版社. 2011.

［2］2010年上海文化产业统计年鉴. 上海市统计局. 2011.

［3］李向民 中国文化产业史 长沙：湖南文艺出版社，2006

［4］张正焉 WTO与中国文化产业政策 北京；中共中央党校出版社，2001

［5］邹广文、徐庆文 全球化与中国文化产业发展 北京：中共编译出版社，2006

［6］胡惠林 文化产业发展与国家文化安全 广州：广东人民出版社，2005

［7］辜正坤 中西文化比较导论 北京：北京大学出版社，2007

［8］李晓东 全球化与文化整合 长沙：湖南人民出版社，2003

［9］孙英春 大众文化：全球传播的范式 北京：中国传媒大学出版社，2005

［10］王国荣 信息化与文化产业 上海：上海文化出版社，2005

［11］［美］詹姆斯著 丁木译 作为文化的传播"媒介与社会"论文集 北京：华夏出版社，2005

［12］聂瑞平 关于21世纪中国文化产业发展战略的思考 河北学刊，2002，（4）

［13］黎氏垂庄. 越南南河地区十六至十九世纪中国禅宗的传播和发展及相关文献的考察［D］. 华东师范大学，2014.

［14］文术丽. 成都佛教文化旅游发展研究［D］. 四川师范大学，2015.

［15］党蓉. 禅宗各宗派及其重要寺庙布局发展演变初探［D］. 北京工业大学，2015.

［16］周早弘，冷清波，潘弘韬. 江西省文化特色产业发展对策研究［J］. 求实，2012（04）.

［17］王博宇. 发展江西文化特色产业的初步研究［J］. 价格月刊，2012（06）.

［18］刘忠林. 加快江西文化产业发展的路径探究［J］. 老区建设，2012（12）.